NF文庫
ノンフィクション

日本戦艦全十二隻の最後

吉村真武ほか

潮書房光人新社

日本戦艦全十二隻の最後——目次

写真提供／各関係者・遺家族・「丸」編集部・米国立公文書館

日本戦艦全十二隻の最後

金剛
比叡
榛名
霧島
扶桑
山城

伊勢
日向
長門
陸奥
大和
武蔵

戦艦「武蔵」レイテ沖海戦の最後

生存者一〇〇余名と防衛庁戦史室の協力と現存資料を駆使した鎮魂の譜

「丸」編集部

総排水量七万トンに達する世紀の大戦艦大和、武蔵（むさし）——世界の建艦史上、空前であり絶後といえる足跡を印した巨大艦二隻は日本に生まれ、日本のために没して、すでに長い歳月を経過しながら未だに人に語りつがれ、言いつがれて今日に生き続けている。いわばそれだけ大和武蔵は人々の畏敬をかちとり、名艦としての位相（くらいそう）をたもっているのだといえようか。

ところが沖縄特攻に殉じた大和にくらべて、ただ一艦、民間の手によって造りあげられた武蔵の生涯には、ともすれば大和のかげにかくれて、正当な評価を下されていないうらみがあり、ことに昭和十九年十月の比島沖海戦＝レイテ沖海戦における最後は、もっとも重大な国運の消長を賭けた時機でありながら、大和とくらべるとき、人々の記憶にどうしても鮮烈さを欠いてみえる。はたして武蔵は一番艦大和の後塵（こうじん）を拝するものであったのか。はたして武蔵は、その巨体ぶりを一〇〇パーセント発揮せずに終わったのか。はたまた武蔵は、人々の記憶あるいは戦史の一頁も染めえぬ戦歴のままに没し去ったのか。

この疑問にこたえて、ここに武蔵の生存者一〇〇余名の一人ひとりの手記や記憶、資料などをたどって、フィリピン沖の、武蔵の戦闘ぶりを可能なかぎり忠実に、克明にたどることにした。

巨艦出撃時の表情

武蔵の後半生は、昭和十九年十月十八日にさかのぼる。所はリンガ泊地。時は午前一時五十分。南国の星月夜もこの海面まではとどかない。暗くて深い、薄墨色の漆（うるし）を塗ったような泊地であった。

艦内はけっして静かだったとはいえない。出撃寸前のために、相当の金属音と人声が交錯していたのだが、巨影はまるで意に介さぬように見えた。いや、むしろ乗員二四〇〇名のかもし出す夾雑音など、その巨体に、すっぽりと呑みこまれていたという方が正しかろう。それほど武蔵は静謐（せいひつ）の表情をたもっていた。この巨艦がいまなにを考え、なにを予知しようとしていたか。ただ泊地の波だけが、巨艦の唯一の友人のように、しきりに別れを惜しんでいるように見えたのみだった。

午前二時きっかり、波がさっと後方に身を寄せる。武蔵はゆっくりと身を起こすように、その巨歩を踏み出す。出撃の瞬間である。二十から二十八ノットに増速されて北上するさまは、名将の出陣さながらであった。警戒体制は厳守され、僚艦のかげすらしかとは分からなかった。大和、長門でさえ視界には映らなかった。それはまるで孤独の征旅につくごとく、

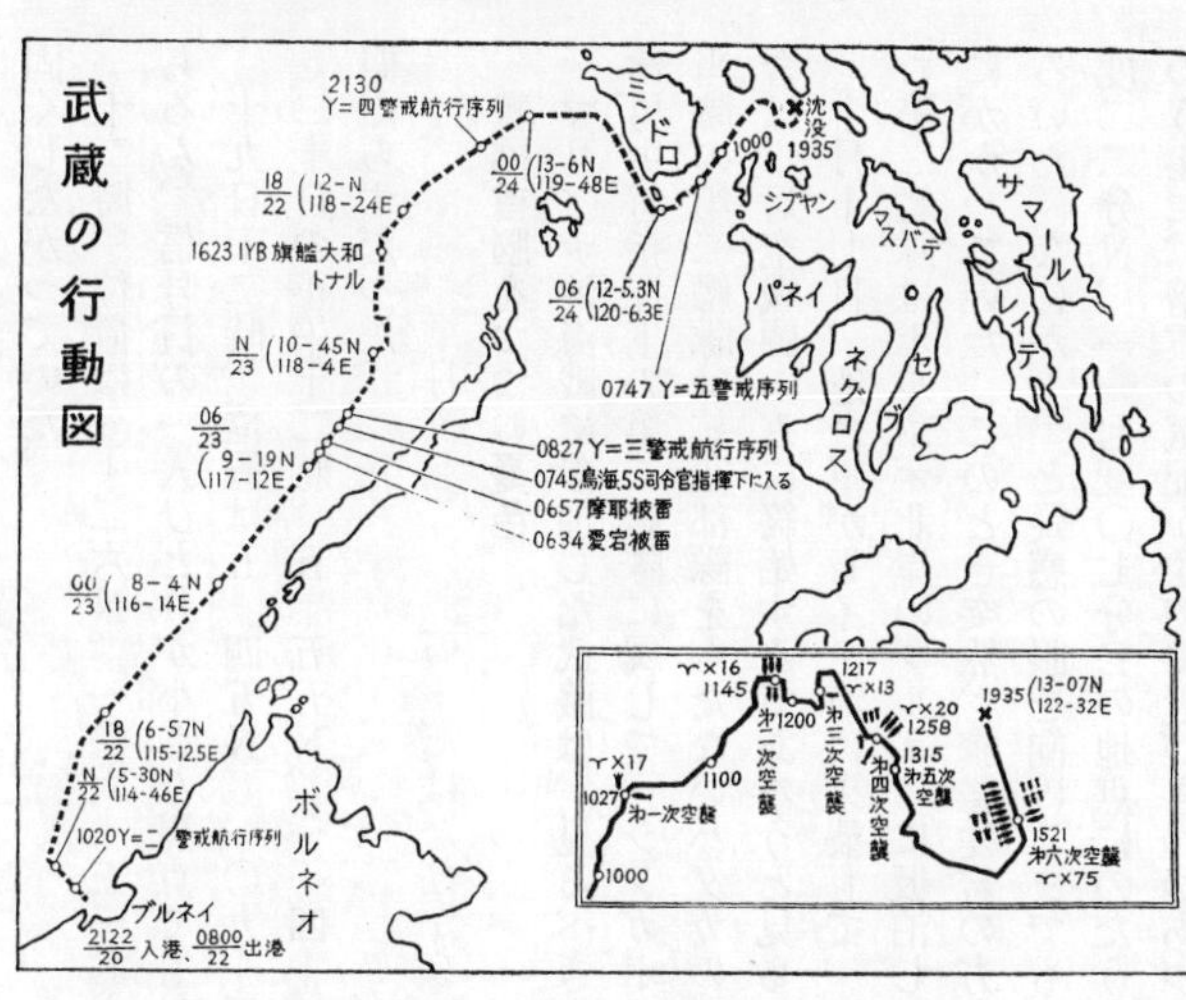

武蔵はただひたすらに、白いウェーキを切るばかりだった。

もし武蔵に心あるならば、この途上にふと半年前のパラオ、四ヵ月前のマリアナ沖海戦を、まざまざと思い起こしていたかも知れない。ことにパラオ出撃時にうけた左舷尾部の魚雷による軽傷を、うずくように思い出したかも知れない。そして一抹の不安を巨体の心に、ふと感じたかも知れない。

武蔵はパラオでの暗い思い出をふりはらうように、全身をゆすってみた。測距手・木村勇兵曹長が、けげんな顔で周囲をながめただけで、他の乗員は無関心というより、これからの戦闘に気をとられて、武蔵のそのような動揺に気づかぬふうだった。あいも変わらず、外は暗黒の海面だった。夜明けは午前四時二十五分。ひたすらに走りつづける武蔵の前後に、第二艦隊の輪形陣が固くしたがっていた。

十二時。位置は一一―二六N。一〇六―三一Eと記録され、索敵が厳になった。見張りはもちろん、信号員の一人ひとりが小さな黒点でも見落とすまいと必死な作業ぶりであった。

十九日十二時。位置は五―四五N。一〇九―五一E。

二十日の正午十二時。五―五五N。一一四―一五E。寄港地はブルネイ。それもあと二時間たらずだった。

艦橋首脳をつつむ憂色

マリアナ沖海戦に参加した武蔵は、見るべき戦果もなく避退した。そして七月以降は栗田健男中将指揮下の第二艦隊に属して、シンガポール南方、赤道直下のリンガ泊地にあった。当時の第二艦隊は航空部隊をもたないハダカの艦隊であって、有力な機動部隊と遭遇した場合は、対空戦闘のみに終始するであろうと見られていた。

十月十七日、連合軍がレイテ湾に来襲して、いわゆる捷号作戦がはじまった。武蔵をふくむ第二艦隊はボルネオ北岸のブルネイに仮泊して燃料を補給し、二十三日にはパラワン水道にかかっていた。このとき突然、旗艦愛宕の方向に朝の気配をつんざくような爆発音がとどろいた。なにか――と疑惑の眼を向けるまでもなく、すでにして愛宕は致命傷を負い、〇九度二二分N、一一七度〇七分Eの地点にのたうちまわっていたのである。栗田艦隊第一部隊のうえに、暗雲の気配がすでに近づきつつあったといえよう。

運用科員
神谷秀雄上等水兵

第二艦橋副長付信号員
細谷四郎兵曹

武蔵副長
加藤憲吉大佐

第一艦橋８番見張員
鹿山三郎治

この日のことを武蔵の第一艦橋八番見張員・鹿山三郎治と、通信分隊員・川口五郎兵長は――パラワン島にさしかかった午前六時三十一分、突然、旗艦愛宕が魚雷をうけ、まるで前にのめるように海中に没していった。あれあれと見ているうちに、ついで摩耶があっと思うまもなく海中に消え去った。愛宕、摩耶が沈むまでたった二十分、午前六時五十七分にはもう、海上には乗員だけが油の中にあえいでいる始末だった――と語っている。この二十数分間に重巡高雄もあいつぐ不運をうけ、すでに航行不能におちていたのである。

この三艦の乗員を収容するのに、武蔵は午後四時二十分まで、危険海域にふみとどまっていた。駆逐艦長波は何回となく武蔵に横付けして、油と血にまみれた将兵七六九名（士官四七、下士官兵七二二）を運びつづけた。

二十四日の朝がきた。気温はすこし上がっていたが、天候は晴れであった。朝の海風が全乗員の肌をすがすがしくなでていった。午前五時半、武蔵はミンドロ島の南から北東に変針し、シブヤン海に進出した。艦隊はみごとな輪形陣をとり、栗田健男長官の坐乗する大和を中心にし、武蔵は右後方に占位して敵飛行機の来襲にそなえた。

第二受信室の川口五郎兵長は朝食後、レシーバーと受信用のカンバスを片手に、主砲射撃指揮所に駆け上がった。まずレシーバーを差しこみ戦闘受信室（第二受信室）と連絡をとる。感度良好に思わず微笑する。そこへ「総員配置につけ」のスピーカーが鳴りわたった。レーダーが敵機をつかんだのである。

午前十時、電探はしきりに東方から敵機の大編隊が近接してくることを報告していた。第二艦橋にあった加藤憲吉副長は東方を見つめ、敵機を阻止する味方機が一機もないことを悔んでいた。「一機もない」ということは、胸底ふかく血を噴くような寂寥感であった。敵機はたぶん大和、武蔵を目標にするだろう。なかんづく、外翼にある武蔵に集中してくるだろう。副長はぎりっと歯ぎしりした。

十時二十五分――敵大編隊の第一波が来襲した。「艦上機右九十度、水平線」第二艦橋副長付信号員・細谷四郎二等兵曹が、海できたえた図太い、しかもよく透る声をはり上げた。信号員・尾山富三水兵長は、双眼鏡を水平線にあてた。

見よ、水平線上にはまるで飢えた狼のごとく、黒一色に大空を染めて敵大編隊が牙をむいて来襲するではないか。敵機はＦ６Ｆ、ＳＢ２Ｃ、ＴＢＦであった。九門の主砲が同一方向に照準された。一番に主砲、二番副砲、高角砲、三番に機銃が武蔵の戦闘順序であった。

昭和十七年四月から武蔵に乗艦して二番砲から運用課になった神谷秀雄上等水兵は、この戦闘開始の瞬間を、眼をこらして見つめつづけていた。神谷上等水兵にしてみれば、武蔵は自分の分身のようなものだった。「武蔵に傷を負わす者はいかなるヤツも生きては帰さぬ」という憤怒が胸中に渦まいていた。

おなじように防空指揮所にあって見張伝令の任にあった大塚健次一等水兵、高角砲発令所・号令官の佐々木司上等兵曹は、上司命令を一語も聞きのがすまいと、敵機影を眼で追いながら、聴覚神経を全身に張りつめるようにして、緊張の極に達していた。

二十四日午後二時四十五分、第六次戦闘である。副長・加藤憲吉大佐は戦闘手記のなかで次のようにいう。

「――総員は戦闘部署につき、全神経をはたらかし全力をつくしてよく戦った。副砲、高角砲、機銃は敵機めがけて射ちまくった。飛行機魚雷は、高々度三方向から同時に発射してくる。爆弾も集中する。

武蔵の防禦力、魚雷命中に対しては、艦の外壁が破壊されるていどで艦の傾斜、およびトリムは完備した注排水装置をいかんなく活用して、ただちに修正できたし、また爆弾命中では露出部については相当な破壊力であるが、装甲のある砲塔および内部機関には致命傷とはならない。

艦長は戦闘艦橋にあって攻撃運動を指揮され、私は第二艦橋に占位して防禦総指揮官をつとめていた。武蔵に命中した魚雷は二十本、爆弾は十七発、最後の攻撃のさい防空指揮所に命中した爆弾が戦闘艦橋を貫通して、その下の作戦室で炸裂し、航海長の仮屋実大佐、高射長の広瀬栄助少佐の生命を一瞬にうばい、艦長猪口（いのぐち）敏平少将も重傷を負った。私はそのときから指揮を受けつぎ通信長の三浦徳四郎中佐を臨時航海長代理として、操艦にあたったのである」

焦躁する四六センチ主砲陣

十月二十四日午前十時。あらゆる意味で、武蔵が武蔵らしく戦うべき時がついにやってきた。武蔵が武蔵らしく、そして戦艦らしく、日本の名艦らしく戦うということは、なんといっても四六センチ主砲の咆哮以外にはない。ゴマのごとく小粒の敵機には、少なからず巨砲の口径は大きすぎたが、しかし武蔵は、あえて砲口を敵機群にぴたりと照準したのである。

「二十四日の早朝、ミンドロ島を迂回してシブヤン海に入るころ、付近の海上には大小無数の島が見られ、こんなところで、もし敵機が来襲すれば、十分な回避運動もできないのではないだろうかと、ふと不吉な予感がした」とは、二番主砲塔・給弾長だった小沢孝太郎上等兵曹。

彼は、武蔵艤装中より主砲要員として長崎造船所いらいの生えぬきの鉄砲屋だった。主砲こそがこの艦の身上だという小沢兵曹は、航空機による攻撃にそなえて、独特の戦法をあみだしていた。

すなわち「飛行機の来襲により、急ぎ徹甲弾を性質の異なる対空弾にかえる場合、一トン以上もある弾丸を装填架より一発ずつ取りだして、チェーンブロックで運んでいたのでは、数発の揚弾筒内の弾丸を処理しているうちに、敵機の餌食になってしまう。そこで揚弾装置を送運動にかえ、そのまま降弾器をへないで装塡する弾丸送戻法」を考案して、砲術長会議にもちこんだという経歴の持ち主だった。

期せずして〝不吉な予感〟は適中した。

「──午前十時ごろ、レーダーにより敵機群の来襲が探知された。私（小沢）は下部給弾室の指揮所より全給弾員にたいして、おちついて円滑に給弾操作をするよう伝声管でつたえた。砲塔指揮所砲台長・草間武夫大尉から戦闘中の模様が刻々と知らされてくる。やがて『対空戦闘』の号令とともに、対空弾はつぎつぎと供給される。上空からは、日本の雷撃戦法のように、急降下爆撃機の上空よりの攻撃に呼応して海面すれすれに殺到するという常道を無視した、米雷撃機の大群が魚雷をだいて、そのまま急降下して雷撃を敢行してきた。

二番主砲塔給弾長
小沢孝太郎兵曹

射撃盤経過図長
高橋満雄兵曹

九八式射撃盤手
布田昇兵曹

二番主砲塔伝令
井上包雄兵長

二番主砲塔給弾室
小笠原吉郎兵長

主砲方位盤旋回手
堀川清兵曹長

後部射撃指揮所補助員長
横堀安儀兵曹

付近の海上には魚雷が、まるで生き物のように縦横に走り、主砲、副砲、高角砲、機銃など、ありとあらゆる二百門にちかい砲門が一斉に発射されるさまは、百雷が集中する以上の凄まじさだった。この一瞬、三番主砲の一弾は二機を撃墜した」

午前十一時三十八分、第二次戦闘である。このころ一番主砲塔の下にある第一発令所では、死闘する武蔵の全身に神経が集中されていた。九八式射撃盤を担当する経過図長・高橋満雄上等兵曹がそこにいた。

「──第一波の攻撃で命中した魚雷は、前部方位盤の通信系統を破壊し、ついに使用不能となった。ただちに後部方位盤にきりかえて、戦闘はつづけられた。しかし第三波の攻撃をうけるや、艦首付近の沈下が激しく、一番主砲は水中に、まるで島のように浮かび、さらに左舷への傾斜がくわわり、ついに一、二番主砲の使用は断念せざるをえなくなったのである。残るはただ一基、後部にある三番砲塔のみだった」

その間、一番主砲十メートル測距儀旋回手をやっていた杉山光佐兵長は、一等下士以上しかできぬ測距儀を、ただひとり兵長で持たされたプライドをかけて、眼にうつる敵状を刻々と捉えては報告しつづけた。しかし一、二番主砲の沈黙となって、彼もまた唯一の武器、測距儀を手放すほかはなかった。杉山兵長は当時を「ただただ無念と、歯がみして悔しがるだけでした」と述懐する。

一方、約二十名の第八分隊は敵機来襲の報告時から、畳二帖もある射撃盤をにらみつづけていた。主砲を射つべきかどうか、まだ迷っていたのだ。しかし躊躇する時間はすでになかった。対空用三式弾の下令とともに、分隊長の秋野資郎少佐はまなじりも裂けんばかりに、敵機群をにらみ、怒号し、三式弾の威力に物いわせようとしていた。

まず三斉射、これはあまり効果がなかった。そのうちに第二波が来襲、第一、第二主砲が沈黙してしまったのである。

「第一、第二発令所は防禦甲板下にあるため、いったん配置につけば、外部とは完全に遮断され、戦闘艦橋、前後部指揮所および砲台などからおくられる通信装置だけが頼りだった。最上甲板以上の戦闘配置について、直接、敵状を肉眼で見るわけには行かなかったが、まず武蔵が危機におちいっていることだけは確かだった」

「ただ艦橋より、ときおり伝声管を通じて戦況を伝えてくるだけで、詳しいことはまったく分からない。発令所内の様子は、あの巨砲の斉射のたびごとに、電灯をはじめ、目前にひろがる種々雑多の通信器が活動をとめ、ときには〝これまで〟とさえ思われる轟音が、暗黒の中にどよめいた」

これは、おなじく第一発令所で九八式射撃盤を手にしていた、布田昇一等兵曹の述懐だ。

午後十二時二十三分、第四次戦闘。このころになると、艦橋艦底をとわず、全般的な情況は上級指揮官でさえも、不明あるいは記憶も不可能な過酷な様相を呈していた。

艦橋の最上段で、主砲方位盤の旋回手をしていた堀川清兵曹長、二番主砲塔の左砲上部給弾室に配置された小笠原吉郎水兵長、おなじく二番主砲塔伝令の任にあった井上包雄水兵長らは、いずれも当時の詳細は不明だという。

前部一、二番砲塔はすでに戦力を失っていた。そのころ後部三番主砲の上方に位置する後部射撃指揮所・補助員長をしていた横堀安儀上等兵曹も、記憶をたどりながら、「高所の配置にありながら、厚いアーマーに囲まれた私たち指揮所員にとっては、湧き上がる戦闘意欲がありながら射撃することもできず、ただ手をこまねいて戦友たちの健闘を祈るばかりで、敵機に挑む対空戦闘員の姿さえも見ることができなかった」と、当時の焦燥を語っている。

午後二時四十五分ころ、艦隊主力ははるか前方に武蔵を残して進出していた。いまや巨艦は米機の跳梁に身をまかすほか、すべはなくなっていたのである。前出の小沢孝太郎兵曹は、その武蔵の苦悶のさまをこう言っている。

「被害担任艦となって残された武蔵は、午後三時前から五回目の、これまでのなかでも最大の空襲をうけた。命中魚雷は二十三本にのぼり、直撃爆弾数十発をかぞえた。この間、艦は傾斜するたびに注排水装置で復原したが、すでに艦首は海面下に沈み、左舷はしだいに傾斜を増していった。しかし、火薬庫、弾庫は、防禦壁の甲鈑で、しっかりと守られていた。舷側をつらぬいた敵魚雷も、この防禦壁でガッチリと喰い止められて、火薬力は上甲板を下から吹き上げていた」

午後二時四十五分、五次にわたる（正確には第六次空襲、第五次空襲は敵機が近接しただけ）空襲があった。来襲機数は七十五機（公表）で、さすがの武蔵上空も、ジュラルミンの翼の下になり、目に映るものはすべて米機のマークだけだった。

二十四日午後七時三十五分。すでに両舷の防水区画には全部浸水して、艦は傾斜しはじめていた。第六次空襲によって武蔵は致命傷を負ってしまった。命中せる魚雷が十一本、爆弾は所きらわずと思われるほどに命中した。

靴の下はすでに甲板ではなく、血の海であり、視界に映るものは戦闘員ではなく、ハラワタをえぐられた負傷者だった。呻き声を発する負傷者だった。敵機をねらうにしても、濃霧のような爆煙であり、射撃盤は動かず、電流るような爆発音であった。防空指揮所は吹っ飛び、艦橋は破壊され、人々は追い込まれ、ただ「畜は通わなくなっていた。何をしようにも何もできない状態に人々は追い込まれ、ただ「畜生」「畜生」と叫び、駆けめぐるばかりだった。

「○○戦死」の声だけがヤケに耳に残り、誰もがこの次には自分が「××戦死」と呼ばれる番のような気がしていた。そして一二七番ビームの方向から「旗甲板大破」をきいたとき、すでに最後を誰しも覚悟したのである。武蔵はますます傾斜し、人々の心はますます動揺していった。

副砲員のその日その時

十月二十四日午前六時三十分、武蔵の上部艦橋見張指揮所に配置された高橋新三郎兵曹長（右舷副砲発令所担当）の指揮する見張員は、遠くかすむ水平線のかなたに、ケシ粒のような無数の黒点を認めた。敵機か？　見張員たちのなかには夜を徹した激務のため、目が充血しているものさえあったが、この黒点を認めたとき、各員の目にはふたたび緊張の度がくわわってきた。

やがて右舷にいて見張りをつづけていた小林兵曹から「右前方水平線に敵機を発見す」との報が入った。見ればあの黒点は、まさしく敵機にちがいなかった。他の見張員もまたこれを確認して、哨戒長に報告後、ただちに〝総員戦闘配置につけ〟のブザーが、朝の静けさをやぶって艦内に鳴りひびいた。一瞬にして武蔵の艦内は、行きかう乗員と、各部署戦闘準備を叫ぶ声とが入りみだれて、まるで今日の朝のラッシュアワーのような状態となった。

しかし、その慌(あわ)ただしさのなかにも乗員たちは、口もとを真一文字にして緊張の気魄にもえ、冷静にして沈着な行動をもって各部署についたことは、日夜わかたぬ猛訓練のたまものであったのだろうが。

射撃指揮所の伝令も、いちだんと声が高くなり〝戦闘準備完了〟の報告が、つぎつぎと伝わってきた。後部二番副砲（一五・五センチ砲）の中砲射手である岡崎三夫二等兵曹もまた機敏な動作をもって、すでに戦闘準備を終わっていた。そして砲眼口からのぞく岡崎二等兵曹の眼には、しだいに彼我の距離をちぢめる敵機がはっきり見えた。

午前十時ごろ、主砲の射程内に入ったのか、武蔵最大の攻撃力、四六センチ巨砲の射撃開始が下令された。二番副砲にいる瀬野尾光治上等兵曹は、はやる心をおさえながら副砲各部の機器、注油、照準器などを、いっそう慎重に再点検するよう命じた。また弾火薬員に対しても、射撃開始がスムーズに行なわれるよう、ふたたび注意をうながした。さあ、いつでも来い。

副砲塔内にがんばる砲員たちは、腕を撫して敵機が近づくのを待っている。じつに頼もし

右舷副砲発令所
高橋新三郎兵曹長

後部二番副砲射手
岡崎三夫兵曹

二番副砲員
瀬野尾光治兵曹

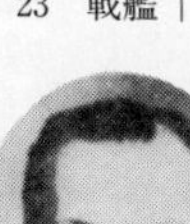

前部一番副砲揚弾員
牧江幸作一等主計兵

いかぎりである。塔内では、主砲発射時の振動で身体を静止することすらできない中にも、副砲の照準値を出す羅針儀に取り組む幹部班員たちは、しだいに副砲発射の時間が近づくにつれて、声を出すものもいなかった。

加藤悌三上等水兵もまた、艦の中央部、奥ふかくに配置されていたので、いつ主砲の発射が開始されたのかわからなかった。この発令所の神棚などが落下したので、それを知ったほどである。主砲は主砲。そんなことはいい。ただわれわれは、しっかりと羅針儀を見ておればよいのだ……と加藤上等水兵は思った。

敵の第一波である約七十機が、いよいよ副砲の射程内に入った。それまで士官烹炊所に勤務していた牧江（旧姓天地）幸作主計一等兵は、非常配置として、ただちに一番副砲弾の揚弾員として弾庫にがんばっていた。やがて「副砲射撃はじめ」が下令された。待ってましたとばかり一五・五センチ砲は轟然と火を吐いた。すでに敵機の第一波は頭上に飛来して、わが武蔵の頭上に人もなげに猛然と襲いかかってきていた。

つづいて一二・七センチ高角砲も砲門をひらいた。岡崎二等兵曹は襲いかかる一機に、ピタリと照準を合わせてぶっ放した。

すでに各副砲塔内は、高角砲や機銃、そし四六センチ砲の射撃音で、耳を聾するばかりである。もちろん指揮所からの通信は耳に入らない。また伝令も、ブザーもまた、みなこの射撃音によって消されてしまう。そのうえ砲塔内は、発射時の熱と、熱しきった動力とに囲まれて、まるで蒸し風呂に入っているようである。斉射間隔が十二秒であるから、想像に絶した暑さなのだ。

やがて第一次攻撃が終わったが、これによって主砲の一部が射撃不能となってしまった。頭上の敵機を射ち落とすには、わが副砲や機銃などに頼るほかにない。

ともあれ、こうして約二十分間にわたる第一次戦闘は終わった。しかし、やがて第二波の来襲があろうことは決定的だ。さあ、このわずかな合い間を利用して、朝食をパクつかなければならない。

烹炊所からくばられた戦闘配食の握り飯で腹ごしらえのできた砲員は、ふたたびもとの配置にもどって、上空を警戒している。牧江幸作一等兵は食事をつくる側だが、きょうだけは弾庫内でいばって握り飯をほおばることができた。

午前十一時三十八分、敵の第二波が爆音をとどろかせて来襲してきた。各砲塔内はもとの緊張の場にかえった。左舷側から攻撃を仕かけてきた敵の編隊に対して、副砲はふたたび砲門をひらいた。この第二波で敵は、前部を集中的に襲いかかってきたのだ。

そのうち、左舷に被弾したのか艦内の電気が消えて、一部の機械が使用不可能となってしまった。一番副砲の弾庫には、おびただしい海水が流れ込んできた。揚弾機は動かなくなり、弾庫員たちは砲弾を肩にかつぎ、腹部まで水につかりながら、副砲塔までタラップを上って、これを運ぶというありさまだった。タラップの途中には二、三十名の負傷者が横たわり、また士官浴室には重傷者がひしめき合い、浴槽のなかには十数人の戦死者が浮いていた。

ともあれ、武蔵の運命は一に副砲員の腕にかかっている。各砲員長はじめ砲員のすべては、そう自負していた。

やがて熾烈をきわめた第二次戦闘も終わった。しかし執拗な敵は、つづいて十二時十七分の第三波、十二時二十三分の第四波と攻撃をくわえてきた。すでに砲員たちは、一時間以上の戦闘で疲れきっている。副砲員のなかにも、あえない最後を遂げたものもあった。生き残っている砲員たちは、亡き戦友の仇討ちとばかりに、獅子奮迅のはたらきで敵に攻撃をくわえている。

やがて最後の第六波が来襲した。この攻撃は、まさしく武蔵に最後の止めをささんとする、もっとも激烈なものであった。

すでに武蔵は三十数本の魚雷と、無数の爆弾をうけて、まったく停止してしまっていた。浸水いよいよ激しく、左舷に傾斜すること十度、すでに左舷副砲塔も海面までわずかを残すまでになってきた。砲身は焼けただれ電源も停止し、砲側油圧機もストップしてしまった。ただちに砲は、油圧から手動に切りかえられたが、時すでにおそく「弾火薬庫に注水せよ」の命令とともに、副砲も戦闘不能となってしまった。二番副砲にいた岡崎三夫兵曹は、甲板を走って一番副砲付近まで行ったが、そこには負傷者たちが折りかさなって呻き声を発し、まるで地獄絵そのものであった。

十一時、十二時三十五分、十三時十四分と時はきざまれ、そのたびに武蔵もわが身を切りきざまれていたのである。砲身も焼けよと射ちまくる副砲員にも、最後の時がきた。副砲員の耳には、もうなにも聞こえなかった。目前にあるのは敵のみであり、主砲の轟音も、機銃のハゼるような斉射音もなく、黙々として発射しつづけていた。

機銃員がこの戦闘に賭けるもの

まるで針ネズミのようだといわれた武蔵対空陣の奮闘はめざましかった。二十四日黎明に超高空を飛来したB29の接触をうけて数刻ののち、午前十時すぎに第一波の敵大編隊が上空をおおうころ、武蔵艦上の無数の機銃群は、狂ったように猛然と一斉射撃を開始した。

「――息づまるような数分の待機がすぎた瞬間、高角砲と機銃は一斉に火をはいた。私（近藤）も耳をつんざく轟音のなかへ怒鳴った。『見当たりしだいとらえて銃撃はじめ』たちまちのうちに上空は黒一色になって、弾幕は全艦をつつんだ。

このときから武蔵だけが狙われているように思えた。ブルネイ出撃時にただ一艦だけ塗装をほどこしたむくいか。第二回の敵襲は戦爆雷の混成だった。敵の爆撃機は後方高高度から接近し、反転直角になって突入してくる。こうなっては狙いはとてもきまらない。あまり近距離になっても速度（移動）がはやくて、とても電動装置では追っつけないのだ。

上空は七色にいろどられ、まったくみごとな景観だ。そのなかを紅蓮の炎につつまれて海中に突っこんで行くもの、海面すれすれに飛び去るもの、空中分解して左舷に消えていく敵機、私は夢中で指揮し応戦した」

これは第四群機銃指揮官だった近藤茂兵曹長が語る、当時の情況報告だ。さらにおなじ左舷の第四群十四番機銃長だった遠藤忠光一等兵曹は、当時の模様を語る。

「――第二波が来襲してまもなく、照準器が動かなくなった。そこでだいたいの照準角度、旋回角度は指揮所からの電話でうけ、不足のぶんは銃長みずから補わなければならなくなった。

私は視界のせまい機銃塔内から飛びだして、上に飛びのり蟬のように這いつくばって、主砲の爆風にとばされるのを防ぎながら、全砲火の吐きだす硝煙で、ともすれば見失いがちの敵を、目を皿のようにして追いもとめた。

敵機を見つけるや、機銃塔の明かり窓から引っ張ってある消火ホースを伝声管がわりにして、塔内の射手に照準値を怒鳴りこんだ」

一方、前部艦橋に配置された第一群三番機銃長は、右舷での戦況についてこう

第四群機銃指揮官
近藤茂兵曹長

第三群機銃長
蒔苗文雄兵曹

第四群14番機銃長
遠藤忠光兵曹

第十三群機銃指揮官
小林二郎兵曹長

言っている。

「――第一波で電路は故障した。そのため部下八名とともに、すべて人力で操作した。爆煙等で目標がつかめずたびたび中断したが、数十秒ずつではあったが夢中で発射しつづけた。銃身は焼けつき、破損もつぎつぎと起こった。だが射程に入る敵機は、またたくまに視界より消えうせてしまう。私たちはもう正気の沙汰ではなくなっていた。

さいわいにも私たちは天蓋のある三連装機銃だったが、甲板にある五番、七番はそれがないため、すぐ下方の銃員九名は全員が弾風で戦死、銃長の梅田兵長は、焼けた三本の銃身の上に乗せられ運び去られた」

そして死と生のいきづまる緊張の一瞬がすぎさったあとの情況を、つぎのように語る。

「――あのような場面に直面すると人間は、みな同じだった。勇ましいとか、意気地なしとかで、きめられないものがあった。来襲のさいは夢中で自分の任務をはたすが、一段落つくとつぎの戦闘までだれ一人として立っていられる人はなく、ヘタヘタと座ってしまう。戦闘食はいくらもあるが、だれも口にするものはなかった。みな、真っ青な顔をしていた」と。

こうしたなかで、十二時十七分、第三次戦闘を迎えた。戦友の善戦健闘を支援する機銃弾薬供給員は、コマネズミのように全艦内を走りまわっていた。供給長だった達子啓多二等兵曹はいう。

「――耳を聾する炸裂音のなかで、ただ揚弾機のカタカタという弾薬をはこぶ音だけに全神経を集中して、夢中で弾倉につめているうちに戦闘がやむ。するとこんどは供給員の大奮闘となる。各機銃に十分に弾薬をつぎこみ、その力を最大限に出させるのが私たちの役目だからだ。やがて腰がぬけそうに疲れたころ、ふたたび対空戦闘のラッパが響きわたる。

さあ、こうなるといくら詰めても追いつかない。揚弾機であげられた弾丸が、小山のようにたまっている。指先の皮膚がやぶれて、血がにじんでいる。そのとき大型爆弾が命中したらしく、艦底から持ち上げられるような恐ろしい震動で、われわれは甲板になぎたおされた。兵たちの顔は汗と油でドス黒く、ものすごい形相だ。弾丸でもこめていないと頭が狂いそうだ。

突然、揚弾機の入口から黄色い煙が、ドッと上がった。思わず全員が身をふせたが、それっきり揚弾機は故障して使用不能になり、いくら下方を呼んでも応答がなかった。このとき、右舷中部に命中した魚雷のため、全員が戦死をしたのだった」

こうして米機の矢面に立たされた対空機銃陣は、一角一角と無力化されていった。遠藤忠光兵曹の言によれば、「この海戦以前までは、どちらかといえば後部マストをめがけて突っ込んできた敵機は、この日は艦橋を目標にえらんで攻撃をかけてきたようだ。このため前半部の機銃員は、ほとんど全滅の状態」となった。

とくに第一群とならんで被害の続出した右舷艦橋付近に陣どった第三群機銃長の蒔苗文雄一等兵曹は、部下十八名を失い、またみずからも第四波の攻撃で胸部に弾片をうけて、からくも生命をとりとめたのも、まさに奇跡といえよう。

そのほか、後部にあった機銃群は爆弾による被害は少なく、魚雷投下後に艦を横切る敵機の機銃掃射による犠牲者だけであった。

当時、後部三番主砲塔の後方、艦尾にちかい第十三機銃群指揮官だった小林二郎兵曹長も、「爆弾が落下するたびに水煙が高く上がって、甲板には滝のような海水が落ちてきて機銃員を押し流したが、そのたびにハンドレールに引っかかり、また一生けんめい戦闘をつづけていた。戦闘がおわってあたりを見まわすと、機銃掃射の敵弾が甲板に足の踏み場もないほところがっていた。よく当たらなかったものだ」と、今さらのように感心している。

第六次の波状攻撃が通過したあと、さすがの〝針ネズミ〟も、その大部のトゲを失っていた。上空には夕日が大きく傾いていた。それでもまだ「敵機の去ったあと、見張員の『潜望鏡らしきもの発見』の報に、高角砲、機銃のものはふたたび傾斜した艦上で、最後の戦闘に準備をいそいだ」と左舷高角砲指揮官の山元奮中尉は語る。まことに機銃員気質まるだしといえようか。

だが、その意地に燃える銃員も、見張員の誤認ときいて、朝まだきからの疲労がいまさらのように襲ってきたのだ。

機関は俺たちに任せておけ

十月二十四日未明のシブヤン海は、南洋特有の涼しい微風が吹き、キラキラとさざ波をたてて美しく、わが巨艦武蔵の舷側に白い波浪をあてている。

突然、全艦内に「戦闘準備」の令が下った。そのとき武蔵の七号発電機室にいた玉沢信太郎上等機関兵曹は、「ブザーを耳にしたとき私は、これは武蔵にとって容易ならぬ事態が起こるかも知れないと思う反面、ブルネイ湾で燃料を満載し、これで思うぞんぶん戦えるぞ、と意気込んだその気迫が、こんなにはやく発揮できようとは思いもしなかった」と、不吉な予感とともに、一種異様な緊張感がわいてきたと述懐している。

やがて十時二十五分、敵の第一波が武蔵を襲ってきた。機関室は艦の奥ふかくに位置しているので艦上の出来事については全くわからない。主砲員や機銃員などとちがって戦闘に華々しさはないが、戦艦の心臓部を受け持っているということだけでも、機関員全員には大きな誇りがあった。

さて、下令と同時に機関室の各部署についた機関員たちは、全速運転のスイッチを入れた。外では敵の射った直撃弾が炸裂する、にぶい金属音と主砲発射の轟音とが入りまじり、熾烈な戦闘が展開されている。機関室はディーゼル機関の発する、耳をつんざくばかりの激しい音と、肌を焼くような熱気が充満して、さながら火あぶり

第十一罐室給水員
工藤憲一機関兵曹

七号発電機室
玉沢信太郎上機曹

第一罐室
黒沢啓機関兵

右舷第四重油室
初見力蔵一等機関兵

一番副砲動力室長
矢内周始兵長

の刑に処せられているようだ。

「その暑さは、とても言葉では表現できない。機関員だけが経験する地獄攻めのようだった。寒暖計などを見る余裕はないが、五〇度以上は楽にあったようだ。いまにしてみれば、じつに信じられないほどの熱気だった」これは、当時の武蔵の第一罐室にいた黒沢啓機関兵の表現だが、同じく機関兵として蒸化器室でがんばっていた住谷吉保機関兵長もまた、その熱気の激しさを語っている。

こうしたなかにも、敵の執拗な攻撃はなおもつづいている。突然、敵雷撃機の放った魚雷が武蔵の右舷に命中した。一瞬、武蔵は左右にはげしい振動が起こった。

「そうです。その衝撃は、私（吉沢）がいた中部注排水管制所に命中したのではないかと思ったほどだった。私は左舷二十四番タンクに注水するよう命令しました。これでどうやら復原できたと思う束の間、こんどは左右両舷に魚雷が命中したんです。この爆発によって室内はガスが充満し、やむなく私は部下全員に防毒マスクをつけるよう命令しましたが、このときの模様は、とても口では表現できません」と当時、中部注排水管制指揮官の吉沢鍛兵曹長が説明している。

そのころ、敵の直撃弾は、武蔵の四番高角砲と中甲板にあった揚弾機に命中した。

「どこの防水扉だかわからないが、それが火の玉となって吹っ飛んできたのです。全員、床に伏せろと怒鳴るのをきかず、左舷通路にむかって走り出した神谷兵曹は、その破片をうけて重傷を負ってしまったのです。あれほど行くなと怒鳴ったのに――残念でなりません」当時、機関室にいた前多孝二一等工作兵曹は、そのときの模様をそう語っている。

さて、敵の攻撃は、つづく十一時三十八分からの第二波、十二時十七分からの第三波によって、いよいよ熾烈をきわめてきた。このころまでに武蔵は、数本の魚雷と爆弾をうけ、その振動はいよいよ増すばかりだった。

「すでに二号、三号水圧機はやられ、水圧タンクにも浸水ははなはだしく、ついに運転不可能となりました。そのとき三号水圧機長からの命令によって、機関室全員に対して一号水圧機室に待避したが、そのときの機関員たちの無念そうな顔は、いまだに忘れることができません」

保科仁作上等機関兵曹のこの言葉を立証するかのように、第十一罐室給水員だった工藤憲一二等機関兵曹は語る。

「私の罐室の舷側に命中した魚雷はアーマーのリベットを切断して、その穴からものすごい勢いで浸水してきたのです。すでに送風機の操縦弁の棒がへしまがって開閉が困難となりました。煙観所から黒煙が出ているとの報をうけましたが、送風機が動かないので、なす術がないのです。当時、私は僚友たちと相撲部を結成し大関クラスだったので、その馬鹿力でどうやら煙観所の黒煙を消すことができました」

さて、第三波の戦いが終わり、武蔵の被弾は数知れず、しだいに傾斜が増し、速力はおとろえるばかりである。第四波来襲までの、わずかな時間を利用して、全艦各部署ともに次の戦闘にそなえての準備が開始された。戦闘服を脱ぎすて、腰まで水につかりながら注排水をおこなうもの、管制盤や諸計器を点検するもの、また電源の故障を直すもの、さらに揚弾機の試運転をするものなど、せわしい一刻が流れた。

「まさに戦闘以上の忙しさでした。私たちは蒸化器などを修理すると、腹ごしらえをするべく、主計兵からくばられた飯をかっこみました。そのとき私の胸中には〝これが最後の食い納めになるか〟などと変に弱気がさして、飯がのどに通らないほどでした。若い兵たちはほとんど食べていませんでした。まあ、そんなときの心境というのは、みな同じなんでしょうな」と玉沢機関兵曹は述懐する。

そのとき突然〝ズシン〟という、にぶい爆発音とともに武蔵は、激しい振動におそわれた。すでに罐室の電話線は切断され、いつ敵の攻撃が再開されたのか、機関室にいるものには見当もつかなかったが、この爆発音は、まさしく敵の直撃弾であろうことは想像できた。

「しかし私たちには、あくまでそれは想像であって、確認することはできません。その爆発音が消えると同時に、もとの静けさにもどったのです。私は班長の許可をうけて、最上甲板へ、戦況を見に行こうと思いタラップを登りました。しかし浸水のためハッチが開かないのです。

その後、ふたたび機をみて別のハッチから外に出ましたが、戦闘は行なわれていませんでした。後部主砲塔の前には、機関科罐分隊員が集合していた。しかし六、七罐室の全員がいないのです。われわれはこの救出に向かったんですが、七罐室入口の扉が、どうしても開かないんです。なかでは生き残っている機関員が〝早く開けてくれ苦しい〟という呻き声が聞こえるのです。その声を私は、いまだに忘れることができません」

初見力蔵一等機関兵は、当時をしのんでこう述懐している。

ともあれ、こうして戦いはなおもつづく。すでに武蔵は満身創痍の状態で、ほとんど速力もなく、ただいたずらに洋上を航走しているだけだった。すでに第七罐室が破壊され、七号発電機以外は、すべて使用不能だった。

午後二時四十五分からの第六次の戦闘によって、魚雷をうけた右舷の舵電路もまた、ほとんど役に立たない。さあ、あとは七号発電機だけが、最後の頼みである。機関員は、けんめいに舵配電盤と取り組んでいる。しかし、電流計がショートを起こしてしまった。〝ついに駄目か〟機関員の努力もむなしく、武蔵の鼓動は止まった。

このようにして武蔵は、日本海軍の運命を象徴するかのように、シブヤンの海にその巨体を没したのである。この最後の模様を、一番副砲・動力室長だった矢内周始水兵長はいう。

「――私は、総員退去の命令とともに上甲板に出ました。すでに武蔵は二番主砲まで海中に没し、乗員たちがつぎつぎと海に飛び込んでいました。右舷甲板上は、爆弾による巨大な破孔を生じ、通り抜けることはできません。私はハンドレールの外側を渡ろうとしたとき、一瞬の振動とともに海中に投げ出されたのです。あとはもう、無我夢中でした。海上から武蔵を見たとき、この巨大な、不沈の戦艦が、どうして沈没したのか。その理由がいまだにわかりません。とにかく〝阿修羅の武蔵〟の形容そのものでした」

衣糧長は予感し祈念しつづけた

非戦闘員の主計科員たちも、主計長の伊藤少佐の指揮のもとに、戦闘部署に補助員として各配置された。伊藤主計長を補佐することになった衣糧長の高橋清主計大尉も、約八十名の衣糧員を五、六ヵ所の戦闘部署に送りだし、ほっとする間もなく、第一波の攻撃がくわえられてきた。

最初、主計科指揮所を右舷中部中甲板の副官室に置いたが、十一時三十八分からの第二波の直前に衣糧事務所に移し変えた。ところが、副官室付近に被弾し、かろうじて爆弾の洗礼をまぬがれた。そのときの様子を高橋主計大尉は、「第二波になって前にいた副官室と、十二時十七分からの第三波には衣糧事務所が、われわれが移ったとたんに爆弾をうけて悲惨な状態でしたが、幸いにも被弾をまぬかれたことは、まったく神助のおかげと痛感している」と語る。

一方、第三番主砲・補助役として配置になった烹炊係の柳沢兵曹長は、「私が副砲弾庫についたときに第一波の攻撃がはじまり、いちど主砲が発砲されたが、もっぱら高角砲と機銃が敵機を射ちまくりました。われわれは武蔵の強さを信じていましたから、力一杯に戦った。ところが突然、電源が切れ、暗闇のなかで人力をもって射撃をつづけていたと思います」と語る。

艦内拡声器も故障して、下甲板に置いた主計科指揮所も、外部の戦闘情報も聞けず、まったくの情報皆無状態におかれていた。

前部戦時治療所
宮沢寅男軍医大尉

第三戦時治療所
根本昌俊衛生兵

烹炊係
柳沢兵曹長

衣糧長
高橋清主計大尉

「ただ凄まじいばかりの爆発音と、雷撃の無気味な金属音の震動に、いまにも舷側の足下から油水が吹きだすのではないかと、不安ながらも防火防水の応急処置に忙しかった」と高橋主計大尉はつづける。
「午後二時四十五分からの第六波が終了してから主計長に進言して、夕食の準備を給食員に命じ、伊藤主計長と第二艦橋に登って見ると、そこにはあたり一面に血肉が飛び散り、悲惨なことといったら言葉にしようもありません。ただ武蔵の運命の容易ならぬものを予感しました」

戦時治療所に血まみれの人たち

この大迎撃戦闘は、もちろん屍山血河という表現がけっして誇張でないことを、全乗員の眼に焼きつけた。戦えば傷つき倒れる——ということとは、常日ごろの覚悟とはいっても、目の前に展開される血と肉と呻き声の惨状は、総毛だつほどの凄まじさであった。

そのころの唯一の医療部はどうか。軍医長の村上軍医少佐をはじめ、分隊長の細野軍医大尉、分隊士一人、下士官兵、看護兵の約三十名は、治療室、第一戦時治療室、第二治療室の三ヵ所に分かれていた。

十時二十五分からの第一波の終了と同時に、第一、第二治療室には負傷者が運ばれてきた。第二治療所にいた三浦衛生兵長は「まず最初に二十名ほどが、敵機の機銃とか、爆弾の破片にやられたらしく、手足のちぎれた重傷者が多く運び込まれてきた」という。

十一時三十八分からの第二波、十二時十七分からの第三波と攻撃が進むにしたがって、細野分隊長の治療室にも軽、重傷者がつぎから次へと運び込まれ、病室は一杯になり、通路にもあふれだしていた。とうとう最後には上甲板に負傷者を並べて応急処置にかけまわったが、爆弾によって一瞬に飛び散った負傷者も多数にのぼった。

当時を細野分隊長は回想して「第三波の攻撃の時だったと思うが、中甲板に集めた負傷者が直接爆弾を受け、爆煙が消えたときには、一人の負傷者もそこにはいなかった」と、惨状の激しかったことを語ってくれた。

やがて艦が傾きだすと、甲板上の負傷者はころころと甲板を転がりながら、左舷の海中へ落ちていった。もう治療どころではなく、「総員退去」の号令で海中に飛び込む人がつぎつぎと続いていた。村上軍医長も兵隊とともに海中に飛び込んだが、泳ぐことがあまりできなかった。だが、かろうじて駆逐艦の清霜に救けられた事情を次のように語る。

「海中深く一度沈んだが、浮び上がってみると暗闇の中で、軍医長、軍医長と呼ぶ声で気づき、私の部下が箱みたいなものに縋(すが)りつくようにしてくれた。つぎに上を見ると、清霜のスクリューのところにいた。もし廻っていたら、生きては帰れなかったでしょう」と二度の幸運を感謝している様子だった。

午前九時ごろ「戦闘配置につけ」の号令で、根本昌俊上等衛生兵は、加藤一衛曹、小原一等兵と三人で、三番主砲の真下にある治療所の部署についた。「右舷〇〇度方向に戦爆連合の敵編隊を探知する」と拡声器から知らされてから数分後に、主砲からの第一斉射が開始され、つづいて機銃が鳴りだした。マスクをつけて第三主砲の鉄壁に身をよせて、じっと第一波の去るのを待った。しばらくして機銃も止んだが、被害があったのか無かったのか、さっぱりわからない。

第一次の攻撃のさい前部戦時治療所にいた宮沢寅男軍医大尉は、後部の軍医科士官の配置されてない後部上甲板治療所付近で多数の死傷者がでたとの知らせで、行こうとして右舷長官室の前まできたとき、拡声器から「右舷〇〇度敵機来襲」の声。それから時をまたず第二次攻撃が始まったので、応急員待機所で第二波の去るのを待った。

後部上甲板治療所について傷者の処置を行なっているうちに、十二時十七分からの第三次の攻撃をうけ、銃撃が止むと負傷者が運びこまれる。

そのころ前部治療所の真下の罐室に魚雷が命中して浸水、昨日の戦闘で救助した摩耶の患者や、医務科の佐藤兵長、高石兵長の二人が戦死した。何回かにぶい音がして、艦が揺れ傾いていく。鮮血でリノリウム甲板が滑るので砂をまいて負傷者の手当をする。

五波、六波の攻撃がすぎ、機械室ハッチから機関員が上がってきた。「総員露天甲板」の命を知らせてきた。傷者をつぎつぎと背負わせて運びだしたが、甲板に運び上げた患者が二人、三人と傾いた甲板からずり落ちて、青い海に消えていった。

宮沢大尉は治療所から最後に機銃の先任下士を背負って甲板に出たとき、加藤憲吉副長に出合い、猪口敏平艦長が負傷していると知らされたので艦橋にいって見ると、艦長は肩胛部に盲貫銃創を負われ、出血もひどく、応急手当するのがやっとだった。艦橋から作戦室を見まわり、負傷者を集めた右舷カタパルト付近で海中に入るまで治療にあたっていたが、この日の戦闘で一〇二一名の死亡行方不明者をだし、戦死傷者の実数は約三八〇名に達したと医務科の宮沢寅男軍医大尉はいう。

応急員が繁忙をきわめるとき

ではこの巨艦は、ただ波状攻撃にさらされて、自らを救う方法はまったくなかったのであろうか。いわゆる応急部員はその時なにをしていたか。

上部応急班指揮官の及川長四郎少尉は、午前十時二十五分からの第一次攻撃で第一主砲塔左舷に爆弾命中との報に、現場に応急班をつれて行ったが、被害はほとんどなくて塗料がはげただけの、鋼鈑の優秀さにまず驚いた。しかしその直後に、第一主砲塔右舷後部に大型爆弾が命中し、感心させられたばかりの鋼鈑が、もろくも破られて機関部まで爆弾が貫通、各甲板に火災が発生したために悪戦苦闘の戦いとなった。

第一次攻撃で起きた上部火災も、消火作業により被害も局部で止めるよう懸命だった。応急員は、戦闘では被害個所を最小限にくい止めることが第一の任務とされていたから、第一次攻撃の被害を最小限に止めることが第一の義務であった。

十一時三十八分からの第二次の攻撃では、前部に魚雷命中して前部に傾いたが、注排水装置により復原し、四水圧機室上部に二五〇キロ爆弾が命中して、金工倉庫が浸水しだしたので、最後部右舷デッキに待機していた班長貫井三郎一等兵曹の第七応急班の応援を受けた。アーマーは破れてないが、継手から海水が滝のように入ってくるのを五寸丸太に古毛布をしばりつけて、四人がかりで浸水個所に当てがう。だが、水圧のために受けつけず、海水は股の高さまで浸水したので、上甲板に上がりハッチを閉鎖密閉して、より多くの浸水を防いだ。

十二時十七分からの第三次の射撃ごろになると、前部、中部に被害が続出していた。忙しさはもはや極限に達したといってもよい状態だった。

上部応急班指揮官
及川長四郎少尉

第七応急班長
貫井三郎一等兵曹

第三波の前に後部の部所に帰っていた貫井一等兵曹は、十二時二十三分からの第四波の攻撃に上甲板に出て見ると、左舷横に爆撃を終えた敵機一機が叩きつけられるように落ちるのを見た。

午後二時四十五分からの第六波の攻撃のころになると、速力が遅くなったためか、魚雷の衝撃も多く感じられ、及川長四郎少尉に被曳航用意の命令がだされたが、戦死者や負傷者がでて作業員は平時のように人数も揃わず、また浸水などのため、必要要具の格納場所も不明になり、作業の進行も思うようにできぬうち、前部上甲板が海面すれすれとなった。

しかも、海水が甲板上に流した将兵の血を洗い流すようになったので、作業も中止された。総員退去の命令がだされたが、傾斜がますますひどくなったので、甲板の整理に気をくばり、無益な怪我人をださぬように、応急員は最後の任務に、駆けずりまわらねばならなかった。

大戦艦ついに波濤に散る

全乗員の必死の戦いにも、ついに終止符を打つときがきた。副長の加藤憲吉大佐は、その手記を次のように閉じる。

「――艦の傾斜はあらゆる努力にもかかわらず減らないのみか、むしろ増すように思われた。艦長は手帖にシャープペンシルで遺書を書き、私にわたして上官に報告するよう命ぜられた。御真影と軍艦旗をおろして上甲板に出、総員退去を命じた。まもなく左傾斜が増大して、十九時三十五分ついに武蔵は沈没、艦長は艦と運命を共にされたのである。この日、沈没したのは武蔵だけであった。そして武蔵は、被害担任艦の役目をりっぱに果たしたのであった」

被害担任艦――その言葉のなんと悲壮、なんと残酷、なんと苛烈なることか。

武蔵そして武蔵乗員約二五〇〇名は、あるいは傷つき、あるいは疲労困憊し、あるいは死して一介の浮遊物となり、この世紀の大戦艦の水葬を目撃したのであった。真っ黒な油、さまざまの器材が流れるなかで万歳と黙禱が捧げられ、僚艦は声なく、この静かなる歴史の一コマに拝跪（はいき）して合掌するのみであった。

最後に武蔵をめぐる一つの秘話をそえて、この物語の結びとしよう。

艦長の割腹自決に介錯役をひきうけたのは、砲術長の越野公威中佐であった。砲術長は艦長の横一文字の割腹を見届けると、南無とばかり軍刀を一閃させた。まるで軌を一にするように、このとき武蔵は、最後の大咆哮を天に向かって叫び、大きく横に倒れたのである。砲術長は水中に浮かぶと、まず周囲の部下を一人ひとり救いはじめた。水泳は達人の域にあった人である。おぼれる部下は次つぎと砲術長の手によって駆逐艦に運びこまれた。

しかし練達の泳法にも限度はあった。精根つきるまで部下を救うと、越野中佐は最後の力をふりしぼって武蔵に向かった。部下が「砲術長、早く」という声も、すでに耳に達しなかった。しばらく抜手を切る水音がきこえ、そしてそれも消えた。

越野砲術長の従兵であった斎藤兵曹は想像する。たぶん砲術長は、武蔵が最後を遂げたのは砲戦指導の誤算からと自責したからにちがいない。そして艦長の介錯をしたとき、すでに心を決していたにちがいない。砲術長は武蔵のもとへ帰っていったのである。

七万トンの鉄の墓標は、なんという哀切さをもってわれわれの胸に迫ることか。

沈没位置は東経一二二度三二分。北緯一三度七分であった。このあたりは水深約八〇〇メートルといわれ、南国の海らしく極彩色の魚が、肌をきらめかせて棲息する海溝である。武蔵はその底に沈んで、有為転変の人間模様を、今日もながめているのかも知れない。

長恨「不沈艦「武蔵」シブヤン海の最後

五波にわたる熾烈な対空戦闘を戦いぬいた機銃員の体験

当時「武蔵」七分隊機銃員・海軍二等兵曹　平野敞一

十月二十三日の早朝、敵潜水艦の魚雷攻撃をうけ、栗田部隊の旗艦愛宕、摩耶、高雄を瞬時にして失った艦隊は、旗艦を駆逐艦岸波から大和にうつし、第一戦隊司令官の宇垣纒中将が一時、艦隊の指揮をとるよう指令された。武蔵は二番艦として之字運動をしながら、一路、決戦場レイテへと急いでいった。

二十四日早朝、ミンドロ島の南を通過した艦隊は、やがてシブヤン海にさしかかった。

この朝、ついに武蔵にも対空戦闘が下令された。B24三機に接触されたのである。三戦隊、駆逐艦の発砲を尻目に、敵機はゆうゆうと高度を保ちながら触接している。武蔵は満を持して、まだ発砲しない。

午前十時、とうとう来たるべきものは来た。敵艦上機の第一波来襲である。武蔵の後檣には、へんぽんと大きな戦闘旗がひるがえっていた。

「敵機大編隊右九〇度六〇〇〇向かって来る」防空指揮所から、銃側へもすぐ知らされた。F

6F、SB2C、TBFの大群であった。黒点はしだいに大きくなり、ついに銃側でもはっきりと見分けがつくようになった。

敵機は大和、武蔵、長門に襲いかかる。各艦の対空砲火は、全力をあげて射撃をしている。武蔵の右方にTBFの編隊が襲いかかった。雷撃機である。私の機銃は最初、縦動照準器で射撃をしていたため、艦爆や戦闘機のみを目標にしていたが、私は発停器を独断で断にし、射程に第二射法を急遽命じ、目標を雷撃機に指向した。

その時には、すでに魚雷は放たれて、本艦に命中せず後方を素通りしていった。

緩降下した瞬間、TBFの太い胴から黒い魚雷がいとも無造作に海中に投げ込まれる。それでいながら、魚雷はみな正確に目標に向かって進んでくる。全く、われわれがそれまで想像もしていなかった戦法であった。

「敵さんなかなかやるわい」と一人言をいっていたとき、突然、十三群機銃台よりちょっと艦首に寄ったところで、大爆音とともにものすごい水柱が立った。

その水柱が機銃塔におおいかぶさるように倒れてくる。ザァーザァーと、ものすごい甲板上の津波である。

F6FやF4Uの機銃掃射の音が、前部から後部へバリバリと流れていく。海中はと見れば、降りそそぐ弾丸がスコールのようである。それでもわが艦の機銃は懸命に射撃をつづけている。彼らの奮闘ぶりには、思わず目頭が熱くなった。

この第一回の戦闘時間は、わずか三十分たらずであったが、じつに長く感じられた。一戦は終わったが、また次の戦闘にそなえるため、銃員は整備に弾薬の補給に、一生懸命である。何発かの魚雷や爆弾が命中したのだろうが、巨艦武蔵はこのくらいではビクともしなかった。

魚雷命中

やがて第二波がきた。最初の戦闘でなれたのか、皆なんとなく落ちついている。

「右九〇度飛行機群」舘石兵曹からの伝令である。

第一次にもましての大編隊である。やがて武蔵の主砲も火をふいた。三式対空弾の壮烈きわまりない弾幕、その中に敵機の編隊がかくれてしまった。

「皆んな墜落したのだろう」旋回手の伊藤水兵長が一人言をいった。だが、むろん弾幕が切れると、敵機群はそっくり群がっていた。

「主砲なんて射つ必要ない」射手の岡本が興奮した様子で、くり返しくり返し一人言をいっていた。

天象を利用した敵機の攻撃は、巧妙きわまりなかった。主砲、高角砲、機銃弾の交錯するなかを、敵機はにくらしいほどゆうゆうと飛翔しながら攻撃してくる。すでにわが艦は何万発射ったろうか。

右舷の前方に魚雷が命中した。甲板上に大水柱が上がったと思う瞬間、われわれの機銃台の下で、もの凄い大音響がとどろいた。魚雷命中だ。背筋がヒヤットする。

「大丈夫だ！」銃員を一括した。

しかしそれは第二次戦闘後わかったのであるが、中部に命中した魚雷であった。狭水道であってみれば、避退することにもおのずから限度があった。また右舷中部に魚雷命中、震動が全艦に伝わる。そして次に右舷にぐっと傾いてきた。

われわれの機銃は相変わらず、雷撃機専門に射撃していた。左舷にも水柱が立つ。大轟音がした。ハッとして私が塔の間から首をちょっと出して見ると、右舷に寄った二番砲塔近くに、兵が三人ばかり風に飛ぶ木の葉のように甲板をころころと爆風でころがされている。その近くの単装機銃員も、吹き飛ばされてしまった。

第二回敵機の攻撃が終わって甲板に出ると、あちこちに死者や負傷者がごろごろしていた。血へどをはいている者、手足のない者、血だらけの胴体、飛び出した目の玉、まったく目もあてられぬ惨状であった。元気な者も、この惨状に気が弱くなったか、ただ無言でいる。

船は左舷に注水したのか、またもと通りになっている。それでも、被雷のために速力はかなり衰えたように感じられる。

この頃、私は自分の機銃員のほかに、艦橋に見張員として配置についていた同郷の志村一水のことが気にかかった。二次攻撃が終わった後、艦橋を見ると、艦橋右舷から志村が元気よく手を振っている。呼んでも聞こえるわけではない。

「俺も元気」手旗信号で志村に返事をした。新兵教育を終え、武蔵に配乗されて日も浅いのに、こんな悲惨な戦闘をしなければならない志村に、命ながらえてくれと祈りたかった。

猛烈な雷爆撃をうける武蔵。水柱と白煙黒煙の中に艦橋から前方が見える

反撃あたわず

第三波、第四波、第五波、敵の艦上機の攻撃は艦隊から取り残された武蔵に集中された。すでに主砲は、その威力を発揮しないうちに使用できなくなっていた。弾薬庫へ注水してしまったのだ。艦の最悪の場合を考慮しての処置だった。

使用できるのは、何門かの高角砲と機銃のみである。

第三波の攻撃に甲板にいた者はほとんど死傷し、反撃も不可能になってしまった。われわれの機銃も、四次攻撃中に弾丸が欠乏しはじめてきたが、弾丸の補給はつかない。もうあるだけの弾丸を使いきれば、あとは手をこまねいている以外ないのだ。

第四次の攻撃で、もはや武蔵の攻撃力も限界にきたようだった。いまは高角砲も大部分の機銃もすでに終熄してしまった満身創痍の不沈艦武蔵の、痛々しい姿である。

反対舷の機銃から、五弾倉の補給をうけた。わが機銃は第五次攻撃にたいして、有効にこの弾丸を使った。重なる戦闘になれてか、岡村、伊藤の落ちついた照準は有効弾を送り、敵機をつづけざま二機撃墜したのがはっきりとした。

射撃中、一人の兵が二弾倉、塔の口から渡してくれた。一弾倉を右の銃に装填したとき、中と左銃が同時に焼付を起こした。艦はもう前部を海中につっこみ、刻一刻と速力は減じていく。魚雷が命中しているのか、爆弾が命中しているのか、目がくらみ耳が聞こえなくなり、もうろうとしてきた。

中、左銃はそのままにして、右銃であと一弾倉をうってみたが、すでにこれで弾丸がつきると思うと情けない。

敵機はもう武蔵の沈没を近しと見てとったか、上空を旋回している。

訣別の歌

また敵機の数が多くなった。第五次戦闘が終了したこの日、朝十時から夕方五時にわたる来襲の敵機の数は、延べ千機以上と思えた。その六割強が武蔵一艦にたいして集中攻撃をしてきたのである。

三十発あまりの魚雷と、二十発以上の直撃爆弾をうけて、武蔵は満身蜂の巣のようであった。負傷者を収容するところもない。後甲板は負傷者でいっぱいである。戦時治療室に収容された者が唄っているのか、君が代が聞こえてくる。もう武蔵も間もなく沈むことが、負傷者にわかったのかもしれない。その訣別の歌であったろうか。

「本艦はマニラへ回航の予定であったが、すでに回航もできなくなった」と、副長から告げられた。平素うるさい副長であり、下士官兵からも毛嫌いされた親父であったが、その言葉を口にしなければならなかった副長の心情に、私は涙さそわれた。

七分隊長の菅野大尉の断によって、われわれは互いに助け合って艦から退避するようにいわれた。私の銃員は館石兵曹らとともに後部左舷から飛び込んで、少しでも早く艦から離れようと一生懸命泳いでいた。

だが、十分くらい後に、大音響とともにもの凄い火柱が立った。瞬間、ついに不沈艦といわれた武蔵も、あえなくシブヤン海にその巨体を消したのであった。七万五千トン、二千数百人を乗せた超弩級艦も、栗田部隊のオトリ作戦艦にひとしく、その最後は哀れなものであった。

巨艦「武蔵」不死身の激闘と最後

米側戦史が伝える戦艦「武蔵」シブヤン海の海空戦

米海軍大佐　W・カリグ
米海軍大将　F・C・シャーマン
米軍事記者　H・ボールドウィン
米海軍少将　S・E・モリソン

その日の最初の米軍の空中攻撃をうける前、栗田艦隊はミンドロ島南端をへて、タブラス水道を北に向かって進んでいた。その部隊——戦艦五、重巡七、軽巡二および駆逐艦十三は、ほぼ同兵力の二群に分かれ、一群は約五マイル（浬）後方につづき、各群はそれぞれ大艦を取り巻いて輪形陣をつくり、空中攻撃を撃退する隊形をとった。

フレデリック・シャーマン

栗田健男提督は、その日の朝マニラが空襲を受けたことを知り、ほどなく今度は自分の方に番がまわってくるのは確かだと感じていた。そのとき、午前十時十五分ごろ、レーダーは東方六十マイルに敵機の大群を捕捉した。

はたして、敵の大編隊がやってきた。戦闘は短時間だったが激しかった。栗田艦隊は上空掩護隊を持たないので、対空砲火の幕でそれを補おうとした。しかし、その淡紅色、紫色、黒色の炸裂も、急降下爆撃機や雷撃機の殺到を喰いとめることはできなかった。

第一波の攻撃が終わったとき、巨艦武蔵は一本の魚雷を受けていたが、別に気にもしない様子だった。やがて、イントレピッド、キャボットおよびインディペンデンスの三空母から発進した三十五機の第二波がすでに迫ってきた。三本の魚雷がバルジを貫き、多数の至近弾が海水の飛沫と鉄片を甲板に注ぎかけた。武蔵は速力が落ち、ぐるぐる廻りはじめた。

栗田艦隊は乱打をされつつあったが、まだまだ敵はやってくることを覚悟していた。栗田提督は、北の小沢治三郎提督のオトリ部隊が利き目がないのではないかと危ぶんだ。そして、二次攻撃がすんでから電報を打った。またマニラの福留繁中将および大西瀧治郎中将にも、戦闘機の護衛をたのむ電報を発信した。しかし、返事はなかった。もう出すべき飛行機がなかったのだ。

デビソン隊の六十五機が、第三波として発艦させられた。「急降下に移ったとき、一帯の雲があって隠れたが、雲を出るとふたたび猛烈な砲火を浴びた。私は自分の眼で、八本の魚雷が全部、武蔵の前部に命中するのを見た。また友軍機の命中弾五発、至近弾三発を見た」

そして午後四時までに、栗田艦隊は六時間以上にわたり、五波の空中攻撃をうけよろめいていた。すでに妙高は戦闘力を失ってブルネイに引き返す途中だった。武蔵は艦首を海中に突っ込み、戦闘不能になってしまった。長門も清霜も最後にひどく叩かれていた。大和も数発の命中弾をうけたが戦闘には差しつかえなかった。榛名と金剛も損傷していた。

午後四時、栗田艦隊はシブヤン海にさしかかり、そこから反転して西方に向かった。しかし、休むまもなかった。第二機動群の三隻の空母機は午後六時前、最後の攻撃をおこなった。巨艦武蔵は今や死の苦しみにあえいでいるようだった。暮れることがないように思われた長い一日の間に、この艦は魚雷十本を射ちこまれ、爆弾十六発を叩きつけられた（武蔵副長の加藤憲吉大佐は魚雷二十本、爆弾十七発が命中したと証言している）。

二本の魚雷が左舷の同一場所に当たったが、これが致命傷となった。武蔵はシブヤン島の

15m測距儀を戴いた武蔵前檣楼正面の一番二番46cm 3連装主砲塔の上方に15.5cm 3連装副砲。副砲4基のうち煙突両側の2基は昭和19年6月には撤去され機銃群が増備された

北岸に乗り上げようとしたが成功せず、たそがれの中に左に転覆した。二二〇〇名の乗員中、半数以上が艦と運命を共にした。（ウォルター・カリグ）

猛烈な対空砲火の弾幕をついて

十月二十四日午前六時、フィリピン東方の配備点について、第三八任務部隊の三隊の空母群は、友軍潜水艦によって報告された日本部隊の索敵をはじめた。パイロットたちは、間もなく、サンベルナルジノ海峡への接近水路にそって、シブヤン海を縫うように進んでいる栗田艦隊本隊を発見した。彼らはさっそくハルゼー提督に発見報告をしたが、敵部隊のなかに新超大戦艦の大和と武蔵を見て胸をときめかせた。

大戦艦が所在することは、まったく喜ぶべきニュースだったが、日本の空母群は一体どこにいるんだろう？　日本側が虎の子の大和と武蔵を空母群をつれずに、裸のまま進撃させるとは信じられないことだ。空母がどこか作戦海面の中にいるにちがいない！

ハルゼー提督は、とにかく、この大部隊をサンベルナルジノ海峡にたどりつかせないように、航空兵力を使おうと決心した。だが、空母群の方は海峡内に進入することができなかった。というのは、狭い水域では、艦上機を発着させるのに母艦の行動が制限されるのと、機雷の危険が大きかったからだ。だから空襲はフィリピン東方の外海からやらねばならず、攻撃隊が目標にとどくためには、島々の高い防壁を飛び越さねばならなかった。

ときどき、ふわふわとした白雲が、さわやかな東寄りの風に乗って流れていたが、シブヤン海上空の天候は一般に良好だった。トルコ玉のような青緑色の海面には、緑におおわれた熱帯の島々が点々と散らばり、ところどころに山頂が八千フィートの高さに聳え立っていた。これらの平和な風景は、その付近でやがて起ころうとしている激しい戦いを連想するには、あまりに縁遠いのどかさだった。

全空母群は最初の索敵に出された兵力が多すぎて、すっかり手薄になっていた。なにしろ各索敵隊は四機の爆撃哨戒機と戦闘機で編成され、索敵海面が方々に分散していたので、触接ができてからすぐに攻撃に利用するのは難しかった。

ボーガン提督の第二任務群が、最初の攻撃に出かけたが、それはイントレピッドとキャボットの艦上機の編隊だった。敵兵力を認めたのは午前十時二十分だった。雷爆協同攻撃のため、第一波は日本艦隊の両側に位置を占めた。

めずらしい戦艦群の主砲の斉射をまじえた猛烈な対空砲火の弾幕をついて攻撃はおこなわれた。敵の直衛戦闘機は一機も姿を見せなかったが、射弾をうけて雷撃機二機が不時着させられ、戦闘機一機は炎上焼失した。こうして帰ってきた攻撃隊は、大和型に魚雷二本命中、巡洋艦にも同じく二本、大和型と金剛に爆弾を当てたと戦果を見積もった（訳注、武蔵に一本、妙高に一本魚雷命中）。

イントレピッドから発艦した第二波は、午後十二時四十五分に目標上空に達したが、日本部隊は三十マイル（浬）ばかり海峡に近づいていた。攻撃隊にたいする対空砲火は依然として火を噴き、煙を吐き出し、さながら地獄の業火を見るようだった。この航空隊は、武蔵に魚雷三本と千ポンド爆弾二発を命中させた。長門にも爆弾一発が命中した。しかし、日本軍はまだまだ、われわれの最も猛烈な空襲を受けねばならなかった。

その地区における当日の最大の攻撃は、三十二機の雷撃機、二十機の爆撃機および十六機の戦闘機でおこなわれた。この攻撃隊は午後一時半に目標上空に達し、対空砲火の同じ地獄をくぐりぬけてグサリと急所を突き刺した。すなわち、武蔵には魚雷三本を、爆弾一発以上を大和に、長門級に四本の魚雷を、さらに巡洋艦および駆逐艦数隻にも数発の爆弾を叩きつけたと判定した。これ以上は対空砲火の猛烈な射ち上げによって、正確な戦果を確認することはできなかった。

一方、午後十二時四十五分、私の指揮する機動群が第二次攻撃隊を発進させているとき、北東の方向から敵機群が来襲した。この神風特攻により空母プリンストンが命中をうけ、バーミンガムが救助にあたったが、後部弾火薬庫の爆発を起こし、その破片の雨が救助艦に降りそそいだ。巡洋艦の艦上では二五五名が戦死し、多数の乗員が負傷した。

私の機動群は敵機を、空戦と対空砲火で六時間以内に全部で一六七機を撃墜したが、その応接に忙しく、その後シブヤン海の栗田部隊の攻撃は他の三群の仕事となった。（フレデリック・シャーマン）

死に瀕した剣士のように

空母プリンストンが炎上し、もがいているとき、巡洋艦部隊や駆逐艦群を従えた、戦艦五隻を主力とする栗田提督の本隊も手荒くいためつけられていた。日本の第一遊撃部隊にたいする米空母部隊の猛攻は午前十時二十五分ごろはじまったが、狂喜した米国のパイロットたちは、いままでに誰もお目にかかったことのない目標――世界最大の超戦艦にここを先途と集中攻撃をかけた。

長いこと、情報網の神秘の焦点だった大和と武蔵がいま、米海軍航空部隊の翼の下にその巨体を横たえているのだ――六万九五〇〇トンの船体、四六センチの巨砲、二十七・五ノットの大速力が、他の僚艦からずば抜けて大きく見える。他の戦艦などくらべものにならぬ。

だが、まもなく武蔵は手負いになった。一本の魚雷がグサリと突き刺さったとき、その裂

ブルネイ湾外に集結した武蔵(左)と大和。レイテ出撃準備のため、武蔵には最上、大和には鳥海が横付け給油中

けた横腹からは、どす黒い重油の流れが紺青の海に長い尾をひいた。しかし、さすがは武蔵、依然として高速のまま突っ走って一向こたえない。同じく魚雷をうけた妙高の方はそうはゆかない。この重巡は最初の攻撃でひどくやられ、速力は十五ノットに落ち、みるみる落伍してよろよろしながら孤影悄然と引き返していた。

しかも、栗田中将は息つくひまもない。午後十二時三分には、第二回目の航空攻撃が、心にくくも太陽を背にして襲いかかってきた。迎えうつ日本側の対空砲火が炸裂して、淡紅色や紫の花が晴れあがった中空に無数に咲き乱れる。戦艦の主砲までが火を吐いている。たちまち、数機の米軍機が命中弾をうけ、うち一機は燃えながらヒラヒラと落ちてゆく。一方、武蔵もさらに爆弾二発と魚雷二本をうち込まれ、速力も次第に落ちながら、しずかに隊列から落伍してゆく。

一時間半後には、大和も第一砲塔前部に二発の爆弾が命中し火災を起こした。しかし、その厚い甲鈑装甲のおかげで、損害もひろがらず間もなく鎮火して事なきを得た。武蔵の方は、いまや針ネズミのように満身創痍のかたちだった。第三波でさらに四発の爆弾と三本の魚雷を受け、甲板という甲板はさながら殺戮の場と化した。艦首は力なく沈下して水中に突っこみ、速力は十六ノットに落ち、やがて十二ノットにまでに減ってゆく。

首を長くして待ちわびた友軍の空中掩護も、ついにやって来ない。大和は第四波でまたも や命中弾をこうむり、老齢の長門も傷ついた。

午後三時の六点鐘がカンカンと鳴りひびくころ、栗田長官は、いまは落伍して再起の望みのない武蔵に戦場から後退するように命じた。だが、時はすでに遅すぎた。武蔵が血路をもとめて大角度で転舵したとき、その日の最後の、そして最大の空中攻撃が空をおおわんばかりに武蔵に殺到してきた。

十五分の間に、この巨艦はついに止めを刺される——さらに爆弾十発と魚雷四本だ。武蔵はついに速力わずかに六ノットに落ち、その艦首は水線下に沈み、ひどく左舷に傾いたままのその姿は、まさに死に瀕した剣士のように悽愴だ。

栗田提督は動揺した。最初の兵力のうち戦艦五隻は四隻に、巡洋艦十二隻は八隻に、駆逐艦十五隻は十一隻に減ってしまった。残った戦艦もみな損傷して、艦隊速力は二十二ノット以上は出せなくなった。

午後七時半すぎ、栗田提督の本隊の誇りであった巨艦武蔵は、シブヤン島のほとりでその長い悪戦苦闘の幕を閉じた。しかし、沈みゆく武蔵を見たアメリカ人は一人もいなかったし、反転した栗田艦隊を見た者もいない。

栗田は午後に入って間もなく針路を変え、午後五時十四分、打ちのめされてもなお強力だった部隊は、ふたたびサンベルナルジノ海峡めざして進撃に移ったのである。（ハンソン・ボールドウィン）

勇姿は永遠に消え去った

米艦隊は航空母艦の飛行機をもって、日本艦隊の所在をつきとめるべく、夜明けとともに、多数の索敵機を発進させた。これは十月二十四日いらいの潜水艦による〝栗田艦隊〟触接につづくものであった。午前八時十分、ボーガン提督の指揮する空母機動群から飛び立った飛行機は、ついに栗田艦隊を発見した。そのとき艦隊はセミララ島沖を通過し、タブラス水道にさしかかっていた。

ボーガンは八時二十分、「敵発見の報告」を受けとった。かくしてシブヤン海の空と海の戦闘は、十時三十分にはじまったのである。

米艦隊の第一次攻撃隊は、空母イントレピッドとキャボットの甲板から、九時十分に飛び立った。戦闘機二十一、急降下爆撃機十二、雷撃兼爆撃機十二は十時二十六分、激しい砲火をおかして栗田艦隊に殺到した。第一次とほぼ同兵力の第二次攻撃隊は、十時四十五分に発進し、十二時四十五分に攻撃をなした。そして第三次攻撃隊は戦闘機十六、急降下爆撃機十二、雷撃機三からなり、午後一時五十分出発し三時五十分に攻撃にうつった。

一方、空母レキシントンの戦闘機八、急降下爆撃機五、雷撃機十一は、空母エセックスの少数の飛行機とともに、十時五十分に発進し、午後一時三十分に攻撃をなした。またデビソン提督の指揮する第四空母機動群から、戦闘機二十六、爆撃機二十一、雷撃機十八が、午後一時十三分にサーマル島沖から出発し午後二時十五分に栗田艦隊を強襲したのである。

このようにして、栗田艦隊は午前十時二十六分の最初の攻撃から、午後三時五十分の最後の攻撃までの五時間二十四分の間に、合計二五九機の米機の強襲にさらされたのだ。

武蔵の最後について、同艦の副長は次のように語っている。

午前十時二十七分、空母イントレピッドとキャボット機の第一次攻撃で、爆弾一個、魚雷一本が命中した。十一時三十六分から十二時十七分の間に、魚雷四本が命中し、機械室の一部に浸水、蒸気管を破損した。十二時二十三分ごろ、さらに魚雷四本と爆弾四個が命中し、武蔵は落伍したので、重巡利根が護衛にあたった。

午後一時三十分までに、空母エセックスとレキシントンの攻撃隊が来襲したとき、武蔵は栗田艦隊と二十マイル（浬）はなれていた。

だが、その後の状況は一変した。午後三時二十分となるや、空母イントレピッド、キャボット、エセックス、フランクリンおよびエンタープライズの飛行機は、武蔵に猛攻をくわえ、魚雷十本を命中させた。これで命中した魚雷は、合計十九本となったのだ。さらに、その日のうちに、爆弾十七発をこうむったのである。

大戦艦の武蔵といえども、〝不沈艦〟ではない。こうなっては、どうすることもできない。いまや武蔵は、絶望の状態におちいった。司令官は艦長猪口（いのぐち）敏平少将にたいし、最寄りの海岸に擱座するよう命じた。だが、あらゆる動力線は破壊され、注排水装置は作動せず、艦はまったく操縦の自由を失っていた。

やがて駆逐艦の清霜と浜風が、重巡利根と交代して午後六時半ごろまで武蔵の護衛にあたった。それから一時間後、艦の傾斜は三十度にふえた。艦長は悲壮な決意をなし、「総員退去」を命じた。まもなく艦は転覆し、その勇姿は永遠に消え去った。時に午後七時三十五分である。士官一一二名のうち艦長以下三十九名、兵員二二八七名のうち九八四名は、艦と運命を共にした。

ほかの戦艦のうち大和と長門は、それぞれ爆弾二個をくらい、榛名は近くに落ちた爆弾五個のため損傷した。だが、いずれも戦闘航海に差し支えなかった。重巡妙高には一本の魚雷が命中し、二つの推進機軸を損傷したので、ブルネイに帰投するのやむなきにいたった。

このようにして栗田艦隊は弱体化したとはいうものの、依然として強大な兵力であった。つまり一八インチ砲艦の大和をふくむ四隻の戦艦、六隻の重巡、二隻の軽巡、それに十隻ほどの駆逐艦からなっていたのだ。

しかし、不可欠の戦闘力である航空兵力に欠けている。

宇垣纒提督はこう見ていた。「もしわれわれが、今回のようにくり返し飛行機の攻撃をうけるならば、われわれは決戦の場所に到達する以前に、われわれ自身を消尽してしまうであろう」と。

当時の米艦隊指揮官ハルゼー提督は「この戦闘から学びえたもっとも重要な教訓は、海上を自由に行動する大艦隊を、飛行機だけで無力化するのは事実上、困難である」と述べている。

米国の第三八任務部隊の飛行機は、武蔵の撃沈という輝かしい成功をおさめたことは事実だが、ハルゼーのいうように、それはやはりシブヤン海戦闘の一つの教訓である。その反対に、日本側からえた重大な教訓は、戦闘機の上空警戒をもたないで、敵の高速空母の攻撃圏内に艦隊が行動することの愚かさである。

終戦後、当時フィリピン陸上航空部隊指揮官であった福留繁中将は、飛行機の援護に関する栗田提督の再三の要求に耳をかたむけなかったのは、敵の空母を攻撃することが栗田艦隊を支援する最善の方策と信じたからだ、と認めている。

だが、福留部隊の飛行機は、わずかに二つの空母部隊を攻撃したにすぎず、しかも命中したのは、軽空母プリンストンに一発だけであった。（サミュエル・モリソン）

生存者の証言で綴る戦艦大和の決定的瞬間

その時そこにいた体験当事者が語りつぐ巨艦の奮戦と終焉

「丸」編集部

「太平洋戦争は戦艦大和ではじまり戦艦大和で終わった」とは、海軍記者・故伊藤正徳の口ぐせであった。生前、本誌「丸」編集部記者にも「大和は沈んだが無形の資産を国民の胸に遺した」と強調されたものだった。

無形にあらず、有形時代の大和が太平洋戦争を迎えたのは、昭和十六年十二月初旬、ちょうど艤装中のときだった。十月一日付で呉の第三ドックに横たわる大和に着任し、第二分隊第一班運用科分隊機雷科にいた小杉一夫二等兵曹は、開戦を大和艦上で聞き地団駄ふんで悔しがった。

「なぜもう少し待って、この大和に真珠湾攻撃の快挙をなさしめなかったのか」

これについて昭和十六年九月五日着任の鈴木清主計兵曹は「真珠湾作戦は大和の公試如何を作戦計画に入れていたとのことですから」と前置きして「集結のために連合艦隊が続々と呉港を出発して行くのに瀬戸内海ですれ違いましたが、後に残る巨大戦艦を見て、後顧の憂

二番砲塔長
奥田弘三少佐

防禦指揮官
梶原秀義大佐

一番主砲三番砲手
滝祐二

運用科分隊機雷科
小杉一夫兵曹

工作長
石本昇少佐

二番副砲員
富田旭登

五番高角砲砲員長
野田秀吉

いを絶てたと思います」

ともかく十二月十六日には連合艦隊に編入、山本五十六長官が坐乗して「旗艦」の名誉旗を師走の海になびかせたのである。

その大和が、初陣をミッドウェー海戦に飾ろうと出撃したのが、昭和十七年五月二十九日金曜日の早暁であった。艦長は高柳儀八少将。乗員二七五二名である。その出撃情景を五番高角砲の野田秀吉砲員長は、日誌につぎのごとく記帳する。「威風四海を払って大和先頭、艦首は一斉に南方を指針、あまたの艨艟は舳艪相含み航行す。この日、海上静穏、天気清朗なり……洋上ふと眼を転ずれば、このとき早く艦は魚雷を避けて蛇行運動に移れり、まもなく左舷遠距離よりわが駆逐艦の砲撃音あり」

艦内ではすでに、完全な戦闘状態にあった。一番主砲の三番砲手・滝祐二は、「そのころ私は砲塔内で、弾丸を装塡する役目でした。主砲にも対空弾の一式と三式の二種類があり、戦闘次第では徹甲弾と対空弾の使いわけをするので大変な騒ぎです。なにぶん揚弾筒は一本、弾丸は直立のまま一段一段と上昇してきますし、刻々と入る敵情に、それっ対空弾、それっ徹甲弾用意と目のまわる思いでした」

しかし大和が戦場に到着する以前に、連合艦隊は壊滅にちかい大打撃をうけたのである。二番副砲員の富田旭登は、「大和が第一戦速（約三十五ノット）で大揺れに揺れている中で、突然〝打ち方やめ〟が命令されました。驚いて外に出てみますと、日本機が両翼をバンクさせて去って行くんです。なかには海中に自爆するものもあり、水平線上には黒煙が数条見えました」

このときのことを左舷一三ミリ一番射手の伊佐次忠義は、「対飛行機には自信がありましたが、潜水艦には神経を使いました。そこへ三隈がスクリューと艦橋をやられて逃げてきましたので、むしろこの負傷者収容が大和の大きな仕事になってしまったんです」

この海戦を防禦指揮官であった梶原秀義大佐は「大和は連合艦隊旗艦で、すべての部隊の支援のため後方指揮をしていた関係上、直接交戦はありませんでした」と、初陣のあっけない幕切れを説明した。ところがこの初陣後、大和はトラックに入港するのだが、あれほど「神経を使っていた」敵潜に入港直前、六本の魚雷襲撃をうけたのである。

たくみな回避運動と、敵潜の巨大艦に対する目測錯誤によって、一時の危機は逃れたが、忘れられぬ扶助が、大和の歴史の一頁に記される。梶原氏はそのことを「一時危機にありました大和を救ったのは、大和の操舵員のすばらしさでもありますが、もう一つ、航戒警戒中の水上機がこの魚雷の航跡を発見、急降下爆撃によって魚雷をみごと爆発させ、大和を大難から守りぬいたことです」と語る。

▽みなぎる不沈の自信

このトラック入港から昭和十九年三月まで、大和はほとんど戦闘らしい戦闘をしていない。ただ昭和十八年十二月二十五日、トラック島北方八十浬（かいり）で魚雷攻撃をされたというような、小さな事件は数限りなくある。二番砲塔長の奥田弘三少佐はその十二月二十五日を「ラバウルへ行く陸軍将兵約千名を護送中、外鈑に三十センチほどのヒビが入る魚雷攻撃をうけたが、大和にとってはカスリ傷という戦傷でした」と報告している。

大和はその期間、乗員の訓練や陸軍輸送の護衛などに当たっていたほか、このカスリ傷事件を軽視せず、いわゆる復原力等のテストも怠らなかったという。工作長の石本昇少佐は「そういうこと（魚雷攻撃）もあることを予知して水中熔接、水中切断、注排水としては傾斜ツリムの復原と、防禦面のテストをつねに繰りかえしていた」という。

「いや実際、不沈艦の意を強くしたのも、あのテストテストの繰りかえしがあり、また現実に入港時の魚雷攻撃にしても、塗料がはげる程度だったという事実が、乗員を勇気づけていたのです」と危険区域にいた高角砲弾火薬庫長の彦坂喜六一等兵曹もいう。

また砲術長の中川寿雄中佐は「魚雷攻撃を受けたのは午前二時で、これはわが方の見張能力が最も低下するときで、うまくやられたというところです。まあ火薬庫に被害がなかったのが幸運でしたでしょう」と当時を述懐する。

レイテ沖海戦出撃

昭和十九年十月二十二日の午前八時、第二艦隊をもって編成された第一遊撃部隊の主力は、司令長官栗田健男中将にひきいられて、レイテ島上陸拠点の沖合に停泊中の米艦船を撃滅するため、勇躍、ボルネオ北岸のブルネイ湾を出撃した。

陣容は前方に長門、大和、武蔵を中心に計十九隻、後方に巡洋艦など十三隻を配した、日本海軍の総力を目のあたりに見るみごとな対潜警戒序列であった。艦隊は速力十八ノットで一路、レイテ湾突入をめざして進撃を開始した。

はじめ心配された敵の航空機や潜水艦よりの攻撃の気配もなく、ぶじボルネオの北端をすぎてパラワン島南方にさしかかったころ、浮流機雷を発見、つづいて敵潜水艦発見の報で、にわかに艦隊はいろめきたったがこれも誤報とわかり、大和はいぜんとして微動だにせず、すべるように航跡をえがきながら、刻々と決戦海面に近づきつつあった。それは最後の安眠をむさぼっている眠れる獅子のようにも見えた。

明くれば十月二十三日。午前七時の日の出を待たず、突如として戦闘開始のラッパが艦内一杯にひびきわたった。と、つぎの瞬間、大和の前方を航行中の旗艦愛宕が、アッというまに撃沈され、つづいて高雄、摩耶にも轟音がおこった。この状況は、早朝訓練を終えたあと、たまたま当直に立っていた大和の乗員たちも目撃した。

「機銃塔上で見張りをしていると、不気味な魚雷が、まるで水面を飛ぶようなかっこうで摩耶を襲った」七番機銃右一番射手・竹内昇水兵長の証言。

「小休止でホッと息をついたとたん、何やら白いものがかすった。魚雷？ と思ったつぎの瞬間、みなは総出で〈魚雷、魚雷〉と連呼した。だが、もう後のまつりだった」とは、後部錨甲板にいた飛行科員の藤吉只男兵曹である。

▽敵襲待ちはイヤなもの

七番機銃右一番射手
竹内昇水兵長

単装25ミリ機銃長
田中功二等兵曹

右二番13ミリ機銃員
森下久上等水兵

主砲発令所長
新田善三郎大尉

午後三時四十分、愛宕、摩耶の乗員はそれぞれ大和と武蔵へ移乗され、ここに大和は栗田艦隊の総旗艦として陣容をたてなおし、二十四日の未明にはミンドロ島南方を迂回して北東に変針し、昼間接敵序列をとりつつ、シブヤン海に進出して行った。

すでに大和艦内では、全乗員とも戦闘服に身をかため、合戦の秋（とき）を待つばかりであった。二十四日午前八時、敵の索敵機らしきものを北方に発見。戦闘開始近しとみた艦橋には、にわかに緊張した空気がみなぎった。

午前十時、レーダーはついに敵の機影をとらえた。〈対空戦闘、発射用意〉と吐きすてるように告げて、じっと空を見つめていた右二番一三ミリ機銃員の森下久上等水兵は、このときの緊張を回想して「もう何の邪念も雑念もなかった。だが、生か死かのいずれかをかけて敵襲を待つほど、いやなものはない」という。

まもなく、上部戦闘艦橋から眼を皿のようにして東方をにらんでいた〝大和の眼〟と自負する、見張員七十六名の総元締である遠藤金一郎見張長の眼がキラリと光った。「敵機発見、母艦機約三十」間髪をいれず、肉薄攻撃にうつった敵機めがけて、輪形陣の全砲火は一斉に火ぶたをきった。

大小各種の砲より射ちだす無数の弾丸は、空中高く炸裂して、数千梃の機銃音とともに耳を聾するばかりに、海と空をたたいた。

▽赤熱の銃身を冷やしつつ

艦影を没するほどの巨大な水柱の間をかいくぐって、敵の雷撃機は間断なく魚雷を発射する。火だるまとなって海中に突っ込むもの、空中に無数の破片をまきちらして散華するもの、これらが上空一杯に交錯したが、攻撃目標はただ一つ、大和、武蔵の巨艦にのみ集中されていた。

もちろん、血まなこで去来する米機を追っていた後甲板飛行機格納庫付近の長単装二五ミリ機銃長・田中功二等兵曹の眼には、戦闘の詳細などわかろうはずもなく、ただ「全速で突っ走る艦尾のものすごいウェーキの色と、音と、いくら追いはらってもたかってくる蝿のような敵機だけを相手に死闘をつづけた」が、やがて「三百発、四百発と射ちつづけているうちに、銃身が真っ赤にあからんで、ついには弾丸も出なくなった。これはいかんとばかり必死で直していたとき、カンという音がしてその場にぶっ倒れてしまった」

さすがのベテランの田中功二等兵曹も、「戦友がやられると何くそっと闘志がわき、自分で弾丸を発射しているときも配置で我慢できるが、弾丸がきれたとなると、怖くてその場になんかいられるものではない」と、その場面の凄まじさを語っている。

おなじく機銃の担当ながら、艦の中央部にある七番機銃（三連装）の右一番射手であった竹内昇水兵長も、上方の高角砲から襲いかかる熱い爆風を、手ぬぐいのほおかぶりで防ぎながら、「戦闘が一段落したとき、洗濯用バケツにひたした雑巾で銃身を冷却すると、ジューンと水滴がとび散った」ほど銃身を酷使して奮戦した。

▽地獄と天国のあいだで

このころ、艦底ちかくの機関部の方はどうだったろうか。甲板上の戦闘をよそに水線下の機関室では、機関長・金子謙二大佐が全身、汗と油で奮闘していた。その証言である。

「――速力通信器は〝全速〟を示している。圧力計も回転計も赤マークをさし、さすがは大艦、多少の転舵くらいではグラッともしない。すべての機関はまったく全力を出しきって快調そのものだ。燃料のつづくかぎり、何時間でも全速で走ってみせるという気がまえだ。上方では全火砲が火を吹いているのだろう。下から聞いていると、ちょうど砂利原のうえを数

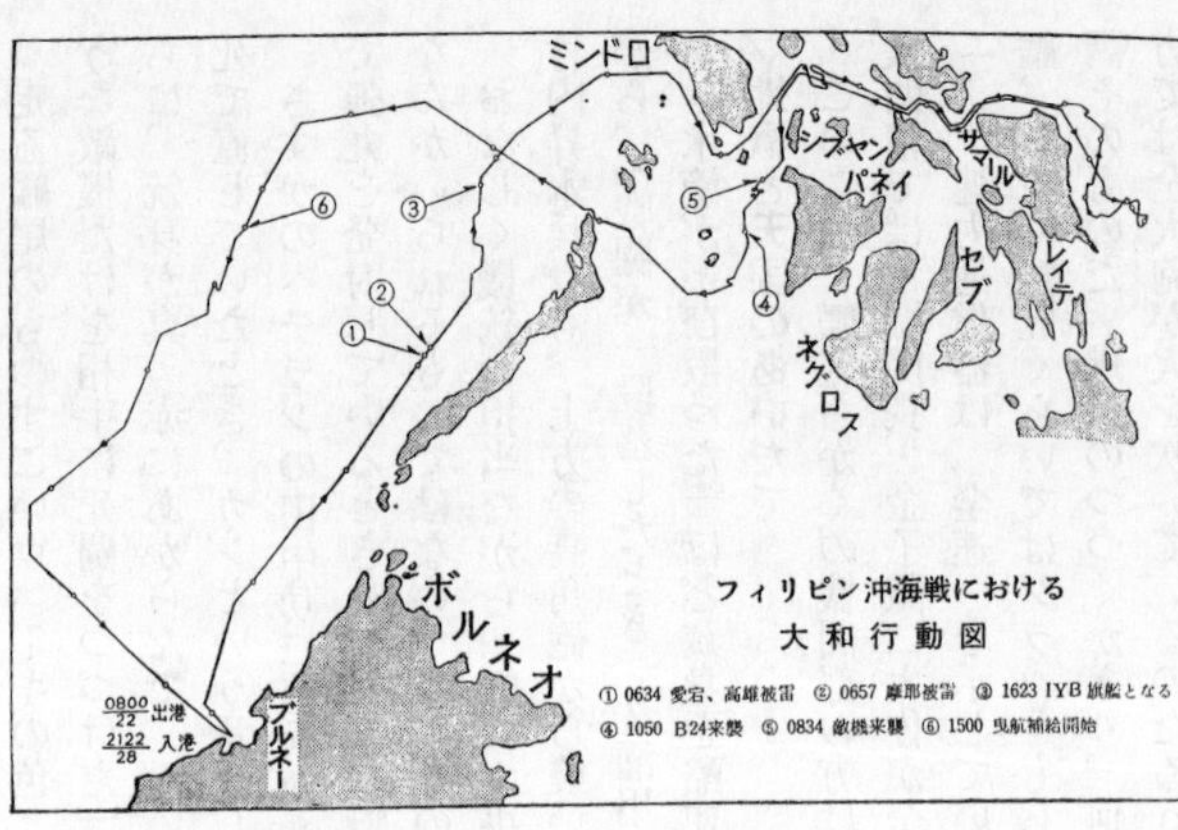

フィリピン沖海戦における
大和行動図

百、数千のブリキ缶を転がしているようだ。敵爆弾がちかくで炸裂するのが、対空砲火の間に水中を伝わって機械室にまでひびいてくる。命中弾があったらしい。頭のてっぺんから玄翁で叩かれたようにガンガンする。時折り七万トンの巨艦が徐々にではあるが、二十～三十度ちかくも左右に傾斜する。そのたび舷側に穴があき、破孔から海水が艦内に奔流してくるような無気味な音がする。心配そうに私の顔を見る科員には『全力航走のために、サイドに当たる水流の音がばかでかいんだよ』と一言。防毒マスクの下からホッとするみなの顔がのぞく」

ともあれ、こうして四六センチ主砲の右舷一斉射にはじまった対空戦闘は、この日の夕刻にいたるまで、ほとんど休むまもなくつづいた。その間、終始、主砲発令所長として、砲術長の主砲射撃を補佐していた新田善三郎大尉は、第一波から第五波にいたるまでの戦果と損害を、つぎのように言っている。

「――来襲機は、主としてカーチス急降下爆撃とグラマン艦上攻撃機で、延べ機数は約二〇〇機。このうち相当数を撃墜したと思われるが、味方にも大きな被害があった。なかでも大和のすぐ後方にいた武蔵を失ったことは大きな痛手だった」そして大和については、「――大和の前甲板は第四波空襲のときに受けた爆弾のため、艦内に煙が充満し、しだいに惨憺たる激戦の様相を呈してきたが、戦いはまだこれからで、虎穴に入らずんば虎児を得ずというのが、全乗員の決意であった」と。

▽そのマストは敵艦ですか

はじめの予定では、大和は日没一時間後にサンベルナルジノ海峡を強行突破する目算を立てて、まっしぐらに突き進んできたものの、予想以上の敵の猛攻をうけ、針路の決定に一抹の不安がただよったとき、連合艦隊司令長官より「天佑を確信し全軍突撃せよ」との報が、艦橋にもたらされた。

二十五日午前零時ごろ、ぶじサンベルナルジノ海峡を通過した艦隊は、夜間索敵配備の隊形でサマール島に沿って南下したが、日の出一時間前になって、敵の黎明攻撃にそなえ、大和を基準にして急ぎ輪形陣を組みはじめかけたとき、見張員が突然「マストらしきもの」と怒鳴った。信号はたちまち各艦へ。この喜色満面の様子を、主砲発令所射撃盤員だった野村義治二等兵曹は、つぎのように再現してみせる。

「――主砲右砲戦と怒鳴るような声にまじって『まだ敵か味方かわからんぞ』『砲術長、マストは戦艦ですか』『よっ、空母だ』こんなやりとりのうちにも大和の誇る巨砲九門は、この正体不明のマストに向けて、無気味に砲口を向ける。しばらくの間テレトークがガタガタ

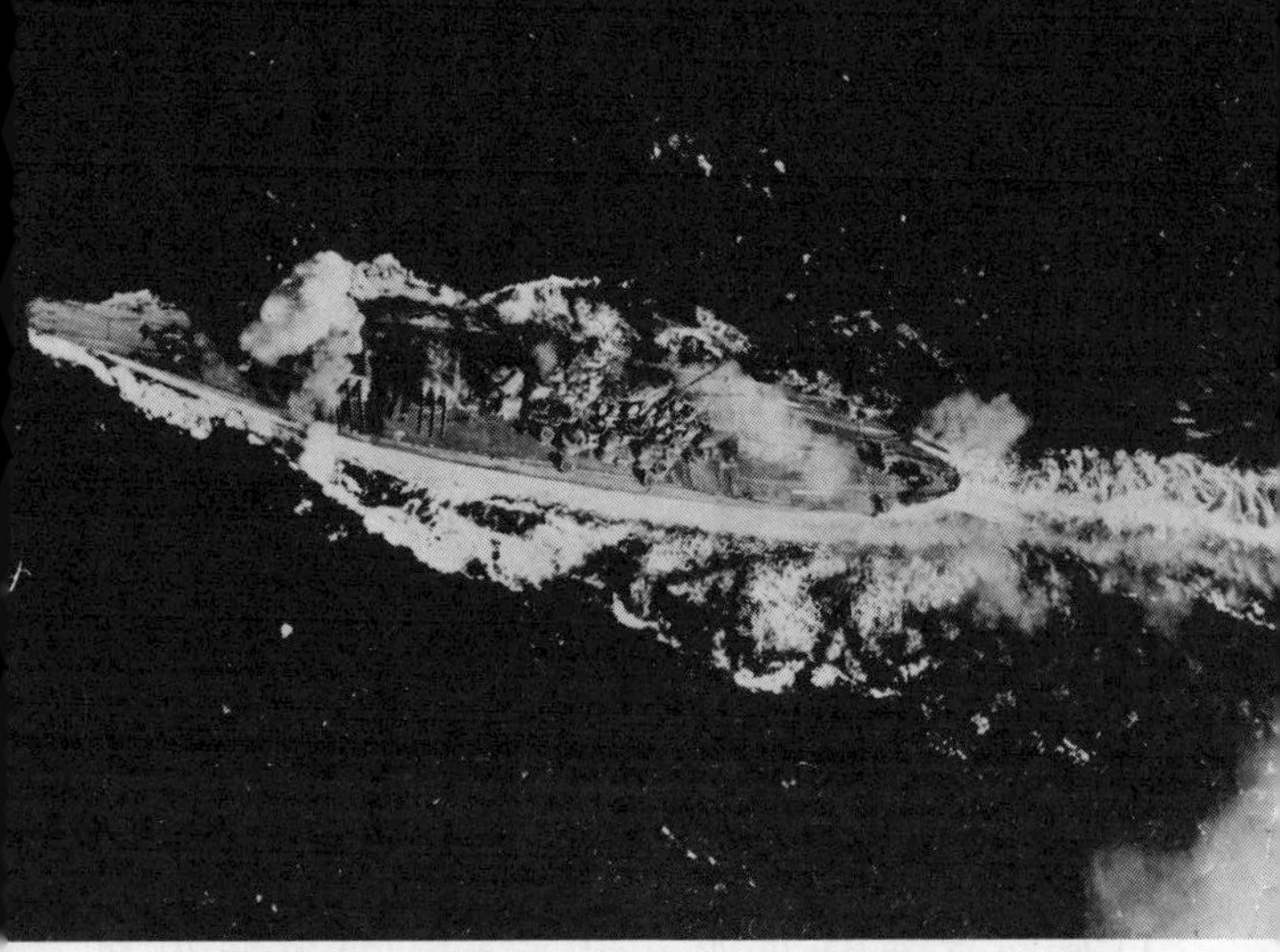

右舷前部に被弾し、白煙を上げる大和。主砲を左舷に指向して対空戦闘中

していたが、マストが敵空母に間違いなしとわかると、一同の顔にサッと緊張がはしる。

『射撃用意』

待ちにまった艦隊決戦だ、飛行甲板までが見えてきた。ここで初弾が発射された。ときに午前六時五十八分。距離は三万二千。つづいて修正弾、弾着時計の秒読みがたまらなく長く感ずる。弾着！と同時に命中、火災！と叫ぶ砲術長のはずんだ声が、あたりの騒音にかき消される」と。

▽人使いの荒さは天下一

前部測的所で旋回手をしていた小川甲子夫二等兵曹も、艦長のいう〝一番大きいやつ〟を狙って目標をつぎつぎと決めていった。なかでも四六センチ巨砲の醍醐味をあじわったのは、稲葉幸太郎二等兵曹だった。

「ただでさえむさくるしい砲台のなかは、汗と油でとても我慢できるものではなかったが、勝てるんだ勝てるんだと一弾ごとに怒鳴りながら、巨弾を敵艦に送りこんだ」という。

また主砲陣の猛攻のあいまをぬって来襲する敵艦上機に対して、飛行科員でありながら手近の特設機銃で必死の防戦をつづけた藤吉只男兵曹は、当時の石綿入りの防火服をなつかしみながら「一戦闘がおわると機銃弾の空薬莢で足の踏み場もなかった」と語る。

だが、おなじ戦闘員でありながら、敵の姿も見ることなく、ただ黙々と縁の下の力持ちよろしく、艦底ちかく必死になって戦いつづけた戦士もある。当時、主計一等兵でありながら、応急要員として活躍した宮島弘司は回想する。

「戦闘が開始されるとすぐに、〈人力操舵員配置につけ〉の命令があります。すると私たち応急員は大急ぎで、防禦区画の扉をいくつも開けて舵取機室に飛びこみます。着くと同時に人力操舵にきりかえて、激しくポンプを押します。くたばると待ちかまえている次の組と交代し、こんなことが、まる二日もつづきました。それは苦しいのはもちろんですが、なによりも心もとなかったのは、戦闘の模様が皆目わからなかったことでした。そこでドカンとくる響きをきいて勇んでポンプを押していたようなわけで、敵弾をうけて前甲板に大穴があいたときでさえ、大和の主砲の音と思って、かえって勇気百倍したような始末でした」と。

巨砲をふりかざしての、この大和の猛攻にさんざん叩きのめされた敵は、折りからのスコールに逃げこみ、煙幕をはって逃走を開始した。大和はさらにこれを追って、近距離より副砲で巡洋艦と駆逐艦を仕止めたが、さすがの砲も敵艦が見えないのではどうしようもない。せっかくの好餌である敵空母を付近におきながら、あとが続かなかった。

そのうえ「敵はレーダーを使って、さかんに至近弾を射ち出しはじめた。それではこちらもといきたいが、残念ながら日本にはレーダーはあっても、角度や距離まで測定できない。艦長は〝見張員は火の吹いた方をとらえよ〟というが、これはちょっと無理だった」と対空見張員の奥野田安一は証言する。

▽主砲は決戦をのぞんだ

ようやくスコールを抜けると、煙霧のなかに前部飛行甲板を水面につけて沈没に瀕している敵空母一隻が浮かんでいた。不安そうに見守っている海上の米兵を残して、そのまま通りすぎ、大和は約二時間にわたる追撃戦に終止符をうち、午前十時三十分にはふたたび輪形陣をつくり、レイテに向かって進撃をはじめようとしていた。

だが、余りにも情勢は移りかわっていた。たとえレイテに突入したとしても、目当ての敵艦隊も輸送船団もすでに姿を消しているかも知れない。もし上陸船団がまだ残っているとしても、すでに船腹は空（から）になっているだろう。大和はレイテ湾内の敵輸送船団に固執すべきか、新たな敵機動部隊をさがし、これに向かうべきか。結局、四六センチ砲はその後者をえらんだ。しかしこれも、索敵北上つづけたにもかかわらず、ついに敵を発見することなく日没になってしまった。一体、敵はどこに行ったのだろうか。

このころになると、すでに艦隊、とくに足の短い駆逐艦の燃料は、ブルネイ帰投にも不足をつげていた。艦隊は意を決して、ふたたびサンベルナルジノ海峡を通過して帰路につくこととなった。そして明くる二十六日も、前日に引きつづき数次にわたって敵機の来襲があり、

主砲発令所射撃盤員
野村義治兵曹

前部測的所旋回手
小川甲子夫兵曹

人力操舵応急要員
宮島弘司一等主計兵

主砲三番砲塔員
稲葉幸太郎兵曹

いずれも大和をはじめ長門、榛名に攻撃目標がおかれたが、大した損傷もなく、午前十時四十分のB24による空襲を最後に空からの脅威はなくなった。

こうして大和は三日間の作戦を通じて、延べ一千機にのぼる敵機動部隊の連続波状攻撃に耐え、艦隊の総旗艦という、つねに攻撃の焦点となりながらも、ついに一本の魚雷をもうけることなく、レイテ湾の米艦船撃滅こそ不運にも成し遂げられなかったが、連合艦隊の力をその四六センチ巨砲に托して、みごとその責を果たしたのであった。

なるほど大和は不沈艦だった。全乗員がそう思った。しかし艦は安泰だったが、そのかげには多くの犠牲者があった。いまはものいわぬ彼らは、衛兵らの弔銃の音におくられて静かに比島沖の海底ふかく水葬に帰されて身をしずめていった。思えば彼らこそ、大和を救った

対空見張員
奥野田安一

後部錨甲板飛行科員
藤吉只男兵曹

英雄たちであった。また、多数の負傷者も在艦者の見送りをうけてランチに乗り、同行の重巡利根に向かった。遠ざかりゆく大和の勇姿を振りかえりふりかえり、こみ上げてくる離艦の哀愁で目頭をおさえながらである。

十月二十八日午後九時三十分、ブルネイ湾にむけ同行する第一遊撃部隊の残存兵力は、大和以下九隻にすぎなかった。

沖縄水上特攻に死す

昭和二十年二月、大和はレイテ沖でうけた傷をいやして、内海柱島水道の錨地で次期作戦にそなえつつ、ひたすら訓練にはげんでいた。この間、沖縄作戦は日に日に急迫の度をくわえて、もはや尋常の手段では戦況の好転など望むべくもないというところまで追いつめられていた。そこで連合艦隊司令部は、ついに菊水作戦の実現を決意した。

この作戦の特質は、支援航空兵力皆無、ほんとうの丸裸で、敵の圧倒的な制空権下に突入するもので、しかも予定突入航路である九州大隅海峡を通過後は、東シナ海上でまる一日を白昼下の暴露行動をとらなければならないという、文字どおり天佑だけを頼みにした八方やぶれの特攻作戦であった。大和の巨体もろとも沖縄海岸に乗り上げて海堡要塞となり、さらに弾薬がつきれば全員が陸戦隊となり、友軍の地上部隊に合流するという手筈までととのっていたのである。

昭和二十年四月六日、早春の島々を背景に、淡い霞につつまれて、黄昏(たそが)れの青白い海に巨体を浮かべていた大和にたいして、いよいよ菊水作戦は発動された。午後三時二十分、祖国最後の地、内海西部を出撃した大和は、弾薬を満載して豊後水道を南下した。

▽雲をやぶって敵機が

満を持してひたすらに南下した大和が明くる七日の早暁、鹿児島沖をとおり、南西海上に進出するとまもなく、レーダーは右舷十度あたりに敵機のあることを知らせた。つぎにマスト頂上の十五メートル測距儀がマーチン飛行艇二機を確認した。いよいよ接敵がはじまったのである。

この接触から数分たったころ前艦橋最上部で、測的幹部伝令の任にあたっていた北川茂水兵長は、ちょうど当直の対空見張りを交代しようと思って、見張所に出たとたん、突然、「右舷約九〇度、高角三〇度付近に敵数十機を発見、ただちに対空戦闘につけ」の号令を聞いた。

つぎの瞬間、約八十機の敵艦上機が大和の頭上に襲いかかってきた。北川水兵長は「すっとぶように部署にまいもどって配置についた。司令長官や艦長ら首脳部は、すべて測距儀の下の第二戦闘指揮所にいた。たがいに怒鳴るように号令を下しているのが手にとるように聞こえた。すでに大和は対空戦闘に入り、一斉にすさまじい砲火をあげていた。こうなると戦友の声も聞きとれず、ただ手まね口まねで伝達するほかなかった」

おなじく前檣楼の上部にある副砲指揮所でも、清川芳人副砲長が敵襲に声をからして立ちむかっていた。「視界がせまく、さらに艦の避退運動で目標はとらえにくいが、十五キロから十キロ付近に接近する雷撃機めがけての副砲射撃にはすばらしい効果をあげた。それにしても、敵機は勇敢だった。雲を利用し、弾幕を突破して突進してくる姿は、まさに天晴れとさえ思えた。だが、第一波来襲では案外に命中は少なかった。それでも艦尾から喰いさがってきた急降下爆撃機により、後部に二発の命中弾をゆるしてしまった。それが副砲火薬庫のそばで炸裂し、ついで火災となり刻一刻と危険がせまった。これはいかんと思ったのも束の間、息もつかせず二波、三波がやってきた」

こうなると、とたんに暇になる配置もあった。雷測員である。伊藤信隆上等水兵は当時の模様を、「二次、三次とたてつづけの敵襲がはじまるとレーダーはまったく役に立たず、開店休業となった。そのうえ敵の妨害電波で先方の様子はさっぱりわからない。ただ雲間をうずめる敵機のなすがままに任せるよりほか手段がなかった。われわれを妨げたものは敵ばかりでなかった。主、副砲が発射されるたびに測距儀はソッポを向き、いうことを聞かなくなる。さらにわるいことには測距塔は本艦より分離されて、モーターをもって三六〇度回転できるようになっていたので、被爆のたびにはね上がり、地震どころの騒ぎでなく、あれよあれよと思っているうちに、第三波の空襲のさいにレーダーの諸器機は全滅してしまった」と説明する。

▽砲塔にぶきみな震動

この間、大和はしだいに疲れを見せはじめ、速力はついに二十二ノットに低下した。速力がおちたとみるや、敵機はいよいよ図に乗っておおいかぶさってきた。このころより命中魚雷はしだいに数を増していった。

すでに損傷は後部艦橋の下方にまで達して、六分隊高角砲発令所の電気装置は破壊され、用をなさなくなっていた。この配置についていた八田豊作兵長はやむなく、上甲板にかけ上がっていった。「まず人員の不足している砲にたどりついたが、上甲板の高角砲もすでに人力で動かさなければならなかった。だが、そのうちに艦が傾いてくると、ついに砲も停止してしまった。そこでこんどは近くの機銃にしがみついた」

電探分隊電測員
伊藤信隆上等水兵

前艦橋測的幹部伝令
北川茂水兵長

六分隊高角砲発令所
八田豊作兵長

が、このとき大和は左舷中央部、艦尾付近に命中魚雷をうけ、左舷へ六度も傾いたうえ、速力は十二ノットと激減していた。つづいて左舷にはまたもや魚雷が命中、艦は急速に傾斜をまして行った。午後二時二十分をまわったころには、前後部の砲塔に不気味な震動が起こり、誘爆の兆候さえ見えはじめた。

もはやこれ以上、塔内にいれば脱出は不可能になる。三番砲塔に最後までがんばっていた西部音吉一等兵曹も、ついに意を決して、砲塔長に脱出を申告した。甲板に出てみると、「とっくに脱出命令が出ていたとみえ、戦友たちは右舷のチェーンに鈴なりに集まっていた。どうやら電話の不通で、命令が徹底しなかったらしい。部下をつれて、右舷の方に駆けのぼりかけたとき、凄まじい爆風で海中に投げ出されていた」

艦尾にちかく、右舷三十一番機銃を最後まで放さなかった岩田好一水兵長も、このころ機銃塔より戦友二十人ばかりと、つぎつぎに海中に身をおどらせていた。

▽ついに来た静寂の一瞬

後部砲塔が危機に瀕しているころ、前部砲塔付近にもまた、修羅場が現出していた。前部主砲射撃指揮所にいた小林健第九分隊員は、その場の情況と、不沈といわれた七万トン巨艦の、死闘二時間におよんだ結末をつぎのように報告している。

「――艦橋トップの主砲射撃指揮所の内部は、もう身の置きどころもなく機械、計器などが散乱して目もあてられぬほどの惨憺たるありさまとなっていた。直径五メートルもあるボートも、たびかさなる振動と衝撃でひきちぎられ、砲術長、そして射手の村田大尉、旋回手の家田中尉などは、額に大きく裂傷をつくり、血がたらたらとしたたり落ちている。

傾いて斜めになった床に、こわれた計器にしがみついて立ち、すべては終わったという静まりかえった一瞬であった。

そのとき突然、あたりの静寂をやぶって、最後の号令が流れとんだ。〈総員退避、上甲板へ〉ついに来るべきものが来てしまった。はたして、この号令も艦内のどこまで伝わって行くだろうか。

おなじ沈みゆく艦の中にいて、どこへ逃げようとするのか。将兵三千数百人が、沈めばもろとものはずなのに、気が狂ったように〈総員退避、上甲板〉をとなえることによって救われるかのように、つぎから次へと叫びつがれて行った。

やっとのこと、指揮所から外へ出てみると、つい昨日まで堂々と、じつに頼もしげだった大和は長さ二六三メートルの巨体を横転させて、無様な格好をした魔物と化していた。そしてその右舷には、必死になってしがみついている何百という将兵が、声をかぎりに君が代を歌っていた。

私も歌った、何もかも忘れて。〽千代に八千代に……大和はもう目に見えてずんずん横転しながら沈んで行く。一人が飛び込んだ、すると一斉にみんながそれにつづいた。ちょうどプールサイドから子供たちが、水中へ飛び込むのとおなじように」

敵機の攻撃はすでに止んでいた。いまは傾斜は八十度にも達し、マストは横倒しとなり、頂上の軍艦旗は波頭にふれんばかりになっていた。

海面はいつかふくれあがり、五十メートル以上の渦が大和のまわりに煮えかえった。そのとき、あの、日本海軍のシンボルでもあった四六センチ主砲のあたりから、にぶい大音響が、傷つけられた心臓の最後の鼓動のように、巨艦の内部にひびきわたった。

大和は、いな、この未曽有の、そして二度と出現しないであろう世界最強の大戦艦は、ついに逝った。艦長以下、二四九八名の将兵と共にである。

その日私は戦艦「大和」艦橋にいた

第二艦隊司令部の一員として体験した戦艦大和最後の三日間

当時　第二艦隊司令部付・海軍少尉　渡辺光男

昭和二十年四月五日、うららかな陽ざしを浴びた戦艦大和の艦内に「総員集合、前甲板」との号令が、スピーカーから流れた。

乗組員を前にして、艦長を代理して能村次郎副長が、連合艦隊司令長官より第二艦隊司令長官によせられた作戦命令を読みあげた。『第二艦隊大和（やまと）以下は水上特別攻撃隊として沖縄の敵泊地に突入し所在の敵輸送船団を攻撃撃滅すべし』と。

伊藤整一長官をはじめ幕僚たちは、この成功の見込みのない特攻作戦の、命令伝達にこられた草鹿龍之介連合艦隊参謀長と三上作夫参謀に異論の意見を申し述べたようだった。しかし、伊藤長官も戦局の情勢には一個人の意見をあくまでも押し通すこともできず、涙をのんでこの作戦に同意されたように思われた。この伊藤長官は、開戦時に対米最後通告の手交時間を調整した当時の軍令部次長で、今度の作戦で最後の艦隊司令長官として戦いをいどみ、そして締めくくったのは、開戦の責任を自ら負われたのであろうか。

みじかい艦内生活の間で、私は伊藤長官とは就任のときの挨拶（第二艦隊司令部付であったため）と、その後、三回お会いした。その一回のうちのことだが、〝巡検〟とひときわ高い声が艦内の静寂を破るうちに、長官の艦内巡検があった。

私のマイホームは艦長公室に祀（まつ）られた大和神社横の吊床（つりどこ）であった。その吊床の下のリノリユウム床上に「〇五〇〇起こし渡辺少尉」と当番兵に起床をたのむため白チョークで書いて、吊床内で本を読んでいたが、私の吊床を揺する人がいた。

横を向くと、吊床のそばに伊藤長官が立っておられるではないか。そして長官の厚い唇から「もっと大きく書きたまえ。君は予備学生か」と問われたので、「ハイ、そうであります」と起き上がろうとしたが、揺れる吊床の中では思うようにならず、もたもたしていると、「よい。私の室へ来たまえ」といわれて立ち去って行かれた。

さっそく軍服に着替えて長官私室へ行くと、長官は長いテーブルの上席に座られ、私にもその近くの椅子をすすめながら、「何の本を読んでいるのか」とまるで自分の子供と話すような口ぶりだった。

「トルストイの『幸福の書』です」と答えたのだが、それからの長官との話は私の出生より現在にいたるまで、いろいろと聞かれ、それも自分のことには一言も触れないで、私を中心として話しつづけられた。その後の話で推察したのだが、長官にも私と同じ年頃の御子息がいて、若者の気持について大いに関心をもっておられたらしい。

はるかなる故郷への訣別

水上特攻隊と書けば五文字で終わるが、あまりにも冷厳苛酷な五文字であった。帰ることはゆるされないし、出撃する艦隊には飛行機の掩護もない。それこそ待つものは死以外には考えられないものだった。来るべきものが来たのだ、と自分に言い聞かせてみたものの、この一大決断に一瞬のとまどいを持ったのは私だけであったろうか。

だが私には、死を共にしようとしている二十数名の信ずべき部下がいることを思えば、迷ってはおられなかった。部下に何と説明すべきかと考えながら、担当の電話室に総員をあつめた。そして「連合艦隊作戦命令」を改めて読み上げたのであったが、それは私の生涯に体験のなかった、死に直面した一瞬の出来事のようにも思えた。

艦内のうわさはすでに耳にしていたのであろうが、改めてこの命令を聞いた部下たちはこわばった顔になった。そこで私は、「心乱さず家族に心置きなく通信すること。合戦に参加するについて、心身を潔める意味をかねて下着は必ず着がえ、身のまわりの整理をしておくこと」と申し渡したのである。

終わって後輩の兵科四期の西尾(京大出、戦死)と先任下士官と戦闘配置その他の打ち合わせをして、ガンルームで夕食をとった。その食卓には酒盃がくばられ、室長の臼淵大尉より〝皇国の興廃のため思いきって戦おうではないか。ご健闘を祝す〟という意味の挨拶があり、乾杯の音頭が高らかにとられ、若者ばかりのこの室には、いつとはなしに意気天をつく軍歌がはじまった。

今宵を最後と思う各人の心には込みあげるものがあるとみえ、男泣きの涙であろうか、頬をぬらしていた。その中でおたがいの健闘を誓いあう固い握手が随所にみられ、酌み交わす酒の一滴にも青春の発露がほとばしり出ているようだった。

舷窓をあけて海面はるかを望む者もいたが、その目には金波銀波を越えてむこうの幻想的な追憶をたどっているのか、あるいは遙かなる故郷の両親兄弟に、また恋人に訣別の挨拶をそっと送っているのか。そんな中で誰かが「俺の青春に悔いはないぞ」と威張っていたが、その強がりも他の者にとっては同意できるものではない。われわれにとって青春は貴重であったのだ。

仲間たちはまだ酒を酌み交していたが、私はそっとぬけだして最上甲板に出た。飲めない酒のためか、頬をなでる風が心地よい。先ほど部下たちに〝故郷へ手紙を出せよ〟といったが、私自身は今さら通信しても、なぜか未練がましく思え、ただ東に向かって〝皆々様のご安泰を切に祈る。今までの親不孝をひとえにお詫び申し上げます〟と言葉に出さず静かに頭を下げた。

ふと気がつくと、相当のものが甲板に出ていた。そして誰ともなく〝同期の桜〟を歌いはじめたが、これに合わせるかのように肩が組まれ、大きな斉唱となっていった。

この大斉唱に副直将校がとんできて「警戒体制下だから、やめよ」といったが、その彼も、いつもの説得口調ほど強くはなかった。

彼も人であった。しばし佇んでいたが、歌っている者の頬につたわる涙を見たとき、副直将校の目にも光るものが見られた。この涙も今宵かぎりだろう。ならば思い切り流そうではないか。私も人の子である。

退艦させられた候補生たち

山口博通信長より連合艦隊命令を見せてもらったが、『第一艦隊は明六日抜錨、七日未明、豊後水道を出撃、八日払暁に味方航空特攻作戦に策応して沖縄島嘉手納（かでな）泊地に突入し、敵艦船を攻撃せよ』とあった。日本最後の艦隊行動は、味方航空作戦を支援する部隊であって、オトリ的な存在にほかならないのか。地球の回転のはやさは、海より空への作戦の重要さの移り変わりを身をもって知らされたわけだ。

また、海軍が誇る戦艦大和に希望と期待をもって乗艦した、兵学校を繰上げ卒業したばかりの候補生たちは、有賀幸作艦長と森下信衛参謀長などが協議の結果、乗艦三日目にして特攻作戦の道づれにするにしのびずと、伊藤長官の同意を得て退艦させられることになった。だが候補生たちも海軍軍人だった。能村副長にこのまま在艦し、いっしょに特攻作戦に参加したいと強い抵抗をしめしたのであったが、ついに許されず、五十余名は深夜、込みあげるものを押さえながら前檣楼をふり仰ぎ、挙手の礼をもって退艦していった。もちろん傷病者、召集老兵もこのように退艦させられた。

こうして戦艦大和をはじめ巡洋艦一、駆逐艦八の計十隻の特攻艦隊は出撃したのである。しかも片道だけの燃料をつんでの決死行だった。一方、四月一日に米軍は沖縄に上陸し、しかも米空軍は沖縄海面だけでなく、本土ちかくまで制空権を握っていたのである。

いよいよ特攻出撃の四月六日の時はきた。私の戦闘配置の電話指揮室で、小沢信彦通信参謀より通信電文をうけたものを、これをただちに暗号符号になおし、伝令につたえる。すると伝令は直通電話で上甲板電話室（通信室隣り）へ連絡、超短波無線電話機で視界内の僚艦に作戦命令をつたえるのである。

午後六時、第一艦橋の配置についたが、その途中、作戦室前で森少尉（艦長付、兵科四期、東大出）に出会い、お互いの健闘を誓いあったが、これが彼との最後の別れとなった。その彼の太い眉と細い目が、いまも私には忘れることはできない。

艦橋では山森航海士が海図台の中に顔を入れ（灯火の漏洩を防ぐため三方を黒い暗幕で囲ってあった）、航跡を記入していた。そしてこの第一艦橋の右舷側に長官、参謀長以下幕僚がつき、森下参謀長は艦橋の窓を開け、顔をその窓に乗りだしたようなかたちで、そして口に煙草（たばこ）をくわえて左手をポケットに入れたポーズで戦況を見ていた。唇に火がついたかと思えるほど、短い煙草をくわえてよく火傷をしないもの、やはり勇者なればこそ、とつくづく感心させられた。

山本祐二先任参謀、宮下鷹雄砲術参謀はふだんから口数が少ないのを、さらに口を閉じるかのように、末次信義水雷参謀はもの静かに戦況をうかがうかのように、そして私の直属上官である小沢通信参謀は、長身の上部を曲げていた。また石田恒夫副官は、記録その他で七面八臂の活躍をしている。

これらの面々の略帽のうしろの締めこみ部分には、幹部としての識別をわかりやすくするため、小さな透明板に蛍光文字を書き入れて、夜間でもはっきり見わけられるようにしてあった。例えば司令長官はシチ、参謀長はサチのように。

敵潜と海豚を見まちがえる

艦隊は矢矧を先頭に、大和を最後尾に一列の航行隊形で三田尻沖を発進し、内海西部を航進する。太平洋に通ずる速吸瀬戸(はやすい)をへて豊後水道の屈折した狭水路に入るころには、握りしめた手のひらに脂汗がにじみ出るようだった。参謀長の煙草の灰がときおり飛んできたりしたが、やがて前方に別府の街であろう、赤い灯がかすかに認められた。

豊後水道はすでに敵潜水艦の侵入するところとなっており〝全軍警戒〟の艦隊命令文が出された。これは私が最初にうけた命令であった。そうするうちに特信班から敵潜水艦よりの発信を傍受したと連絡してきた。色白のおとなしい中谷少尉（四期）は二世であったので、その傍受する役はまさに適任であった。

敵の作戦電話は暗号にされることなく、そのまま連絡しているとかねが聞いていたので、彼の活躍は作戦面に大いに役立つなど、そのときより頼もしく感じた。ただ艦底に近い下甲板に配備されていたのが、私としては気になっていたが、お役目はどこでするも同じだと、ふだんいっていた彼の気持もわかり、最後まで頑張ってくれと祈るのみだった。

ほどなく駆逐艦霞(かすみ)より「十度方向、雷跡見ゆ」の報告が入ると、ただちに森下参謀長より

「緊急右四十五度、一斉回頭」が出され、間髪をいれず通信参謀がその命令をくだした。緊急度を増したときは語調は強く、喧嘩口調になりがちになるのに、このときの私は落ち着いた口調で、その命令を素速く暗号にして全軍に伝達したのである。

すでに隊形は大和を中心として、大和の前方から側面に駆逐艦六隻を配列し、矢矧の両側に駆逐艦二隻の輪形陣を組んで進んでいた。森下参謀長はさすが歴戦の体験者で、遊弋する敵潜水艦をすでに視認していたようで、緊張はさらにくわわった。そして水測班に警戒を厳重にするよう命令がくだったが、水測班の浅羽少尉（四期）の活躍を期待してやまなかった。

だが、駆逐艦霞よりの電信は海豚の誤りと打電があり、出撃後、はじめて艦橋に笑い声が上がったのであった。この誤報に気もほぐれ、煙草を一服吸ったときのうまさは、それまでの緊張感がとかれて足に疲労が一度におしよせてきたようだった。そこで、足ならしもかねて張り出し甲板に出たが、司令部の掌航海長も痩身の体を、足をひろげて突っ立っていた。

漆黒の海からの潮風が、ほてった頰を冷すかのように気持よく、また、いままで張りつめて血走らせた目頭にも、この潮風は一服の清涼剤だった。張り出し甲板の足下には、四万メートルの弾着距離をほこる四六センチの巨砲が静かに横たわり、やがて来たる一大決戦をいまや遅しと待ちかまえている。この巨砲を見ながら、沖縄に突入するまで自分の五体は満足であるようにと神に祈った。

敵も明日にそなえてか、哨戒機も潜水艦も触接してくる様子はなく、大和は暗黒の海面をすべるように南下航進していた。艦橋で小休止のまま仮眠をとった。

巨艦の最期

四月七日、九州南端の都井岬をまわり薩摩半島をすぎるあたりで、夜も白じらと明けてきた。ふたたび故国の土をふむことはできまいと覚悟はしていたものの、半島の山々に咲き染めているであろう桜を思い起こすと、なぜかわびしさが胸中にあふれてきた。その胸のうちを察したわけではあるまいに、上空は暗雲低迷で視界もわるく、私と同じ気持のようだった。

八時すぎ、艦橋勤務を西尾少尉に引きついで上甲板電話室にもどり、先任下士官から通信機器の整備状況、兵員配置の緊急の場合の処置などを聞いて確認してから、山口通信長に電話関係の現状を報告した。

それから電話室にもどり、前夜からの勤務づかれの体を仮眠でいやしたのである。どのくらいまどろんだであろうか。とつぜん、西尾少尉が負傷したとの知らせで起こされた。

防御障壁で閉ざされているので、第一艦橋までの距離がすごく遠く感じられた。雷撃機の攻撃をうけているのか、艦の動揺が感じられる中を、第一艦橋に向かった。西尾は左ももあたりをやられ、足を投げだしていた。そこで通信参謀に西尾を応急班に引き渡すまでお願いしますと頼んでそこを出たが、その途中の第二艦橋の下でやっと応急班を見つけ、二人の肩で西尾を中甲板の兵員居住区にある応急治療室まではこんだ。

その間、西尾は「残念です。お願いします」と小声でいいながら、首をうなだれているだけだった。この西尾は、前夜に私が艦橋で任務についていたとき電話で「初めての海戦であるので、艦橋に立って雰囲気を味わいたい」といってきたが、そのとき艦橋は立錐の余地もなく、まして見学気分はとうてい許されるものではなかった。そこで私は、翌朝の交替時まで待つように返事したのだった。

軍医官に西尾のことをお願いして第一艦橋までもどる途中で、弾薬、兵器材料を運ぶ者、あるいは負傷者を運ぶ者などに出会ったが、広くない通路がなおさら狭く、ここかしこに血

4月6日15時20分、徳山沖を出撃南下。7日12時40分から第一波攻撃をうける大和(上)を護衛して対空戦闘を戦う冬月

臭がただよっていた。伝令に聞くと第二波の来襲中だという。

数十メートルの水柱がときおり艦橋内にしぶきをかける。至近弾が多いためだろう。参謀たちの間で、「武蔵がやられた時もこんなふうだったのではないか」と話が交されていた。

応急治療室の西尾のことが気になって仕方がなかったが、それから五分ほどして第三波の来襲をうけ、右舷機械罐室に注水の報があり、また舵取機室も浸水し、まもなく操舵不能の最後的通報をうけた。二時すぎに第四波の来襲をまた受けた。敵機動部隊は四群ほどの勢力であったのであろう。

飛行機による縦横無尽の攻撃に、右に左に旋回運動をするその自由をうばわれ、打つ手はまったくなかった。そんな状態の中で、後部下甲板の無電室通信機が不能になったとの知らせを電話室から連絡をうけたので、小沢通信参謀に伝えると、「復回に全力をあげるように」と命令された。そしてつぶやくように「電源でなければよいが」といっておられた。

小沢参謀はすでにこの間の事情を察知されていたのか、私が「現場に行って故障の状況を見てきます」というと、「その必要はない」といわれる。

それからの報告は、大和にとって手と足をもぎとられて行くような悲報ばかりで、応急指揮官との連絡が多くなり、上甲板あたりにいる上遠野（東北大出、三期）の苦闘ぶりが察せられる。

「十二番目かな」と参謀長がいわれた。ちょうどそのとき、左舷中央部に激しいショックをうけたのである。傾斜も二十度を越えてくると、床上に流れている血痕と傾斜で歩行も困難になってくる。

防空指揮所の有賀艦長より、「弾庫、火薬庫に注水できないか」といわれてきたが、すでに注排水指揮所は魚雷の命中をうけており、その報告が艦長の耳にまだとどいていなかったらしい。能村副長より艦長へ「傾斜復原の見込みなし」と報告されたが、やがて「総員最上甲板」を要請すると、そのまま伊藤長官へ伝達された。

艦長は奮戦苦闘のためか声もかすれており、その悲壮の中に「総員最上甲板」の命令が出された。伊藤長官は参謀長以下の幕僚と訣別の挙手の答礼をされ、長身の体を悠然と階下の長官公室へはこばれ、ドアの鍵をしめられた。艦と運命を共にする覚悟なのであろう。

私も、最後まで部下としてついていてくれた伝令と握手をしてから、たがいに体を伝声管にしばりあっていると、とつぜん参謀長の声がとんでくるのと同時に、背中をいやというほどなぐられた。参謀長は「まだ働かなければならないことがたくさんある。いま死んでどうする」と一人一人を叱咤しておられた。

前檣楼が左傾した大和から海中に飛びこんだが、しばらく泳ぐうちに大和の火薬庫からであろうか大誘爆がおこり、その爆風というか衝撃で海上にたたきつけられて、気を失ってしまった。気がついたときは雪風の士官室で寝込んでおり、明くる八日の大詔奉戴日の軍艦マーチを聞きながら起床したが、擦過傷を頭上部にうけており、血痕が枕カバーと敷布を汚していた。

思えば、敵攻撃は大和の左舷に集中されたようで、その物量の差をまざまざと見せつけられた海戦であった。そして、徳之島の北方二百浬の地点での誘爆による自沈は、巨艦の最期を飾るにふさわしい〝割腹自殺〟であった。

時に午後二時二十五分。三三三二名の乗員が、二六九名を残して散華されたのである。徳之島の巨大な慰霊塔下の黒御影石に刻まれているのは「祖国を護る勇士よ安らかにお眠り下さい」という言葉である。

彼らは見た巨艦大往生の歴史的瞬間を

大和を嘲笑するのは日本人だけだ――青い眼が描いた戦艦大和

フランス海軍大佐　A・ダルバス

昭和二十年四月一日からはじまった沖縄上陸作戦の前日から、日本の爆撃機や神風特攻機は連日、アメリカ艦隊に襲いかかった。このため、すでに四月五日までに護衛空母一隻をふくむ三十九隻の艦船が損傷をうけていた。だが、このすさまじい空の死闘の間、日本海軍はめずらしく沈黙をまもっていた。戦艦大和は依然として健在であり、また依然としてアメリカ海軍の脅威であることを、だれもが忘れていなかった。

米機動部隊指揮官ミッチャー提督の参謀長バーク代将は、日本艦隊の計画について推測をめぐらしていたが、三月末日に友人への手紙のなかに、次のように書いた。

「日本人たちは頑強に戦いつつある。彼らは途方に暮れ絶望しているが、まだ戦っている。たぶん、この行動は帝国海軍を最後のバンザイ突撃に狩りだすだろう。われわれは、彼らがなにをやりだすかと、ずっと戸惑(とまど)っている。日本人の気持は奇妙に動くので、その将来の行動を予言するのはむずかしいし、したがって、われわれがどんな反撃に出たらいいかも見当がつかない。私はなにかうまい攻撃手順を考えるのに、いい知恵が浮かぶのを望んでいる」

伊藤整一中将が旗艦大和の上で、連合艦隊長官から電令作戦第六〇七号をうけとったのは、四月五日の午後だった。命令には「水上部隊は好機をとらえて沖縄錨地に進出し、米国水上部隊に対して水上特攻を実施せよ」と書かれてあった。これが天一号作戦と呼ばれた。

大和隊の進路をピタリとあてる

四月六日午後三時半、伊藤提督は大和の艦橋にたった。錨鎖が一つずつ巻きあげられ、やがて大和は動き出し、帰らぬ最後の航海の途についた。軽巡矢矧や八隻の駆逐艦に護衛された大戦艦は、瀬戸内海の小島のあいだを縫うように進んでいった。

やがて夜の帳(とばり)がつつむころ、四国と九州の間の豊後水道にさしかかった。

乗員たちは、大和隊が太平洋戦争の決定的戦闘に参加するため、進撃途上にあるのだと聞かされたが、敵の機動部隊に途中で攻撃される前に、敵が上陸した海岸を主砲で撃ちのめす考えでいることは話されなかった。

しかし伊藤提督は、大和隊の行動がミッチャーをまどわせている間に、神風特攻隊がこの強力な艦隊に一あわ吹かせる機会があるかも知れないと、ひそかに信じていた。

六日の夕方、大和隊が豊後水道にさしかかったとき、待ち伏せしていた二隻の米潜水艦が、その行動をはやくもとらえた。敵発見の警報が八方に飛び、米艦隊は色めきたった。第五艦隊長官スプルーアンス提督は、潜水艦には攻撃しないで追跡するよう命じ、日本をずっとは

対空戦闘中の大和（左）。SB2C ヘルダイバーが急降下攻撃に入ろうとしている

なれた南方の洋上で、戦艦部隊に攻撃させる考えだった。

一方、潜水艦の報告をうけとったバーク参謀長は、ミッチャー提督の旗艦バンカーヒルの艦上で、終夜、海図を前にして、日本部隊が七日の日出時にはどこにいるかを、あれこれと考え抜いた。大和隊はそのまま沖縄にむかって南下せずに、九州の海岸ぞいに西進するだろう、というのがバーク代将の推定だった。

彼は大いそぎで戦闘計画を書きあげ、夜明け前にミッチャー提督は、この計画にしたがって日本艦隊を突きとめるために、索敵機を発進させた。大和隊は空母部隊で始末をつけようというのが、ミッチャー提督のかたい決意だった。

午前八時半に空母機がめざす大和隊に触接するや、さらに九時すぎには、戦闘機十六機の追跡機が飛びあがった。

バンカーヒルに乗っていた英国観戦武官は、バーク参謀長のやり口を理解できなかった。大和の位置に、どうしてそんなに自信が持てるのだろうと内々危ぶんでいたのである。ところが、案の定ピタリと当たったので、内心おどろいて、その訳をたずねてみた。

バーク代将は笑いながら答えた。

「なに、もしわれわれが大和だったら、この地点にいるという場所に向かって索敵機を放したまでのことさ」

まるで獅子とアリの決闘

午前十時に二隊の空母機動群から、約二百機の攻撃隊が発進し、四十分後と、さらに一時間後に計約二百機が大和隊にむかった。合計三八六機である。

正午をすぎてまもなく、ひじょうに遠方の空中に、四十から五十の小さな点々があらわれたと見るや、どんどん大きくなった。

その編隊は高度をとりながら、餌物（えもの）の上をゆっくりと時計の方向に旋回した。大和は速力を二十五ノットにあげ、回避運動のため針路を南東方に転じた。

零時半に攻撃隊は超戦艦に舞いおり、攻撃がはじまった。あらゆる対空砲弾が撃ちあげられ、主砲までが咆哮（ほうこう）する必死の防禦砲火をくぐって、戦闘爆撃隊がキーンと爆音を残しながら急降下し、一直線に突っ込んだ。

46cm主砲を右前方に指向する大和。後部は爆弾をうけ白煙におおわれている

その後に爆撃機と雷撃機の編隊が入り乱れて襲いかかった。大和のまわりには、巨大な水柱がつぎつぎと立ちのぼった。

第一波の攻撃によって大和は後部に二発の爆弾、左舷前部に一本の魚雷をうけたが、なにごともなかったように走りつづけた。束の間の静寂がおとずれたとき、伊藤提督はまわりの護衛艦を見渡した。旗艦の身がわりになろうと前方を進んでいた矢矧は、蒸気をはきながら停止している様子だった。機械故障のため、はやくも落伍した朝霜の姿はすでになく、沈みかけた浜風の前部が、はるか後方にちらっと見えた。

午後一時半に第三波がやってきた。高角砲射撃は耳が駄目になるぐらい狂気のように撃ちあげ、砲手たちは米機をかなり撃ち落としたが、火につつまれたり、空中で爆発したり、波にのまれるもののかわりには、他の一機、三機、十機がつぎつぎとやってきた。

すでに猛攻をこうむり、ガタガタにさせられているこの目標は、さすがにかつて存在した、その艦種のなかでは最大の脅威であり、強力な戦艦以上の代物だった。それは帝国海軍であり、日本それ自身でさえあった。攻撃するものもそれを感じとり、この想念がくらべるもののない強烈な攻撃に駆りたてたのだった。

大和はさらに三本の魚雷を左舷に射ちこまれ、雷撃機は艦橋に機銃掃射までくわえた。どんな攻撃も功を奏しないように見えた。

しかし、ついに大和の砲塔は、一つまた一つと沈黙におちいった。巨砲の唸(うな)りは電流がとまったときにハタと止んだ。鋼鉄の巨大なブロックの内部で、おそるべき砲口が火を吐かなくなったのを知った砲員たちは、不安な面持ちで、おたがいに顔を見合わせた。

午後一時四十五分までに、第三波攻撃が終わったとき、大和はすでに二発の爆弾と六本の魚雷命中をうけた。全部とも左舷だけだった。

この強力無比な大戦艦も、じわじわと傾斜しはじめた。どんなことをしても、この傾きを直さねばならなかった。応急班はほとんど全滅し、中央指揮所もいまは損傷して電話もきかなくなっている。

血しぶきをあげる巨大な鉄塊

艦長自からラウドスピーカーに口をつけて、繰りかえし号令をかける。

「全力をあげて傾斜復旧を急げ」

とるべき残された唯一の方法は、右舷の機械室と罐室に注水することであった。

一瞬をあらそう危急を救うため、その両室から機関員を退去させるいとまは、ほとんどなかった。突然ものすごい勢いで冷たい海水が、その両室になだれこんできた。魚雷の破孔による浸水がこれに加わった。

全力運転中のエンジンルームには、ただごとならぬ異変が起こった。沸騰湯をたたえた巨大なボイラーは、押しよせる海水の奔流のなかで破裂し、もうもうと立ちこめる蒸気と熱湯と海水の渦巻きのなかで、数百名の各部署についたままの機関部員たちは、苦悶のいとまもなく溶けさった。艦を救うためのやむをえない悲痛な犠牲であった。

これによって大和の傾斜はいくらか立ちなおった。しかし、すでに遅すぎた。速力は急に落ちてしまったのだ。

伊藤提督は針路を北西に変えた――沖縄突入を断念したためかどうかはよくわからない。そのときまた第四波がやってきた。

戦艦の巨砲はほとんどすでに沈黙したままで、応戦も散発的だった。苦難がふたたびはじまったが、その苦痛は増すばかりだった。三発が左舷中部につづけざまに命中して、艦を身ぶるいさせ、巨大な水柱はくだけて、艦橋や甲板の上にくずれ落ちた。

攻撃隊は前後左右におどるように飛びあいながら、上部構造物めがけて容赦なく機銃弾を撃ちこみ、赤い血のしぶきがいたるところに飛び散った。

一部の敵機は、前方にじっと動かないでいる矢矧に殺到した。まもなく魚雷の集中攻撃をうけた巡洋艦は、ただ灰色の渦を残して消えさった。

磯風も動けなくなって、黒い煙の柱をふきあげていた。冬月と雪風の二艦だけが健在で、護衛任務にあたっていた。

アダとなった自慢の主砲弾

午後二時に一五〇機以上の第五波があいついで左前方から殺到し、右舷に一本、左舷に三本の命中魚雷を追加した。すでに速力も落ち、回避も思うにまかせぬ致命傷をうけている大和に、そのうちの止めの一本が遂に命中してしまったのである。

午後二時十二分、最後まで残っていた電話を通じて報告がやってきた。

「操舵室浸水間近し、浸水間近し」

すでに副砲、高角砲もまったく沈黙し、一部の機銃だけが応戦をつづけている。艦は酔った人間のように、よろよろと左舷に円を描きはじめた。

火災が方々に発生し、艦内通信機は寸断され、甲板は一面荒涼として鉄塊がむき出しになっているばかりとなり、戦時治療室は無惨にも破壊されて、血しぶきのこびりついた鉄の破片の堆積にすぎなくなっている。軍医官も負傷者も一人残らずなぎ倒されてしまった。大きな肉片が高い測距儀の袖から垂れさがって揺れ動いている。

大和の傾斜が急増し、速力わずかに七ノット、傾斜計はついに三十五度をさす。有賀幸作艦長は艦橋にしがみつき、「しっかり頑張れ」と数回くり返す。しかし拡声器はこわれ、その肉声を聞いたものは何人かにすぎぬ。敵機は止めを刺さんものと狙っては、また舞いおる。

攻撃はついにやんだ。いまは傾斜が八十度にも達し、マストは横倒しとなり、頂上の軍艦旗は波頭に触れんばかりになった。海面は戦艦が重々しく沈んでいくにつれて、五十メートル以上の渦をまき、戦艦のまわりに煮えかえった。

そのとき、主砲弾が弾架から飛びだし、にぶい大音響とともに弾薬庫に落下した。隔壁は破れ、傷つけられた心臓の最後の鼓動のように、大爆発が呑まれゆく巨艦大和の内部でひびきわたった。（アンドリュー・ダルバス）

最強艦隊に悲しき終止符がうたれたとき

戦艦はなぜ敗れたか。厳粛なる事実に脚光をあてた大艦巨砲への惜別の賦

元「大和」砲術長・海軍大佐　黒田吉郎

連合艦隊の名で親しまれたわが海軍は、米英に伍して世界三大海軍国の地位に名実ともにかぞえられていた。その骨幹兵力として艦首に黄金色の菊花御紋章をつけて、艦尾に高く掲げた軍艦旗を翩翻（へんぽん）とひるがえして颯爽（さっそう）とした戦艦の姿は、西太平洋の海の護りとして一億国民の信頼の象徴であった。

黒田吉郎大佐

太平洋戦争開戦の日、東はハワイのオアフ島から南はマレー半島沖にいたる蜿蜒（えんえん）五千浬（かいり）におよぶ海上に、二五〇隻、一一〇万トンの艦艇を展開したまさにおどろくべき大海軍力、これを再建しようとすれば数十兆円にのぼるであろう大海軍力、そうして一億国民が心から信頼した連合艦隊の昔日の威容が昭和二十年の敗戦と同時にうたかたのように国民の前から消え去ったのは、一体どうしたことなのであろうか。

この疑問に対する解明は、海軍軍人のひとりであった者の責務であることを痛感し、いさ

大正14年から昭和元年ころの陸奥。海の護りの象徴として国民に親しまれた

さかなりともその解明の一端になることを念願しつつ、この小論をつづってみたいと思う。

一言にしていえば、第二次大戦前とその後においては戦闘の形態が一変し、長いあいだ海上戦の花形的な存在であった大艦巨砲主義が、飛行機の進歩によってその舞台が航空主兵へと大きく変わったということである。

以下、その具体的な史実や戦例をあげて解説してみたいと思うのだが、その全要因をことごとく述べることは紙数の関係もあるので、つぎの二点にしぼって書いてみたいと思う。

その一つは、大艦巨砲から航空主兵への兵術転換の要因。もう一つは、わが機動艦隊の戦力低下の要因。そうして終わりに、太平洋戦争において残した、わが戦艦戦隊の戦歴について述べてみたいと思う。

大艦巨砲か航空兵力か

世界海戦史二千年、戦闘様相も時代とともに幾変遷したのであるが、飛行機のなかった時代の第一次大戦までの海戦は、戦闘海面の土俵の上に、両軍の水上艦艇ががっぷりと四つに組んだ艦隊決戦がその主流であった。そうしてその基幹兵力はもちろん、巨砲を搭載した戦艦が中心で、その主砲の優劣が戦いの勝敗を決定する要素となっていた。いわゆる大艦巨砲主義が列国海軍の兵術思想の本命だったのである。

ふるくからとくに有名な海戦としてあげられる英仏戦争のトラファルガー沖の海戦、日清戦争の黄海の海戦、日露戦争時の日本海海戦、第一次大戦の英独艦隊によって戦われたジュットランド沖海戦は、いずれも艦隊対艦隊の砲火による水上決戦であった。したがって列国のめざすところは、相手の砲火に一歩でも先んじて緒戦において先制一撃をくわえ、戦勝の端緒を開くという、いわゆる敵の砲火をアウトレンジすることが至上の命題で、あらゆる科学技術を総動員して射程距離をのばすことに互いに鎬（しのぎ）をけずったものである。

ところが、黄海の海戦における交戦距離は三千メートル程度であったが、日本海海戦では一挙に倍増して六千メートルになった。そして、ジュットランド海戦においては、ドイツ艦隊の巨砲から吐きだされる遠距離砲戦でイギリス艦隊はさんざんな目にあったのであるが、その交戦距離はいちやく一万六千メートルに達したのである。

もし第二次大戦において、戦前の予想どおりに日米両艦隊が西太平洋上に戦っていたとすれば、緒戦まず大和、武蔵の四六センチの巨砲は四万メートル付近から米艦隊（当時の米艦隊の最新鋭戦艦は長門級の四〇センチ砲装備）の頭上にゆうゆう五千メートルもアウトレンジして、猛撃をくわえたであろう。

ついで四〇センチ砲装備の長門級、三六センチ砲装備の金剛級、扶桑級、伊勢級がつぎつぎに砲戦に加入し、その交戦距離はおそらくジュットランド沖海戦をさらに倍増して、二万五千から三万メートル付近において、その勝敗が決せられたものと思われる。

私は砲術科士官として若いころから砲術畑をすすみ、戦艦山城（やましろ）副砲長、重巡筑摩（ちくま）砲術長、戦艦伊勢（いせ）砲術長、最後に大和砲術長を歴任したのであるが、開戦前われわれは、大正十年ワシントン軍縮条約による主力艦保有量制限の血涙をのまされた一億国民の義憤に結集された

「量より質」の合言葉で、戦艦はつぎつぎに近代戦艦に改造されていった。

ついに当時の列国海軍の水準をはるかに抜いた桁ちがいの七万二八〇八トン、四六センチ巨砲九門装備の超弩級戦艦大和、武蔵の完成もちかく、その質的優位と、月月火水木金金の艦隊あげての訓練による神技に通ずる術力とをかたく信じて、西太平洋上に展開されるであろう日米大海戦の日を夢見つつあったのであるが、遂にその日の来なかったことは武人として、砲術科士官としてまことに残念なことであった。

昭和の時代に入って航空機の進歩は特にめざましく、昭和三、四年ごろにはすでに敵艦隊を雷爆撃する航空機の用法が演練されはじめた。昭和八、九年ごろには爆撃機や雷撃機の編隊が、主力艦の決戦に参加する思想に発展するまでに成長していた。

当時わが海軍においても航空主兵論がさかんに議論され、太平洋戦争の初代連合艦隊司令長官であった山本五十六大将、神風特攻隊で有名な大西瀧治郎中将、のちの連合艦隊参謀長の草鹿龍之介中将などは、わが海鷲の生みの親、育ての親といわれた提督で、大艦巨砲主義の時代錯誤を難詰して航空主兵論を力説したが、まだ空軍力の進歩が決定的ともいえず、霞ヶ関の海軍首脳陣を支配するまでにはいたっていなかったので、兵術の本命はいぜんとして大艦巨砲主義がその主流であった。

そのころの世界列強海軍の艦隊決戦における航空機の用法は、戦場の制空権を獲得することを主眼とし、そのうえで戦艦同士の決戦によって勝敗を決めるという、いわゆる「制空権下の艦隊決戦」という思想が支配的で、日米両艦隊とも最良の兵術思想として尊重された。

この思想の根底をなすものは、大艦巨砲が決戦兵力の主兵であり、航空機はその目的を達成するための補助兵力であるというものであった。おなじ年代に、米国はワシントン級、英国はキングジョージ級の弩級戦艦が建造されているので明らかのように、日英米の三国海軍とも大艦巨砲主義を呼吸しながら太平洋戦争に突入したのである。

昭和十六年十二月八日、それは日本の歴史に長く刻まれるであろう太平洋戦争開戦の日である。私は当時、重巡筑摩の砲術長として真珠湾奇襲に参加したのであるが、作戦はみごとに成功して、在泊中の新鋭戦艦ウエストバージニアほか四隻を一瞬にして撃沈するという大戦果をあげた。

ついで十二月十日、世界海戦史上まったく新しいかたちのひとつが、マレー半島のクワンタン沖に出現した。

日本の航空部隊と英国の戦艦とが雷爆撃と対空砲火をもって勝負を決したのである。日本側は海空軍基地航空部隊の九十五機、英軍はみずから不沈戦艦と呼号した新鋭戦艦プリンス・オブ・ウェールズおよび高速戦艦レパルスの二艦（ほかに護衛駆逐艦三隻）であった。戦闘一時間半にして両戦艦とも撃沈という大戦果をあげ、世界をあげてその戦果に驚愕したものである。

主力艦と飛行機はどちらが勝つか。これはすでに久しい間の論争であった。一対一なら勝負にならないが、飛行機の大群が襲いかかれば勝敗はわからない。現実に戦ってみなければわからないというのが当時の結論になっていた。

マレー沖海戦が残した戦訓

マレー沖海空戦は、その勝敗を現実にしめした点において、一つの革命的な戦闘であった。正直にいって、日本海軍でもその戦果に驚いたのである。英国が驚いたのは当然であるが、米国は驚きと同時にたちまち対策の確立に直進した。

このようにして、この戦果は海戦の様相を大きく一変する基礎をきずいたのである。

マレー沖海空戦の戦果は、ハワイ海空戦とともに航空機の威力の決定的な見なおしの二大戦例であるが、真珠湾における米戦艦の撃沈は、碇泊中の軍艦を奇襲した一方的な戦果であったのにくらべて、マレー沖海空戦は洋上において敵の全力対空砲火と、真正面に組んだ戦闘においての撃沈であった点で、その評価も大いに異なるものであった。

当時、英極東海軍は航空機の配備が手薄で、この部隊にさくべき直衛戦闘機の余裕がなく、真っ裸のままの出撃であった。

五隻の快速部隊を指揮してマレー沖に艦と共に沈んだ英海軍の至宝フィリップ提督は、またイギリス海軍の海空軍の権威でもあったが、身をもって戦った教訓として、地下に航空主兵の確認を叫んだであろう。

この戦いは、太平洋戦争の末期にしだいに追いつめられた日本海軍が選んだ、沖縄特攻作戦に奇しくも相通ずるものがある。両者とも航空機の協力がえられない裸のままの作戦であった。私はこの特攻作戦に戦艦大和の砲術長として参加したのであるが、死闘をつくした対空砲戦にもかかわらず、ついに大和は撃沈され、奇しくも生還した一人である。

当時の状況をしのぶとき、彼我戦闘員の死闘の様相、東シナ海に沈んだ艦隊長官の伊藤整一提督の心情が思い出されてならない。

ともあれ緒戦において日本海軍があげたこの二つの大戦果は、大艦巨砲から一転して航空主兵へと革命的な兵術転換の口火となったのである。

米海軍は、この戦訓を以後の作戦にいかすために、戦前の物量にものをいわせる主力艦中心の渡洋進攻作戦をやめて、ミッドウェー海空戦の大勝を転機としてまず、ソロモン群島のガダルカナル島を出発点として飛び石づたいに西進し、フィリピンを奪回して台湾、沖縄をへて本土九州にせまる、という基地航空作戦を主軸とする遠大な、対日進攻作戦に切りかえたのである。

だが、この対日戦略の大転換は米軍に有利となって、わが軍には甚だしく不利であった。というのは米国が航空機の生産力において格段の優位にあったことと、戦略資源にめぐまれた国力のちがいとは、わが軍のテンポを、しだいに引き放していった。とくに大和、武蔵の存在が、米英海軍をしてこの戦略転換のふみきりを簡単にしたことも想像にかたくないところである。

すなわち、とうてい大和、武蔵の砲力には立ち打ちができないと計算をたてた米海軍が、わが戦艦部隊のあらわれる場面からは極力遠ざかるように行動した。

山本長官戦死のあとをうけた古賀峯一連合艦隊司令長官は、大和、武蔵をふくむ連合艦隊をひきいて、前進基地トラック島からマーシャル群島方面に決戦をもとめて出撃したが、リー中将のひきいるワシントン、ニュージャージーなどの米戦艦部隊はいつも砲戦圏外のはるか遠く離脱して、わが四六センチの猛撃を敬遠するように行動した。マリアナ海戦もまたしかりであった。

このような戦争経過を背景に、わが連合艦隊の戦艦部隊の巨砲はむなしく、その本領を発揮する機会もなく、その大部分は西太平洋の海の護りとして姿を没し去ったのである。

敗戦で閉じた七十年の伝統

いま一つ、見のがしてはならない重要な問題がある。

太平洋戦争は前述のとおり航空主兵の戦略体制に変わったため、戦艦は一歩後退して航空母艦群を支援する兵力として使用されるようになった。すなわち、戦艦と航空機は主従そのところを変えるということになったのである。

日米両軍において大いに活躍した機動艦隊がこれである。機動艦隊の中心勢力は航空母艦群で、それに優大な砲力をもった優速戦艦を配した、機動性にとむ正面兵力として編制されたものである。

もともと戦艦には戦艦、航空母艦には航空母艦、巡洋艦、駆逐艦にそれぞれの特質を具備し、戦場においてこれらのコンビネーションが、もっとも効率よくその機能を発揮できるように編制されるのが、兵術の奥の手であった。

戦艦にはその主砲をはじめ副砲、高角砲、機銃が多数搭載され、あたかも海に浮く要塞的存在であった。大和に例をとると、四六センチ主砲九門、副砲一五・五センチ六門、高角砲一二・七センチ二四門、機銃二五ミリ一一七基、計一五六門の重装備をもっていた。これに比して航空母艦は、航空機をできるだけ多載することと広大な面積の発着甲板を必要とするため、砲力にはおのずから制限があった。

機動艦隊は、これらの長所と短所の特質を相おぎなうために編制された兵術単位である。来襲する航空機群は、わが戦艦部隊の支援砲火の傘の中にある空母を攻撃することとなるために攻撃効果があがらないというのが、その狙いである。

ところが、この長短相おぎなう機動部隊の大原則が、昭和十七年六月五日のミッドウェー海空戦によって、大きく崩れはじめる結果となったのである。すなわち、この海空戦においてわが虎の子、真珠湾攻撃いらいの歴戦の最新鋭空母赤城、加賀、蒼龍、飛龍など四隻の喪失は惜しんでも惜しんでも限りない痛手であった。

空母四隻、三二二機にのぼる航空機の損失もさることながら、百戦練磨、まさに一騎当千の搭乗員の喪失は取り返しのつかない痛手となった。この海空戦を転機としてようやく敗戦の色が西太平洋の空に、重苦しくのしかかったといっても過言ではあるまい。

かくて、以後の作戦においては、わが空母部隊の戦力がいちじるしく低下し、空母はあっても発着艦技術の未熟な搭乗員、それに航空機の生産も前線の要求には追いつかないという具合となり、しだいにその戦力は減殺されていった。そしてついに丸裸の艦隊が、レイテ湾に殴り込みをかけざるをえなくなった比島沖海戦、空母をともなわない大和を旗艦とする沖縄水上特攻作戦は、敵機動部隊の一方的な戦いとなり、これらの作戦で敗戦はいよいよ決定的となって、ついに日本海軍七十年の歴史の幕を閉じることとなったのである。

以上でだいたいの話は終わるのであるが、狂った時代の歯車に大きく追いやられて不運な一生をたどった戦艦にも、昭和十七年十月十三日のガダルカナル島殴り込み作戦において、巡洋戦艦金剛、榛名のあげた三六センチ三式対空弾による敵飛行場を一瞬にして火の海と化した戦果があった。

そして昭和十九年十月二十五日未明の比島沖海戦に参加した戦艦大和が、怨敵ハルゼー麾下の空母群に四六センチ巨砲の一撃を加えた戦果、おなじく昭和十九年十月二十五日、小沢治三郎長官の指揮する北方誘致部隊に参加した航空戦艦伊勢、日向がハルゼー麾下の航空機群と戦い、大きな被害もなく、戦艦といえども航空機には太刀打ちできない、という太平洋戦争の戦例を破った戦果など輝かしい戦歴は見のがせない。

これらの戦歴は、大艦巨砲時代の息を呼吸しながら生まれた戦艦の、名残りとしての最後をかざった史実として、長く海戦史の上に刻まれなければならない。一言つけくわえて、勇戦敢闘した戦艦ならびにその乗組将兵の武勲をたたえる餞けとしたいと思う。

日本の戦艦はこうして沈んだ

戦史研究家　村上　至

日本の戦艦十二隻が、いつどこで、どうして沈んだかを述べることは、分かりきっているようで決してそうでない。とくにその原因――被害状況は、ハッキリしたものもあるが、どれが果たして真実であるか、判定しかねるものもある。

まず、沈没日時については、第三次ソロモン海戦（昭和十七年十一月十三日）の比叡を最初として、終戦直前の昭和二十年七月二十八日までまたがっている。沈没原因は雷撃および砲撃によるもの二（山城、扶桑）、爆撃だけによるもの三（榛名、日向、伊勢）、雷撃によるもの一（金剛）、雷撃および爆撃二（大和、武蔵）、雷撃、爆撃および砲撃（比叡）、砲撃によるもの一（霧島）となっている。ただし、そのうち霧島と比叡は自沈している。そのほか、陸奥は爆発事故で沈み、長門は終戦後にビキニ環礁での米海軍の原爆実験に供された。

沈没場所は、太平洋の全海域――とくに南方海域が大部分（七隻）をしめているが、内地も三隻（榛名、伊勢および日向）となっている。その沈没位置も、こまかくいえば日本側とアメリカ側の推定が、二十浬（かいり）内外も喰いちがったものもある（大和、武蔵）。

　沈没戦艦の乗員の運命は、どうなったか。ほとんど全員が艦と運命を共にしたもの（山城、扶桑）、また一部が救出されたもの（大和、金剛、陸奥）、約半数が生き残ったもの（武蔵）、一部が戦死したものなど、その状況はさまざまである。

戦艦は砲撃だけでは沈まない

　第三次ソロモン海戦の第一夜が明けると、サボ水道はあたかも蠅取紙にくっついた蠅（はえ）のように、死にかかった艦艇が靄（もや）のただよう海面に横たわっていた。前夜のものすごい接近戦で、上部構造物に二〇センチ以下ではあったが、八十六発の命中弾をうけて、ひどく傷ついた比叡の巨砲がとどろいた。この砲声は、折りから鉄底海峡の上空にやってきた海兵隊機に目標をあたえた。

　午前十時半から応援の空母機や空の要塞までくわわって、爆弾の雨が降りそそぎ、二十一本の魚雷が射ちこまれた。爆弾は五発、魚雷は三本しか爆発しなかったが、一本は舵機に命中し、比叡はぐるぐる旋回しはじめた。これは致命傷だった。午後二時半には航行不能になってしまった。

　比叡は猛然として反撃をやめず、その孤立無援の奮戦は、午後六時までつづけられた。こうして不屈の古豪も、ついに万策つき、乗員を駆逐艦に収容したうえ艦底に穴をあけて自沈した。場所はサボ島の北西約八浬の地点であった。比叡は前後、約八時間にわたって戦闘にくわわった。

この海戦ではほとんど損害をうけなかった霧島は、二日後にサウスダコタとワシントンの二戦艦と顔を合わせることになった。日本側がサウスダコタにばかり気をとられて、別の戦艦の存在を見おとしたのはまずかった。これが霧島には致命的だったのだ。

ワシントンはゆうゆうと七五〇〇メートルの近距離から霧島を猛射できた。四〇センチ砲弾の三斉射撃のうち、九発が日本戦艦に命中し、副砲弾とあわせて五十発が日本戦艦を大破させ、舵機もやられた。黒煙と白い蒸気の雲が霧島から立ちのぼって、あかあかと燃えあがった炎に照らし出されていた。半時間の交戦ののち日米両軍は後退したが、行動の自由を失った日本戦艦は取り残された。

前例の比叡における、にがい試練をくりかえすことを避けようとして、霧島の放棄と処分はおくれたが、しょせん救われる見込みはなかった。十一月十五日の午前三時二十分、不運な霧島は姉妹艦の墓場にほど遠からぬ、サボ島の北西約八浬の地点で海水弁をひらき、軍艦旗とともに静かに暗黒の鉄底海峡の底に消えていった。

超大戦艦の不沈性

シブヤン海で栗田艦隊を攻撃したハルゼー提督指揮下の第三八任務部隊は、延べ二五九機となっている。そのうち、せいぜい三十機内外をのぞいたほとんど全力が、武蔵に五波の攻撃をくわえた。海戦では通例、旗艦に攻撃が集中するわけだが、この場合はどちらが旗艦かわからないように、ほとんど並んで走っていた。

武蔵が落伍をはじめたのは魚雷九本、爆弾八発が命中後であった。さすがに世界一の巨艦である。しかし五時間半にわたって魚雷二十本（左十三、右七）、爆弾十七発を射ちこまれては、不沈をほこる超大戦艦といえども、どうにもならない。傾斜は刻々と増していき、動力線はやられ、注排水装置もきかない。最後の力をふりしぼって最寄りの島――シブヤン島に艦首を向けたが、傾斜はすでに三十度をこえた。もはやこれまでと総員退去が命ぜられ、まもなく――昭和十九年十月二十四日、午後七時三十五分――武蔵の勇姿はシブヤン海に消えた。沈没位置は日本側の記録では、ずっと北寄りになっている。

しかし、沈みゆく武蔵を見たアメリカ人は一人もいなかった。武蔵がいなくなったのを発見したとき、母艦航空隊の連中は、これは航空魚雷や爆弾のせいだと考えたがったが、しかし武蔵に引導（いんどう）をわたしたのは、おそるべき潜水艦の魚雷だった可能性もあったわけだ。

シブヤン海海戦から五ヵ月、大和が敵の前に出現したとき、ミッチャー提督は、今度こそ航空威力を実証して見せようとハラをきめた。一方、艦隊長官のスプルーアンス提督は、またとない機会を戦艦部隊にあたえてやろうと考えていた。ところが空母部隊は張りきって、午前十時には攻撃隊の第一波を発進させた。

昭和二十年四月七日の正午すぎから大和の沈没まで、約二時間にわたって、大和隊の上空に殺到した三群十三隻の空母機は、六波にわかれていたが、合計三八六機にのぼり、うち雷撃機一三一機、爆撃機は七十五機だった。大小とりまぜ、八〇〇発に近い爆弾と、一三〇本の魚雷で大和隊は攻めたてられたわけである。

一機の妨害機もいない大空を、わがもの顔に乱舞した米軍機は、最上の獲物につぎからつぎへと襲いかかった。攻撃上の余裕をもった彼らは、撃沈を容易にするために、左舷に魚雷攻撃を集中した。

すでに六本（左五、右一）の命中魚雷によってひどく左舷に傾いていた大和に、ヨークタウンの六機の雷撃隊がせまった。これは死の使者であった。十本の魚雷、五発の爆弾を射ちこまれた日本海軍の誇る大和は、艦底を引きさかれた。水中爆発のものすごい力によっておし倒され、しだいに横倒しになった。沈没地点は九州坊ノ岬のはるか沖合で、沖縄までの半分行程の地点だった。時に午後二時二十三分であった。

戦艦ＶＳ潜水艦

レイテ沖海戦後、ブルネイから内地に帰航の途中、戦果赫々たる高速戦艦金剛は、台湾の基隆の北方五十浬の地点で、とつぜんアメリカ潜水艦の雷撃をうけた。昭和十九年十一月二十一日の真夜中すぎのことである。命中魚雷は三本であった。金剛は増速してそのまま走りつづけたが、二時間後に十一ノットに落ち、やがて停止した。それから三十分後、同艦はすさまじい大爆発をおこした。たぶん火薬庫が爆発したものだろう。

こうして開戦のはじめからほとんどあらゆる海戦に参加し、ガ島飛行場の砲撃に、護衛空母、護衛駆逐艦の撃沈に大いに活躍した金剛は、シーライオン二世に名をなさしめた。潜水艦に撃沈された戦艦は、金剛のほかに英国のバーラム(四本)、ロイヤルオーク(三本)の二隻がある。いずれも旧式戦艦であるが、金剛も装甲帯の弱点があり、わずかに二〇センチにすぎなかった。

爆撃に屈した三戦艦

航空戦艦に改造された伊勢と日向は、エンガノ岬沖海戦に参加して航空母艦が残らずやられた後、空襲の目標にされた。二隻の老朽戦艦は無数の至近弾で損傷し、甲板は洪水のようになり浸水した。爆弾の破片は艦底を貫通して、無数の穴をあけたが致命的ではない。わずかに一発の爆弾が伊勢に命中して、約五十名の死傷を生じただけだった。百機以上にもおよんだアメリカ側の爆撃も下手だったが、両艦の運もよかったわけだ。

伊勢と日向はその後、呉軍港内で、海上砲台として使用された。昭和二十年三月から七月末までの間に、両艦は空母機動部隊の大空襲を三回うけた。

日向は合計十一発以上の命中弾と、多数の至近弾をうけて大破し、八月一日に完全に放棄されてしまった。また伊勢も合計十九発の命中弾と至近弾多数によって、ついに艦首より沈み海底に沈座するにいたったが、浅海面のため、中甲板を波に洗われるようになった。そして放棄されたのであるが、末路はまことに哀れというほかはない。

榛名も呉地区で同様に、四回にわたり空母機やB24の攻撃をうけ、少なくとも十発以上の命中弾および至近弾のため、放棄されるにいたった。爆弾だけで三艦とも廃物にされたわけ

昭和10年３月、大改装前の伊勢。後部艦橋より前方を撮影。前橋楼手前の構造物は煙突後部の探照灯台で、カバーをかけた探照灯が２基。三番砲塔と四番砲天蓋。左に榛名と山城が見える

である。

爆弾だけで戦艦が沈むかどうかの問題は、旧式のものなら二十発以上の爆弾なら沈む可能性があることを、以上の三例はしめした。

悲運の二戦艦

長門はレイテ沖海戦ののち内地に帰投し、横須賀軍港につながれていた。昭和二十年七月十八日、空母機の攻撃によって大破したが、とにかく残存したただ一隻の日本戦艦だった。戦利艦として米国の手におちたが、昭和二十一年七月二十五日、ビキニ環礁の原爆実験艦の中にくわえられた。中心近くにいた米戦艦アーカンソーは、ほとんど原爆投下と同時に沈み、空母サラトガも見るかげもなく大破してしまったのである。

ところが長門は四日間も浮いており、傾斜はしだいに増したが、なんとか生き残りそうに思われた。しかし五日目の朝、長門は忽然(こつぜん)と姿を消していた。急に浸水のため浮力を失ったものと思われる。

陸奥は昭和十八年六月八日、十二時十分、広島湾の柱島泊地で突如として事故のため爆沈した。火薬庫の爆発によるものと見られているが、その原因はつきとめられていない。

乗員と生存者

大和の乗員は三三三二名であった。普通の戦艦は一五〇〇以下だから、じつに二倍以上である。武蔵は二三九九名であったから、この同型艦より千名も多かったことになる。司令部職員のほかに対空砲員の大量増員があったことが、その大きな理由らしい。伊藤整一司令長官はじめ、ほとんど乗員の全部は艦と運命を共にしたが、わずかに二六九名のみが生き残って、駆逐艦に救助された。

武蔵は乗員の半数が救助された。公式記録では一〇四六名となっている（モリソン戦史では一三七六名）。大艦巨砲主義者として有名だった猪口敏平艦長の遺書は、武蔵の悲運を吐露してあますところがない。「海軍はもとより、全国民に絶大の期待をかけられたる本艦を失うこと、まことに申し訳なし。……本艦の致命傷は魚雷命中五本以上にあり」

比叡と霧島は、どちらも二〇〇名内外の戦死者を出し、そのほかは駆逐艦に収容されたため、大部分は生き残った。この点、山城と扶桑は最悪の情況で沈んだため、両艦とも全乗員が艦と運命を共にした（わずか数名が生き残ったと伝えられている）。

金剛は生存者二五〇名であり、全乗員の六分の一であったが、付近に護衛艦がいたために、これだけの生き残りが救出されたものである。伊勢、日向および榛名の場合は、乗員の数も少なく、かつ陸岸にいたため戦死者以外はむろん生き残った。自沈艦（比叡、霧島）以外の艦長、司令長官、司令官は艦と運命を共にした。

敵機大編隊に手ぐすねひく戦艦要塞「長門」

横須賀軍港小海岸壁に繋留された最後の日々と艦長戦死の周辺

当時「長門」副長・海軍中佐　日高万由

長門(ながと)といえば、陸奥(むつ)とともに当時子供でも知っていたあまりにもなじみ深い戦艦だった。建艦いらい二十五年、ほとんどといってよいほど連合艦隊旗艦をつとめて、飛ぶ鳥おとすいきおいに、他艦乗組員の垂涎(すいぜん)のまとであったことも忘れられない。

私の少尉時代、この長門は砲術学校の練習艦として、横須賀に仮泊していた。大正十四、五年のころだったろうか。もともと〝砲術屋〟となった私のコースは、この時からはじまる。話はそれるが、それから金剛、日向、愛宕と砲術専門で進んだ私が、血気さかんな若者時代、いつかは長門、陸奥の主砲と取り組んで……という夢をいだいたのも、当時の青年士官なら、けだし当然な願いだったのである。

ところが、それから過ぎ去った幾歳月、こと志と反して支那事変には特別陸戦隊で海南島攻略を十九回もやらされ、それが終わると舞鶴海兵団の砲術長、風雲急を告げる昭和十五年には、海軍経理学校教官となってしまった。

やがて、太平洋戦争の幕は切っておとされた。いらいらしてきた私は、教頭（副長）に一日も早く前線に出撃させてくれるよう懇願したが、最低二年間は教官をやるシキタリになっているから少し待ての一点ばりだった。

一方、学校には二年志願の若い学生が、ぞくぞく入ってきて、あれよあれよという間に、五期生から九期生までの予備学生たちが、どんどん巣立ってとび出していった。

とうとう、教頭が折れてくれた。人事局へ掛けあってくれた末、南方に陸戦隊の部隊長として赴任するよう発令になり、部隊編成をおわり、いざ出発、ガタルカナルへというとき、軍医の診断で血圧があまりにも低いから、断念せよというのだ。そんなバカなと押し切ろうとしたが、軍命令でついに取り止め、交替として水産大学で同じような教官をやっていたクラスメートの某が、この隊長となって出発してしまった。

私にまわってきたオハチは、つまり、この後釜（あとがま）だったのである。それからまた二年、不運を託（かこ）ちつつの教壇生活で、おおいに悲哀を味わっていたが、ようやく長門への着任命令がきた。しかし、時すでにおそく、敗色ひときわ濃くなった昭和二十年も六月のことだった。だが、私には長門を語っては申し訳ないほどの勇戦敢闘をくりかえしたのである。

海上砲台「長門」に衆議一決

私が着任した長門は、そのころ横須賀の小海岸壁につながれてあった。もはや燃料とぼしく、それに手足となって働いてくれるべき駆逐艦も巡洋艦も、その姿を消してしまって、仕方なしに帰投してきたのだが、艦長大塚幹大佐はじめ士官連中は、この手も足も出なくなった長門を、いかにして使おうかと、ずいぶん研究をしたものである。

おそらく、もうごく近い将来に敵が本土に上陸してくるに違いないから、そのときは艦を出てあばれてやろうというのが、多数の考えだったのが、しかしそれよりも、この長門を砲台として接近する敵機動部隊を叩こうではないかと衆議一決した。

その結果、敵が相模湾に突入してくるものと仮定して、主砲をもって三浦半島を越しての間接射撃をやろうということになった。そこで横須賀を見おろす大楠山に観測所を設けて弾着を観測し、間接射撃の修正をやる一方、高角砲は碇泊している艦では死角が多くて射てないから、艦のすぐわきの岩山に陸揚げして砲坐をきめた。山ぎわで対空射撃をやろうというわけだ。機銃は艦にそのまま定着、猛訓練がはじまった。

そのころ、命令もあって艦にカモフラージュをしたが、空襲の日をごまかすため、艦と岸壁の間にキャンバスを張りめぐらしたり、迷彩をほどこしたり、準備は万端おこたりなかったが、いささか気になって飛行機で数回とびあがって、長門を見下したところ、どうもあまりうまい出来ぐあいではなかった。

空母のように平面なものとちがい、あれだけ巨大な図体だから、それもやむを得ない。艦の中の燃えやすいものは、どんどん陸に揚げ、弾火薬も必要量のほかは陸上の防空壕に疎開させた。

ともあれ、いつ来るか、いつ来るかの手ぐすねひく日がしばらくつづいた。

ところで、私が着任してはじめて分隊点検を行なったとき、整列した水兵たちの顔色がどうも悪いのに気がついた。乗員は三千名の定員から七割ぐらい減っていたが、威勢はよいくせに、不健康な顔色があまりにも目立った。

しかし、それもうなずける。長い戦闘のあと、こんどはわれらが誇り長門が、まるで生きた屍のような格好で、砲台に使われるというのだから、生気がないのも当然だ。

しかし、だんだん分かったことは、水兵や機関科の工作員たちが、ある仕事のため大変なオーバーワークとなっていたことだ。

というのは、あのころ兵器が実に足りなくなって、長門の乗組員たちになんと小銃つくりをやらせていたのである。

もちろん小銃といっても、かの歩兵三八式銃のような素晴らしいものではない。略式の貧弱な鉄砲だったが、工作員たちは一日にいくら、一人がどのくらいという割当を課せられて、明けても暮れても小銃の部品づくりに精を出さなければならぬという事情で、訓練の合間合間のことではあるし、責任感は長い伝統でつちかわれて全員がもっているので、疲労が重なる一方だったのだ。

割当が出来なくても、上司にはなんとか話をつけるから、無理をしてはならぬ——と命じても、若い水兵たちは昼夜兼行でゴシゴシと鉄ヤスリでこするのである。これではいかんというわけで、昼休みや、ちょっと手のあいたときは、なかば強制的に艦上へ出て日光浴をやらせた。

終戦を迎えた長門の前檣楼。頂部両側に張り出した無線桁の下が戦闘艦橋、その下中央に測的所、中段両舷に測距儀。羅針艦橋下の砲塔測距儀つき二番主砲天蓋上に3連装機銃2基がある

長門前檣楼正面。７月18日の空襲で直撃弾をうけ艦長以下の戦死者をだした羅針艦橋下の航海司令塔艦橋（中央）の惨状。二番主砲塔上の３連装機銃、中段両舷の測距儀の上方が副砲指揮所

寝ろ、陽に当たれで、いつまでも顔色が気になったことをおぼえている。食料がろくにならなかったあの頃だから、そういうほうが無理だったかも知れない。

長門の友人たち

横浜市内の大火災を見たのも、この長門艦上である。いよいよ来るぞ、と覚悟のホゾを決めていたとき、とつぜん私に転勤命令が出た。船舶警戒隊へ行け、というのだ。

たった一ヵ月あまりで副長の座は、同期の樋口貞治中佐（奈良県出身）とかわった。間接射撃に思う存分の腕を発揮してやろうと張り切っていた私の夢は、またまたかくして破られた。

しかし、運命というものは、なんと恐ろしいことだろうか。

私が離艦して十日ぐらいたってから、この同期生は大塚艦長とともに壮烈な戦死を、艦橋で遂げてしまったのである。あれほど手ぐすねひいて待っていた敵機が、私のいるときは来ず、着任そうそうの樋口中佐の生命をうばった。

あの悲劇の七月十八日のことは、だから、私は目撃したのではないが、被爆のあと報らせを受けて横浜の船舶警戒隊から急行して分かったことは、艦長たちの遺骸がほとんど見つからなかったという点である。直撃弾による一瞬の間の散華だったのだろう。

ところで、長門は小海で岸壁につながれていた。そのすぐ右手には、ほとんど垂直に近い岩山（三十〜四十メートル）の面が見上げられる位置にあった。高角砲陣地は、その頂上に布陣していた。

十八日の昼ごろ、波状攻撃の敵機大編隊（およそ三百機も来ただろうか）は、岩山にぶつけるようにして飛来してきた。激しい銃撃と爆撃、しかし目標ははっきりしているのに、位置がこういう位置だから、容易に命中しない。

高角砲の陣地は、一斉に火ぶたを切った。これには、だいぶ敵も出ばなをくじかれたようである。爆弾はまだ一発も長門に当たらなかった。あれほどの大群が、ただ長門一艦だけを目ざしているというのに、信じられないほど不思議に当たらなかった。

ところが、である。

運命のいたずらとは、えてしてこういうものらしいが、一発の直撃弾がブリッジと航海司令塔のあいだにヒューッと飛び込んできたのだ。これではたまらない、轟然たる炸裂音とともに爆風が下から、中から吹きあげた。司令塔で戦闘指揮をしていた大塚艦長、樋口副長と数名が爆死した。アッという間だったのである。

さらに一弾が、士官次室（ガンルーム）に当たったが、これは大した被害も残さなかった。そして、あとにも先にもこの二発だけが、長門にあたえた傷だった。

話は前後するが、かつて副長在任中、私は艦長と相談して、戦闘指揮はいちばん高いところにある戦闘艦橋で行なおうということになっていたのだが、空襲のとき、敵弾で長門のわきの岩山がくずれて、岩や石コロが雨のように艦をたたいたので、とてもむき出しの戦闘艦橋にはおれなくなったのだろう。そして航海司令塔に下って指揮しているとき、この奇禍にあったのだ。私は、こういうふうにそのときの状況を推測している。

おだやかで、温和そのものだった大塚艦長は、戦死の直前、東京の留守宅が戦災にあって全焼したと聞いていた。また同期の樋口副長はレイテ作戦いらい、生きていたのが不思議なほどの死線を二度こえて、——こんどは三回目だから、ちと大事だぞ——ともらしていたのが不幸適中してしまった竹馬の友でもあった。

ともあれ、勇戦敢闘して八月十五日を迎えた戦艦長門は、敗戦翌年、ビキニ環礁でアメリカ第一回の原爆実験の標的艦となった。二十五歳という高齢の長門は、原爆をあびながらも四日半生きつづけて米将官を驚倒させ、しだいに静かに昇天していったという。

弾火薬庫員の見た戦艦「長門」レイテ沖海戦

一番砲塔員が体験した長門被弾の惨状と武蔵&金剛の最後

当時「長門」弾火薬庫員・海軍二等兵曹　寺林長吉

昭和十九年十月二十一日、ボルネオ島北岸のブルネイ近海に仮泊中のわが艦隊に、出撃命令が下った。そのときの艦隊編成は、つぎの通りだったと思う。長門、大和、武蔵、金剛、榛名の戦艦群、それに新鋭巡洋艦の四戦隊＝愛宕、鳥海、摩耶、高雄、五戦隊＝妙高、羽黒、七戦隊＝熊野、鈴谷、利根、筑摩、対空巡洋艦の能代、矢矧、それに駆逐艦十五隻の堂々たるものだった。司令長官は栗田健男中将で、旗艦は重巡の愛宕だ。

総員集合のとき、わが乗艦である長門艦長の兄部(こうべ)勇次少将が悲痛な面持ちで話された。「敵はレイテ島を狙っている。これを阻止するために出動するわが艦隊には、空母が一隻もなく、雨の降る中を傘をささずに歩くとおなじだ。敵の機動部隊は空母六隻を基幹として編成され、三隊ぐらい護衛しているらしい。おそらく目的地に向かうまでには、相当の爆撃を喰うだろう。艦も沈むかもしれない。艦長も敵機の雷爆を極力さける。みなの命を私にくれ」つづいて軍医長が、「みんな遠慮なく戦え、あとは俺がみんな引きうける」

ブルネイに停泊中の長門。全長224.94m、排水量3万9130トン

負傷した場合のことだろう、ユーモアたっぷりの話に、どっと笑い声が起きた。

いよいよブルネイを出港、一路レイテをめざして突っぱしる。その威容は形容しがたいくらい堂々たるものであった。

突然、大爆音を聞いた。とたんに「配置につけ」のブザーが艦内にひびき渡った。急きょ総員配置についたが、その後、なんの号令もかからない。そのまま待機する。日の出前だから二十三日午前六時半ごろだと思う。場所はパラワン島沖合である。

そのうちに、あまり静かなので弾庫よりモンキーラッタルで砲室へ上がった。そして砲塔長の砲側照準用の望遠鏡で見ると、前方に航行中の四戦隊のあまりの異様さに驚いた。

摩耶の姿はすでになく、旗艦である愛宕は四十度も傾斜して停止している。恐らく総員退避しているのだろう。目を左にやれば、新鋭重巡の高雄までが艦尾を取られ、停止している。

右砲戦、弾薬供給はじめ

日本の誇りである新式重巡が鳥海を残して全滅である。この有様をみて、嫌な予感がしたのは私だけではないだろう。栗田司令長官はどうしたろう。思いをめぐらしているうちに、シブヤン海に入ってきた。

二十四日十一時四十分、「総員手を洗え」の号令がかかり、たのしい昼食が始められようとしたその時である。とつぜん対空戦闘のブザーが鳴りひびいた。食事当番兵は、食缶を持ったまま配置につく。もう飯を食うどころではない。

ただちに砲塔長の「右砲戦、弾薬供給はじめ」の号令で、六発分の弾薬が供給された。弾丸は零式弾である。この弾丸は一発の重量が八五〇キロ、時限信管で調整した距離で爆発すると、三〇〇メートル四方に弾片が飛び散るという威力のあるものだ。

まもなく砲声がとどろき、弾薬供給が忙しくなる。夢中で操作をつづけているうちに「射ち方待て」の号令がかかった。

ほっと一息ついたとたんに、腹の虫がキューッと泣いた。そうか昼飯を食ってないんだ。飯も副食物もそばに置いてあるのだが、配食している暇がない。

弾庫長の加藤兵曹が「むすびを作れ。それを口に放りこんで操作をやれ」というが、麦飯のむすびはすぐに崩れてしまう。三角型のむすびならば大分もちがよいので、三角型のむすびを作るが、私と班長の丹野兵曹しか作れない。

しかし、そんなことは言っていられない。弾薬を供給したり、むすびを作ったり、口へ入れたり、その忙しいことといったらない。それでも、なんとか全員食事を終わり、敵の空襲に対し間断なく弾薬を送りこんだ。

やがて「射ち方止め」の号令で一休みしたが、なにしろ南方の三十度以上の暑さのなかで、体を露出させないように、頭には艦内帽、体は煙管服に手袋、足首をしばって軍靴をはき、露出しているところは顔だけという姿だからたまらない。汗が体中から吹きだして、さながら水をかぶったような姿だった。

わが一番砲塔長より「戦闘食を受けとれ」との号令で、砲室から露天甲板に上がり、乾麺麭と缶詰数個を受けとって、ふたたび弾庫へ帰ったが、露天甲板の涼しかったのには生き返ったような思いであった。

飲料水はこの戦闘にそなえて、オスタップやドラム缶などに入れてあったので心配はなかった。それも束の間、ふたたび敵機が来襲、主砲はまたも唸りだした。

こんどは、実に忙しい。間断なく弾薬を供給するため、運弾車を担当する二、四番手は、山口兵曹を残していずれも疲労のために倒れてしまった。

この主な原因は、艦橋では敵機の魚雷攻撃や爆撃を避けるために極度に針路を左右に曲げる。そのたびに艦は右または左に傾く。八五〇キロの弾丸を乗せた運弾車は、ブレーキがあるのにもかかわらず、艦の傾斜の方へものすごい勢いで動き出す。この左右の車にはさまれれば、足の一本や二本はあっというまに折れてしまう。

やがて敵機が去り、砲塔長が「弾火薬庫員、異状はないか」とたずねてきた。暑さのために全員疲労がはなはだしいと報告する。

砲塔長の命令で全員露天甲板へ上がり、艦橋から見えないところで一休みする。そして、汗で水びたしのようになった体に外気を存分に吸わせた。軍靴をぬいだら一合くらいの水が出てきた。逃げ場のない汗が、靴の中にたまったのだ。

武蔵ついに沈む

敵機の来襲は約四十分間隔でやってくる。砲塔長は露天甲板での休憩は、この時間を利用したのである。このとき、葛宇（くずう）砲塔長は自分の飲料のウイスキーを洗面器にあけ、水で割り、弾火薬庫員に少しずつ飲ませてくれた。水にほのかに匂いのついたくらいなものだが、元気づけにはなった。これがほんとの水割だろう。

ふたたび敵機の来襲、こんどの来襲は一番はげしい。砲口が間断なく火を噴いている。そのうちにとうとう無傷のわが長門にも被弾、大音響とともに頭の上がキーンと鳴った。とたんに電灯が消え、やられたと思ったが、考える暇もない。

二次電池にきりかえたが、まもなく元の電気もつき、操作に不自由がない。

敵機が去り、また四十分の休みだ。甲板へ上がって驚いた。一番砲塔の近くにある二五ミリの単装機銃五門が吹きとばされ、砲側にある弾薬庫は、爆弾の破片でブツリと穴があいている。

マントレットの釣床は三十本も流され、機銃は旋回止めを破壊され、ぐるぐるまわっている。露天甲板には爆弾の破片が無数に落ちている。私はこれを見て胸をなでおろした。もしこの一番機銃についていたら（私は一番機銃の兼任射手だった）、釣床と一緒に吹きとばされ、海に流されていたことだろう。

ふたたび敵機の来襲だ。いそぎ配置にもどる。このとき、露天甲板で休んでいた弾火薬庫員の二、四番手が、甲板に寝たまま起きないので、肩を貸して連れてきたが、自力で細いラッタルを降りる力がない。

しかし、このとき砲戦は開始された。そこでやむをえず二、四番手を置きざりにして、配置にもどる。こんどは敵機の数も少なく、わりあい早く去った。

間髪をいれず甲板へかけあがる。そして置きざりにした二、四番手を外舷索でくくり、配置へ降ろした。そのとき、なにげなく見た彼方の海上で、巨艦武蔵が艦首を海面へ突っこみ、静かに沈みかけていた。砲塔長にそのことを報告すると、砲塔長は「日本の技術の粋を集めてつくった武蔵だ。そう簡単に沈むものか」といっていた。

また敵機が来襲した。こんどは大したことはなかった。敵機の数もだいぶ少なくなった。

危機に瀕した武蔵はどうなったであろう。おなじ横須賀の艦だ。戦友も数人乗っている。

不沈艦として世界的にも名高い武蔵だ。沈められては帝国海軍の名折れだなどと考えながら、急いで甲板に上がってみたが、武蔵の姿はすでになかった。このとき、第五戦隊旗艦の妙高も落伍したようだった。

長門艦内の惨状

太陽が西の空へ沈みはじめ、海上を夕焼け気味に赤くきれいに染めている。こんなはげしい戦闘がいつ行なわれたかと思われるほど、静かに、夜のとばりが降りようとしている。

敵弾の落ちた十分隊のデッキには、直径八メートルくらいの大穴があいている。話によると、二五〇キロ爆弾が二発命中したらしい。この爆弾は艦橋の後ろへ命中し、暗号解読員の居住する分隊を全滅させ（総員三十名くらい）、さらに二番高角砲の左方をえぐり、砲員一名を負傷させ、救助艇を破壊し一トンの水を破口より流した（ボート一隻に水一トンが入る。射撃のときのショックで外板が傷まぬように、ふだんは水を入れてある）。

この甲板の外舷寄りに、宍戸兵曹の機銃がある。彼はこの爆撃で右足を腿からふっとばされ、病室で手当を受けた。私が行ったときはまだ唸っていたが、後に戦死した。そのときの軍医長のいでたちを見て驚いた。右手に手術メス、左手にのこぎり、頭の白帽には血しぶきが飛んでいた。

この宍戸兵曹といっしょに機銃についていた二番手は、十メートルもふっ飛ばされたが、かすりきず程度の怪我ですんだ。爆風とは不思議なものだ。

さらに十分隊のデッキには四門の一四センチ副砲がある。爆弾の爆発のために総員戦死だ。砲側の火薬が誘爆したのか、あちこちに肉塊が飛び散り、手足がふっとび、室内には鮮血の

長門前甲板、砲塔測距儀つきの40㎝連装主砲塔。仰角は大改装により43度に

手形まで残り、じつに凄惨をきわめた状態である。

さらにこの爆弾は、消防主管をやぶり、烹炊場の飯釜を全部ひっくりかえし、一罐室の上部で終わっていた。すごい暴れぶりである。お陰でわれわれは夕食がくえず、朝からの激戦で腹ペコなのに、これにはまいった。後にやっと何台かの釜が復旧したらしく、粥食が食器に半分と味噌漬が少々出たが、このときの味はじつにうまかった。今でも忘れない。しかし、この爆弾は消防管や救助艇の水をこぼしたので、火災にならなかったのが不幸中の幸いであった。

その晩は対潜見張りぐらいで、敵艦の姿が見えず、艦は暗夜をどんどん進む。やがてサンベルナルジノ海峡を通過して、サマール島沖を南下する。十月二十五日の明け方、日の出前より配置についている私たちに、戦闘のブザーが鳴った。

弾薬の供給がはじまった。砲口が火を噴きはじめたが、こんどは対空弾でなく徹甲弾だ。見張員が敵のマストを発見したのだ。初めての砲撃戦だ。砲室でもバリバリ射っている。

そのうちに砲塔長は、司令長官から貴艦の初弾にて敵の空母を撃沈した、という朗報があったと知らせてきたという。意気はますます上がる。敵の機動部隊に昨日までさんざん痛めつけられたそのお返しだ。砲撃また砲撃、全速で各艦追撃に移った。そのとき残っていたわが艦隊は、大和、長門、金剛、榛名、それに巡洋艦の利根、羽黒、矢矧である。

この日の戦いで、鈴谷、筑摩、鳥海はついに還らなかった。

帰還途中の金剛の沈没

味方偵察機から敵空母二隻撃沈、戦艦一隻大破で逃走中との無電がはいり、追撃態勢にはいっていたが、途中で引き返してきた。たぶん燃料でも不足したのだろう。

やがて艦内の拡声器が「北方へ向かう」と放送した。この間は敵に遭わず、午後三時ごろ総員集合の号令で戦死者の水葬が行なわれた。衛兵の弔銃がもの悲しくひびき、一人ずつ毛布でつつんで麻縄でくくり、総員の見送りを受けながら一体ずつ道板をすべりながら海中へ落とされて行く。総員の目には涙が光り、寂として声もなく、艦は十六ノットぐらいの速度で進行している。文字通りの水漬くかばねである。

目を先の海上に向けると、他の艦も静かに走っている。金剛は横腹の鋼板がめくれ、白波を一メートルも吹き上げながら走っている。大和も速力を落としている。

十月二十八日に、ブルネイ湾に入った。先に敵潜の攻撃によって艦尾をもぎ取られた高雄が、島影に停泊していた。暗くなってから各艦が投錨した。大和だけが揚錨機に魚雷を喰っていたので漂泊、たえず艦橋で舵を取っていたという。

これより二日後の正午ごろ、二十機による爆撃をうけたが、味方の損害は一つもなく、逆に十二機を撃墜した。大型機に戦艦の強さを見せつけた戦いであった。

この戦いでわが砲塔には対空弾が一発もなくなり、四番砲塔より速やかに運びこんだ。しかし、使用残り二発という心細さで、十一月十六日ブルネイ発、内地に向かう。金剛、榛名を先頭に大和、長門、矢矧、駆逐艦六隻という惨めさである。高雄は自力でシンガポールへ向かった。

本隊は途中、台湾沖で夜間に敵潜の攻撃をうけ、金剛が沈没した。十一月二十一日未明である。このとき私は衛兵で艦橋下にいたが、金剛の右中央部に十メートルくらいの火柱が上がるのを見た。前方の大和が急にジグザグ航進をはじめ、長門も大きく右に舵をとり、私も急いで配置にもどると同時に、後方でまた火柱が一つ上がった。何艦がやられたのか、暗夜ではっきりわからない。

翌朝、台湾を過ぎるころ、古い長門は嫌な揺れ方をしたが、無事に呉に入港できた。しかし大和がドックに入ると、長門を修理するドックがなく、やむなく駆逐艦四隻の護衛をうけ、ふたたび豊後水道を通り、横須賀へ向かった。

豊後水道と大島沖は敵潜の集合地で、かならず狙われる。そのとき、だれ言うとなく、

「ここまで無事にきて敵潜の魚雷に喰われるなんて真っ平だ。みんなで見張りをしよう」ということになった。一致団結で艦の輪角どおり、兵隊は全部坐りこんで前方海面をにらんだ。

各種砲は全部、海面四千メートルに照準をつけ、見敵必殺のかまえで、信号兵は五メートル置きに立って赤旗を用意し、士官、下士官は望遠鏡でたえず海面を注意する。全員の気迫に圧倒されたか、さすがの敵も姿をあらわさずに、ぶじ横須賀に入港することができた。

昭和十六年の九月、開戦前に出港した長門は、約四年ぶりに横須賀に還ってきた。在港の各艦は一斉に登舷礼式をして迎えてくれた。この古い艦で初戦から出動して、レイテでは爆弾二発をくらい、右舷には破片二百四十の大小の穴をあけられ、兵員を三百名近く失い、いま母港横須賀へぶじな姿を見せたのである。

その後、長門を送ってきた四隻の駆逐艦が、出来たての空母信濃を呉まで護送するために出港したが、潮ノ岬南東の洋上で敵潜の攻撃をうけ、信濃は沈没した。

長門は運がよいといわれるが、私はそうは思わない。乗員みんなが艦を愛し、守ったからであると信じている。

一番砲塔では一つの事故もなく、射撃のミスもない。死ぬことを恐れぬ負けじ魂が、日露の時代より連綿とつづいて残っているのだと思う。

消えゆく連合艦隊「長門」訣別の七日間

原爆実験に回航すべく米軍に艦内説明のため乗艦した元内務長の追想

元「長門」内務長・海軍中佐　稲田　進

歳月の流れは、川の流れにも似て、あれからもう三十七年の月日が流れた。誰かが言ったように、まさに「忘却とは忘れ去ることなり」である。しかし、三十七年の歳月は、苦しみも楽しみも、あたかも写真機のピントグラスに映る映像が美しいように、すべてが美しい思い出としてのみ残っている。

レイテ沖の激戦では無線室を中心に被害をこうむったが、どうにかブルネイ湾（ボルネオ北岸）に帰投した。そのあと長門は内地で修理することになり、大和、金剛とともに、昭和十九年十一月十六日に内地にむけて出港した。途中、敵潜の雷撃をうけて、金剛と護衛駆逐艦は沈没したが、長門は十一月二十五日、ぶじ横須賀軍港に帰還した。

稲田進中佐

再出撃にそなえて、昼夜兼行で修理がおこなわれた。当時、戦勢は日に日にわれに不利となり、出撃ののぞみも絶たれてしまった。長門は横須賀軍港に繋留されたまま、猛訓練をつづけながらも、髀肉の嘆をかこっていた。

私は当時、副長職務代理として、敵機動部隊の空襲にそなえて意気軒昂、日夜、訓練にはげむ毎日であった。敵機動部隊による空襲にさいしては、長門の全機銃が火をふいて、迎撃にあたった。

昭和二十年五月一日、私は海軍兵学校教官に補せられ、長らく生死を共にした乗員と別れて、江田島に着任した。爾来、精魂をかたむけて生徒教育につとめていた。

昭和二十年八月十五日正午、陛下の重大放送があるということであったが、私は戦局の重大化にさいし、激励のお言葉があるのだろうと思っていた。そして午前中は、生徒にたいして必勝の信念について講義をしていた。

はからずも、それは終戦の放送であり、生徒は誰が命じたということなく、東郷記念館の元帥遺髪の前にあつまって号泣していた。その姿が、いまもつよく印象に残っている。私は、兵学校終戦処理員として残り、米軍との折衝にあたっていたが、九月一日、鹿児島地方海軍人事部長に補せられ、その任についた。

さて、昭和二十年十月ごろ、横須賀終戦連絡事務所から「横須賀に出頭せよ」との通知に接した。母をはじめ家族は、戦犯として逮捕されるのでは、と大へん心配してくれた。しかし私は、みずからかえりみて戦犯となる行為はなく、安心して出発した。

当時の汽車旅行は大へんで、まるで民族の大移動のごとき観があった。乗車券も各駅割当

終戦を迎え米海軍に接収された長門。８月29日、横須賀軍港で撮影。のちビキニ環礁に回航され原爆実験に供された

制で、容易に手に入らない。

ようやく乗車しても空席などなく、足は床に着いておらず、人と人のあいだに突き刺っている状態であった。困るのは便所で、停車時には窓から飛びおりて、プラットホームに放尿するありさまである。女性のなかには泣き出す人もいた。

細かい質問に冷や汗

横須賀終戦連絡事務所に出頭してみると、長門にかよって米海軍に長門の構造について説明するように、とのことである。当時、長門は軍港の一番ブイに繋留されていた。いくたの海戦に出撃した戦功赫々（かくかく）たる軍艦である。その艦にふたたび乗艦、連絡事務所を根城に毎日かようことになったのである。感無量であった。

それからは毎日、長門に乗艦して、艦内を案内することになった。

乗艦してみて、びっくりした。艦橋付近は大被害をうけて、大きく口をあけており、後檣や煙突もむかしの勇姿の面影はない。私は「山川草木転々荒涼、金州城外斜陽に立つ」の乃木将軍の詩を口ずさみつつ、後甲板にたたずんで、潸然（さんぜん）と涙をのんだのである。私の乗艦を知って迎えにでた米軍士官に、「負けました」と頭を垂れたい気持におそわれた。これが私の退艦後、敵機動部隊の空襲をうけた無惨な長門の姿であった。

ところで、私につきまとって説明をきいたのは、アナポリス出身の若い海軍大尉であった。一日じゅう艦内の各室、各倉庫、パイプアレンジメントなど、隅々まであますところなく案内、説明させられた。

日本海軍では、士官はそんな細かいことは受持ちの下士官や特務士官にまかせて、大綱だけをにぎっているのが普通であった。だから、このパイプはどこに通じているのか、この電線は何の用をなしているか、この倉庫のむこうは何か、といちいち細かいことを聞かれるのには、ホトホト困ってしまった。

米海軍士官の、微に入り細にわたっての質問や勉強には感心もしたが、冷や汗ものであった。ときには、いいかげんにお茶をにごす場面もあった。艦底の倉庫や通路に酒類が何百箱も積載してあるのを見て、日本海軍はこんなに酒を飲むのか、と驚いていた。米海軍では艦内では禁酒だそうで、無理もない。

もっとも、これは長門が南洋方面に出撃した場合、戦地の各部隊や各艦に配給するために、あらかじめ準備積載しておいたものであった。

当時、長門は南洋方面に自力航海して、米軍の原爆実験に供せられるらしいとの噂が流れていた。したがって、その準備のため、日本の造船士官や兵科士官、機関科士官を呼び出して、このように根ほり葉ほり研究をはじめたのだと思った。

このような日課が、一週間ぐらいつづいたであろうか。一日の案内が終わると、きまって米国製タバコを一箱わたされた。お礼の意味であろうが、私はタバコをたしなまないので、陸の連絡事務所の職員にあげて喜ばれたものである。昼食は黒人の兵隊が用意してくれた。たいがいポテトと肉、パンであったが、日本の陸上の食事よりもいくらかましであった。

横須賀軍港は、冬になると時化の日がつづく。ある日、帰るとき、舷梯についた内火艇が上下左右の動揺がはげしく、乗艇に困っていた。すると、高見山関のような大きな水兵が私を軽々と抱きあげて、内火艇に乗せてくれた。

長門残留で一命を拾う

長門は先述したように、私の退艦後、空襲で艦橋に命中弾をうけ、艦長や砲術長など、戦死者多数を出していた。私の後任として着任した応急指揮官も、戦死したそうである。つくづく人間の運命のめぐり合わせを感じたものである。

そういえば、長門が横須賀に入港したとき、航空母艦信濃は突貫工事でようやく完成して、出撃の日が近い状態であった。信濃艦長が来訪して長門の兄部勇次艦長に、「まだ内々だが、人事局で、お宅の稲田中佐をこんど信濃の内務長に、と考えているらしい」といわれたとか。信濃はその翌日、呉にむけて航行中、潮ノ岬沖で敵潜の襲撃をうけて被雷、私の同期生・横手、中村など、乗員一五〇〇名が戦死した。私の信濃行きは噂だけで実現せず、長門に残っていたから死なないですんだことになる。生と死は、戦争にあっては紙一重であり、目に見えない運命の介在があるような気がする。

さて、長門の一日の案内が終わると、例の大尉との雑談がはじまる。アナポリス兵学校の話やら、服装のことなど。私もそのころは、ブロークンの英語で多少は話せるようになっていたが、いまはすっかり返納してしまった。

長門はまもなく、米軍の指揮のもとに、自力でビキニの原爆実験に供せられるため出港した由（よし）である。その実験ではなかなか沈まず、水中爆発実験後、夜間に浸水のため、人知れずに沈んだとのことである。

最後まで運の強い艦であった。いま、その艦の記念像が、横須賀軍港の波止場に建っている。永遠なれ、栄光の戦艦長門。

濃霧の柱島沖に消えた「陸奥」爆沈の謎

一体なにが原因か。当時、真相究明のため調査にあたった当事者の回想

当時 呉工廠砲熕実験部部員・海軍技術少佐　神津幸直

初夏だというのに、その日は暗い夜明けだった。朝から小雨が音もなく降りしきり、肌寒い感じさえするほどであった。ふだんなら美しい島々が点在するこの瀬戸内も、濃霧のためにそれらがボーッと霞んで、まるで墨絵でも見ているようであった。

連合艦隊の最大根拠地、ここ柱島泊地には、その巨大な艦姿を霧につつんだ一隻の戦艦が投錨していた。それは日本海軍の〝秘蔵艦〟として、姉妹艦の長門とともに世界にその偉容を誇る陸奥（むつ）の姿だった。数時間後に歴史的な〝大事件〟にまき込まれるのがまるで嘘のようであった。

この日、陸奥は第一艦隊の旗艦である長門が呉工廠で修理中だったので、旗艦ブイに繋留していたが、午後になると長門が修理をおえて柱島にくるため、午後一時に旗艦ブイから繋留替えする予定であった。

午前十一時三十分、甲種予科練習生一五二名が艦隊実習のため乗艦してきて、なにかと慌（あわ）

仰角43度の連装主砲４基８門を右舷に指向して一斉射撃をおこなう戦艦陸奥

ただしかった。十一時四十分、艦内に昼食ラッパが鳴りわたり、乗艦したばかりの予科練習生たちも一緒に食事をした。

食事をおえた航海長は、錨地変更を一時間後にひかえ上甲板にあがって、まもなく準備にはいる航海科員を見守っていた。海上は濃霧のため、約一キロほど離れて停泊している扶桑がぼんやりと見えるほか、在泊艦は見えなかった。甲板士官も上甲板で当直将校、副直将校らと午後の作業について、打ち合わせをしていた。

正午すぎ、突然、シューッと白い煙が三番砲塔と四番砲塔のあいだから噴きだした。と同時に、腹わたをえぐるような大爆発とともに火炎が艦内を走り、すさまじい火柱を噴きあげた。そしてその噴きあげる黒煙といっしょに、粉々になった鉄板などが空中高く舞いあがり、その高さは百メートルほどにも達した。

艦はしだいに傾きはじめ、崩れるようにして海中にその艦首を没したのである。時に昭和十八年六月八日のことであった。

それからしばらくたって、陸奥から約一キロほど離れたところで投錨していた戦艦扶桑から、旗艦長門にむかって暗号による緊急信が打電された。

「ムツ　バクチンス」

この電文をうけとった第一艦隊司令部の顔色がサッと変わった。そして、すぐさま事件の起こった柱島泊地にある全艦艇に対して、「ムツニ関スル発信ヤメ」と緊急信が打電された。

顔をひきつらせた悲痛な表情の第一艦隊司令長官清水光美中将の坐乗する旗艦長門は、この陸奥爆沈は、あるいは大胆不敵な敵潜水艦によるしわざかも知れないと対潜警戒をしながら、現場にむかった。しばらくすると霧がはれた。視界がひらけた海面には人影はなかったが、乗組員救助のための内火艇があわただしく動きまわっていた。その辺りいちめんに陸奥のものと思われる、おびただしい浮遊物が海面にあった。

一瞬にして爆発をおこした陸奥は、なお健在であろうとする意志を残すように、逆立ちしたような格好で艦尾を海面につきだしていた。それはまた、戦雲急を告げるこれからの日本の未来を象徴づけるかのような出来事であった。

いずれにせよ、日本海軍の象徴であった陸奥の爆沈は、まさに衝撃の大事件であった。それでなくても前年のミッドウェー海戦では赤城、加賀、蒼龍、飛龍の四空母を失い、重巡三隈も同時に失うという、まさに大敗北。そして陸軍もまたガダルカナルからの撤退、つい先月にはアッツ島の玉砕と、日本をめぐる戦局はしだいに泥沼ふかく入りこんでいくころであった。

三式弾を徹底的に洗え

日本軍の苦悩は深まるばかりだった。これが国民に知られてはまずい。

「かくせ！」海軍は口をかたく閉ざした。厳重なる箝口令をしいた。そして、極秘裏に、陸奥爆沈の原因調査が開始された。

事件から一ヵ月がすぎた。当時、呉海軍工廠砲熕実験部の弾薬科主任をしていた私のもとへ、爆発原因を追及すべく、三式弾の自然発火の可能性調査の極秘特命がまわってきた。もちろん陸奥爆沈など知るよしもなく、はじめは何のためにそんな実験調査が必要なのか、まるで分からなかったが、実験に立ちあった査問委員のひとりに、陸奥爆沈を知らされて事の次第を知ったわけである。

陸奥や長門といえば、長いあいだ世界で最初に四〇センチ主砲を搭載した栄えある連合艦隊の秘蔵艦として、その艦姿を海に浮かべていた。しかし、かつて私は戦艦大和の乗組員としてトラック島などをまわった経験から、もうすでに大艦巨砲時代は終わりだという予測をしていたので、陸奥爆沈もさほどショックをうけなかった。

むしろ私は火薬関係の専門家なので、なぜ爆発が起きたのか――という方に関心がいった。敵潜水艦による魚雷攻撃説、弾薬・装薬類の自然発火説、スパイによる放火説など、人づてに流れる推測を一つ一つ解きほぐしていくことからはじめた。そして実験場にえらばれたのが、呉港外の倉橋島の突端にある亀ヶ首実験場であった。ここなら国民に知られないだろう、ということだった。

まず実験の正確を期すために、三番砲塔の弾薬庫とおなじものを作った。ここで実際問題として問題になるのは、いちばん最初にどこから火が出たのか、であった。その火が出たとすれば、どういうことなのだろうか。私は、それらのことを火薬関係の立場から一つ一つ虱（しらみ）つぶしに調べていった。

いちばん最初に〝容疑者〟として頭に浮かんだのが、最新式兵器といわれた三式弾であった。優秀であればまた、その疑いも濃いというわけである。それに爆沈前の陸奥は、この三式弾を多量に搭載していたからでもあった。

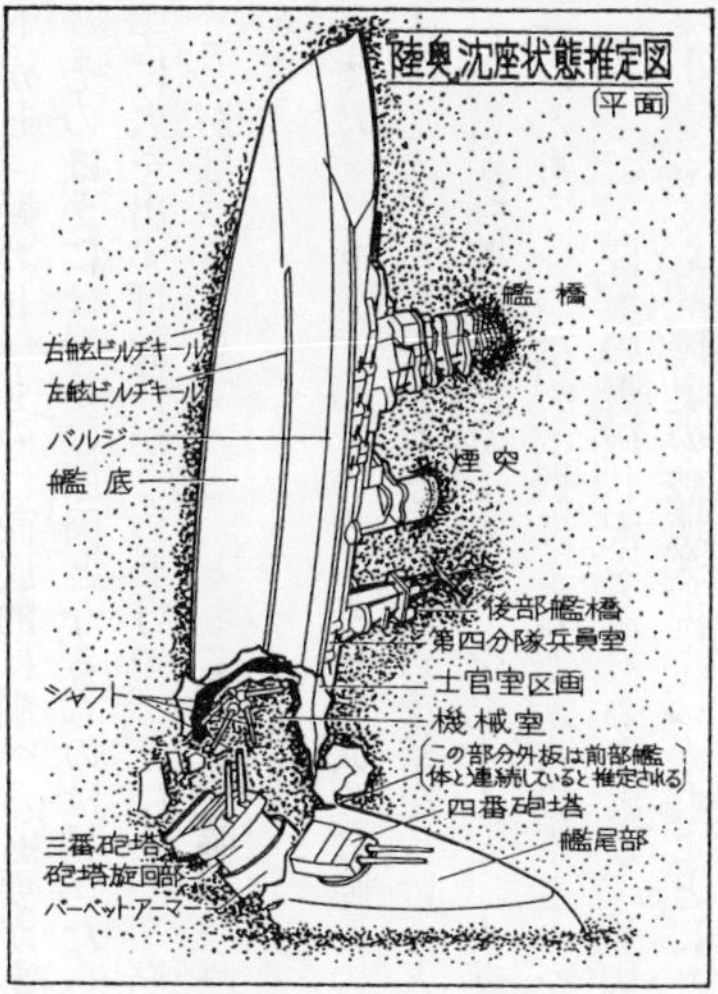

この三式弾が、なんらかのかたちでもって自然発火したのではないか——ということであった。そして、第二の〝容疑者〟が、発射装薬である無煙火薬の自然発火ということだった。とくにこの無煙火薬については、私は研究し製造したひとりである。だからこの説は意外だった。

陸奥沈座状態推定図（平面）

しかし、疑わしいものは徹底的に調べる必要があった。

そのほかには爆発の原因となるものは見当たらない。つまり、放っておいてひとりでに勝手に火を出す可能性がないわけだ。とにかく、発火した場所が三番砲塔の弾薬庫――ということがはっきりしている。となると三式弾か、無煙火薬かのどちらかに絞られてくるわけである。

では、なぜ火が出たのだろうか。人々の噂にのぼっているような、敵潜水艦からの攻撃をうけたのだろうか。もし、敵から攻撃をうけたとすれば、たしかに、敵潜水艦から発射された魚雷が弾薬庫の近くでもって爆発すると、火薬庫が爆発を起こすことははっきりしている。それとも一つは、敵機による空から投下された機雷かも知れない――ということであった。

そこで、陸奥の爆破状況を調べることが、原因究明の早道であるということになって、潜水夫をもぐらせ陸奥の破壊状況をつかむことにした。

無煙火薬も三式弾もシロだった

水深四十一メートルに潜水夫たちは挑んだ。暗い海中を一条の光をたよりに、潜水夫たちの熱心な点検はつづいた。そして、海面に姿をあらわした潜水夫たちから聞いた爆発個所の状況から察して、まず私は敵潜水艦による魚雷攻撃と航空機による機雷投下説は、完全にシロとみた。

それは、内臓をはきださせられた個所の厚い外装は、甲板も腹壁も、すべて強い力で内側から外側へむかって、めくれ上がっていた。ということは、魚雷が外から突っ込んできた場合と、この爆発状況はまったく逆だったからである。そうなるとやっぱり三式弾か、無煙火薬かのどちらかということになる。そこで、われわれは執拗なほど、火薬専門家としての面子(メンツ)と誇りにかけて、実験調査にとりくみ、その日数はじつに一〇〇日も要した。

三式弾をいくつも積みかさねておき、その一個に点火してみた。だが、ほかの弾丸への誘爆はゼロだった。実験用に弾薬庫を再現して、内部で三式弾を爆発させてみた。これも庫外の三式弾への誘爆はゼロだった。そして、圧迫、摩擦、衝撃にどのような変化をしめすかを、あらゆる方法で洗いあげていったが、その結果、三式弾への疑惑はしだいに薄れていった。

となると、残るはただ一つ、無煙火薬である。《まさか！　私の青春は、この火薬の研究に費やされ、無煙火薬は私の分身みたいなものであったから、その安全性はたしかなのに……》

でも、そういえば不審な点がないわけではない。爆発の個所は、おなじ艦尾部分でも三番、四番砲塔のすぐ下の、三式弾を貯蔵した弾薬庫ではなく、さらにその真下にある火薬庫ではないだろうかと思われるからである。なぜならその火薬庫に、ぎっしりと無煙火薬がつまっていたからである。

そうだ、無煙火薬がクサイ！　もし無煙火薬が〝犯人〟だとすると、温度、湿度などによってどういう変化を起こすのだろうか？　温度がどのていど高まると自然発火をするのだろうか？　無煙火薬に火を点じると、どのような誘爆が起こるのだろうか？

しかし、あらゆる疑念を徹底的に調べてみたが、結果はいずれもシロだった。いったい何が原因で?……われわれは振り出しにもどった。実験の壁にあたったのだ。重々しい空気が流れた。そのとき、チラッと〝ある思い〟が私の脳裏をかすめたが、実験調査員の声に、それもかき消された。

私は腕組をして、なにかを探ろうとしていた。口をへの字に結んだ調査員もいる。みんな押し黙ったまま、だれひとり沈黙を破ろうとする者はなかった。それはまた、この事件がいかに難解かを物語っていた。とにかく、いちばん最初に火を出したのが三式弾なのか無煙火薬なのか。それを突きとめる方法はないものか、と私は思案していた。それさえわかれば、問題解決への手がかりになるかも知れない。

そうだ、生き残った水兵たちに〝面通し〟をやらせたら、きっと何か手がかりをつかめるかも知れない。そこで生き残った水兵たちに実験場にきてもらって、実験のために燃やした煙の色を見せ、爆発のとき見た煙の色がどの色であったか——つまり素朴な方法であるが、肉眼による煙の識別をやることにした。

さっそく生き残った十人の人たちが集められた。だが、それがなんの目的であるかはもちろん秘密にしたままで、彼らは実験場から三百メートルへだたった海上の舟の人となった。そのほか観測船二隻がつきそった。

しばらくすると、亀ヶ首実験場から白い煙が、ゆっくり海の方へ流れていった。三式弾の煙であった。つぎに、茶褐色の煙が流れた。海上で息をつめて見ていた水兵たちの体がかすかに動いた。答えは明らかだった。十人が十人とも茶褐色の煙を、あのとき見た煙とおなじ煙である、という証言をしたのである。《やっぱり、無煙火薬だったのか……》つぶやきにならない声が、私の口からもれた。そこでもってわれわれは、三式弾から火が出たのではなく、無煙火薬から火が出たことはほぼ間違いない、と判断せざるをえなくなった。が、われわれがどうデータを揃え、実験をくりかえしてみても当時の火薬庫の状況下では、無煙火薬の自然発火はありえなかった。

ふたたび振り出しにもどった。

ところで、ここで〝犯人扱い〟をうけた三式弾について述ておこう。三式弾は安井保門大佐らの手によって発明された、いちばん最新式の優秀な対空弾であった。

そのため、各艦隊は三式弾がほしくてたまらなかったのだが、陸奥が爆沈すると同時に、三式弾から火が出たのかも知れないから三式弾を積み込んでいると危ないということで、各艦から全部回収されるといういきさつもあった。前にも述べたように、原因調査をやっていくうちに三式弾の〝嫌疑〟ははれたので、ふたたび三式弾を使用するよう海軍省は命令を出した。

さて、話をふたたび元へ戻そう。原因調査の枠は、しだいに絞られてきた。とにかく無煙火薬から火が出た、ということがはっきりしたのだから、問題は、自然発火しない無煙火薬にどうして火がついたのか、ということにまた戻ってくるわけである。

すると、私が前に〝ある思い〟と書いたが、「そうでなければ幸い」と思っていたことが、いよいよ現実味をおびてきた。なぜなら、われわれが科学的に調べてみたことと、無煙火薬を作った経歴を洗ってみても、無煙火薬というものが、ちょっとやそっとで勝手に自然発火することはありえない。

では自然発火ではないとすると、原因は何か。なにか外部から火をつけるということでもしないかぎり、火は絶対に出ないという結果がわかっているのである。

陸奥をやったのは誰か

こうして、われわれは三ヵ月余におよぶ実験を終わることになった。そして、つぎのような、じつに曖昧な結論をだした。

『人為的でないということが確実になにか証明できれば、人為的でないといえるけれども、それが証明できないかぎり、その原因は、人為的でない、とはいえない』というものであった。

ついに結論は出た。だれかの意志によって陸奥は爆沈したのだと。だれかの意志によって、すなわち〝人為的〟な陸奥爆沈ということである。つまり、それが過失であったにせよ、故意であったにせよ、陸奥の火薬庫に火をつけた誰かがいたことだけはたしかだ。

では一体だれが、何のために。疑うとなれば、陸奥の乗組員全員に容疑がかけられる。そして乗組員一人ひとりの出身地、生い立ち、家族構成などが念入りに調べられた。しかし、なにを調べても決め手はなかった。もし、火薬庫のそばのだれかが生きていたとしたら、あ

大改装工事中の陸奥。バルジ装着、曲がり２本煙突から１本煙突となった

るいは放火犯人を目撃していたかも知れないが、死人に口なしで、それもたしかめようもない。

ある作家が追ったような某二等兵曹の放火説や、元海軍技術少佐福井静夫氏のいうようなシークレットサービスによる謀略説――などがいわれるようだが、それはそれ、あくまで一つの推理でしかない。結局、いまとなっては、この謎はもう永遠に解き明かすことはできないであろう。

ところで、この陸奥爆沈のかげに二度の悲劇を背負わされた人たちがいた。それは、三好輝彦艦長以下一一二一人の尊い命が陸奥爆沈とともにこの柱島泊地に消えたとき、かろうじて助かった三五〇人の人たちである。

奇跡的に生きながらえた彼らの頭上

にあったものは、陸奥爆沈のときに見たあの暗い海の色だった。

その後、彼らがどこでどうなったかは定かではないが、陸奥の爆沈を、いっさい口外しない旨の血判誓約書をとられ、トラック、サイパン、タラワ、マキンなどの生きて帰れぬ激戦地へ〝追放〟されたことはたしかであった。

それは、数少ない生存者の口から陸奥爆沈の秘密がもれるのを恐れた日本の軍部の思惑どおり、そのほとんどの人がふたたび故国の土地をふむことはなかった。戦争という人間のつくった最大の事件に翻弄される人間の運命は、かくも悲しく、そして切ないものなのだろうか。

いま目の前に、二十八年ぶりに無言の証言者たちが引き揚げられてきた。だが、あの野武士のような陸奥の面影はすでになかった。ながいながい年月のあしあとを物語るような、赤錆びた艦尾。無数の裂け目を走らせて、めくれあがった外板。一〇ミリの厚い鋼板を三、四枚に張りあわせた艦腹は、全板の一枚一枚がギザギザに引きちぎられて、その鋭い切り口は、なぜか錆もつかずに、銀色に光りかがやいていた。

四〇センチ四番主砲塔など引き揚げられた部分だけを見ても、私が調査当時から想像していたとおりで、ほとんど狂いがなかった。私の推理は正しかったのだ。艦尾爆破部の刃物のようにとぎすまされた切り口に、そっと手をふれてみた。二十八年前の鼓動が、いまにも伝わってくるようだった。

火薬庫のあたりを見ると、これもまた調査どおりの火薬庫の大爆発であることがわかった。爆圧は抵抗の弱い両舷にむかってひろがり、それが艦尾を艦本体から引きちぎった原因である、と調査報告をしたが、その推理ははっきり裏付けされている。私はけっして間違っていなかった、ということがはっきり確認できたのである。

ところで二十八年ぶりに浮上した陸奥は、大艦巨砲時代がすでに終わりであることに気がつかず、陸奥よりもさらに巨大な大和、武蔵を造りつづけた海軍へ、そして自慢であった四〇センチ砲を敵にむけてただの一発も撃たなかった無念の怒りをいまようやく鎮め、静かな柱島に帰ろうとしているように見えた。この、けっして埋められることのない爆沈の謎の空白を残したままで。

なお、この陸奥爆沈については諸説あるが、決定的なものはないとされている。

米戦史家の眼に映じた金剛の栄光と最後

サマール沖の駆逐艦撃沈と敵潜水艦長との対決

米軍事記者　H・ボールドウィン
米海軍大佐　W・カリグ
米国著述家　T・ロスコー

「敵水上部隊、戦艦四、巡洋艦七、駆逐艦十一、北西方二十マイルに見ゆ。三十ノットで近接中」

「敵か味方か、しっかり確かめろ」岩壁——という綽名(あだな)のついてるスプレーグ少将が怒鳴りつける。新参者のパイロットがハルゼーの艦隊を日本艦隊と誤認したのではないか、と怪しみながらである。

「敵に間違いなし、その艦にはパゴダマストがあります」答えはぶっきらぼうだが、鋭い。

「なに、檣楼だって？」

スプレーグ提督は西北方をにらんだ。ほとんど同時に電話のなかに日本人の話し声が入ってきた。スコールの彼方には、対空砲火の花が点々と咲き出した。午前七時すこし前、信号兵の双眼鏡にはまごう方なき日本戦艦のパゴダマストが映った。

ハンソン・ボールドウィン

信じられない、何ということだ。びっくりさせるにも程がある——こんな感情が三巴になってこみあげた。キンケード中将はもとより護衛空母群の連中も、いや第七艦隊の全員が日本の栗田部隊はフィリピンの西方にまごまごしていると信じていた。そして、ハルゼー艦隊がサンベルナルジノ海峡をガッチリ押さえているとばかり思っていた。

それが、突如として栗田が目の前に現われたのだ。この強大な日本艦隊の突進路に立ちふさがっていたのは、岩壁スプレーグとはおよそ似ても似つかぬ〝燃えやすく、弱々しい消耗品〟と異名をとった護衛空母六、駆逐艦三および護衛駆逐艦四の吹けば飛ぶような兵力だった。

「針路九〇度、全速。全機を発艦せよ！」

このとき、はやくも大和の四六センチ砲弾が唸りを立てて頭上を飛びはじめる。着色弾が落下すると、赤、黄、緑、青と色とりどりの巨大な水柱がくずれ、泡立ちながら哀れな犠牲部隊の上に降りそそぐ。煙幕も、スコールも、魚雷攻撃も、のろのろと足を引きずりながら進むジープ空母を救ってはくれない。

金剛は午前七時（昭和十九年十月二十五日）前に単独で東方に変針し、艦隊序列の左側正横に約七マイル（浬）離れて猛烈な追撃をはじめた。戦艦群に集中した敵の空襲をうけ機銃掃射をされたが、測距儀が使えなくなった程度だった。

午前八時には米空母に砲撃を加えたが、距離は十四マイルだった。煙幕のない風上側にいたガンビアベイがその目標だった。

10月25日、サマール沖で米艦上機による至近弾をうけ爆煙につつまれる金剛

「距離が一万ヤードに縮まったとき、飛行甲板に命中弾をうけ、ほとんど同時に左舷至近に落下した斉射によってたちまち機械室に満水した。速力は全速から十一ノットに落ちてしまい、戦列から落伍すると射距離は急速に縮まった」

ガンビアベイは一時間も戦いぬき、雨あられの敵弾をうけ、午前九時すぎ、ガソリンの爆発で明るく燃え輝きながら沈んだ。

金剛は「敵空母エンタープライズ型を近距離で撃沈した」と報告したが、これはガンビアベイであった。なお当時、日本側はなにを血迷ったか、護衛空母を高速空母と思い込んでいたらしい。

他の護衛空母はどうなったか？　ファンショーベイは重巡の八インチ砲を八発くらい、カタパルトはこわれ、船体には穴があき火災を起こしてのたうっていた。カリニンベイは命中弾十五発、ホワイトプレーンズは夾叉弾で艦首から艦尾までガタガタに叩きのめされていたが、いずれも浮いていた。

これは、うすい外鈑がかえって護衛空母を救ったからだ。徹甲弾が当たると、きれいに貫通して風穴をあけるだけで、爆発を起こさなかったのだ。

しかし、ガンビアベイのように一時間にわたってほとんど、毎分のように命中弾を喰らってはたまらなかった。

▽護衛駆逐艦ロバーツを撃沈

「駆逐艦魚雷攻撃開始！」スプレーグ少将の命令一下、勇躍して巨艦群のなかに躍りこんだ駆逐艦七隻の突撃ぶりは、護衛空母の艦上機の勇壮剛胆な活動とならんで、米国海軍の長い歴史の中でも、最も感激的な一頁であることに異論のある人はいない。

なかでも金剛の主砲で吹きとばされた護衛駆逐艦サミュエル・B・ロバーツの最後は、悲壮なものだった。同艦は煙幕のなかに隠れていたが、至近弾のしぶきに叩かれ、猛りくるった混戦の真っ只中にとり残された。

午前九時、金剛の三六センチ砲の斉射をうけて一弾命中、左舷はまるで缶切りでこじあけられたように大きな口をあけた。発電室はこわされ、猛烈な火災が起こった。

煙突から後部の施設はすっかり駄目になった。ロバーツはまるで、ひしゃげて動かぬ鉄のかたまり同然だった。電力はとまり水中に立往生した。

しかし、二番砲の砲員は総員退去の命令があっても、なお手動で弾丸をこめ、射撃を止めない。大へんな危険をおかしているのを百も承知のうえのことだ。前に発射した火薬の燃え残りが残っているのに、圧搾空気で掃除することができない。砲口を閉める前に次の火薬に引火して爆発するかもしれない。生命がけの冒険だ。それでも六発撃った。

七発目——とたんに火薬に引火、大砲はこわれ、砲員はほとんど即死した。砲員長カー三等兵曹は生き残ったが、ひどい重傷だ。彼の身体は完全に引き裂かれ、内臓がはみ出して砲架の上に飛び散っている。驚いたことに、彼はその身体で、両手に重さ五十四ポンドの最後の弾丸を頭上に持ちあげているのだ。だが、大砲はすでに形をとどめない残骸となり、弾丸をこめる砲尾もない。

艦は刻々に沈んでゆく。駆逐艦ホエールもジョンストンもすてに沈没した。ヒアマンとバトラーおよびデニスはまだ生き残っていた。

午前九時二十五分、とつぜん栗田健男中将は追撃を止めた。勝利がすぐ眼の前まできていたのに、部隊を北に向け、サマール沖海戦を打ちきったのである。護衛空母キトカンベイの一人の士官が、苦笑しながら怒鳴った。「オイみんな、もうちょっとの我慢だぜ。やつらを機銃の射程内に引き寄せるぞ」

駆逐艦の艦上では、水兵の一人が口惜しそうに舌打ちした。「畜生。やつらはとうとう行っちまいやがった」（ハンソン・ボールドウィン＆ウォルター・カリグ）

シーライオンとの対決

十一月二十一日の午前三時、米潜水艦シーライオンは台湾の北方四十マイル（浬）の東シナ海を、水上航走していた。当直将校のベイト中尉は、冷たい海水の飛沫をかぶりながら、狭い艦橋に突っ立っている。発令所からレーダーの報告がある。目標までの距離は、信じられないほど遠い。中尉は島だと思った。たぶん台湾の海岸だろう。だが、レーダーは繰りかえし報告する。こんどは以前より数千メートルほど近い。

「どうも陸地ではないようだ」

ベイト中尉は艦長を起こした。ベッドからはね起きたリーチ艦長は、緑がかった青色のパジャマのままで艦橋に飛んでいった。どうもはっきりしない。すると発令所から報告がきた。

北方作戦をおえ帰投した金剛。連装高角砲４基、連装機銃10基。捷号作戦時には高角砲６基、機銃合計100梃に増備

「戦艦らしきもの二隻、大型巡洋艦らしきもの二隻。針路六〇度、速力十六ノット。蛇行運動をしていない」

ハッチから艦内にとびおりたリーチ艦長は、すばやくカーキ色の軍服にきかえた。その間に機械室には全速力の命令が出される。

リーチは暗夜を利用しレーダーを使って、水上で敵への近接を決心した。

それはまことに剛胆な試みといわねばならない。もし敵に見つかったら、万事休すというべきだ。だがそうしなかったら、敵に追いつく見込みはない。リーチ艦長は運を天にまかせた。大きな博打(ばくち)をあえて打ったのである。

午前二時四十六分、潜水艦シーライオンは、やっとのことで敵の右舷正横にまで進出できた。リーチ艦長は慎重に襲撃目標を考えた。シーライオンは先頭の巡洋艦を攻撃できる位置にあったが、それには目をくれなかった。そして選んだのは、一番目の戦艦である。ところが、敵の駆逐艦がシーライオンを発見したのか、邪魔をしにきたらしい。

それまでは肉眼ではなく、全部レーダーに頼っていたが、こんどは艦橋から、影絵のようにぼんやり見える。距離は千六百メートルにすぎない。駆逐艦がシーライオンと目標の戦艦との中間にはいって、魚雷の射線を妨害しはしないかと心配したリーチは、魚雷の深度を二メートル四十センチに調定した。

いよいよ最後の襲撃運動にうつった。相手は、戦艦一隻、巡洋艦二隻、駆逐艦三隻である。だが、シーライオンの乗組員は、戦艦の攻撃に満々たる自信をもっていた。午前二時五十六分、ようやくにして駆逐艦をやりすごした。

「前部魚雷発射！」

リーチは二千八百メートルの距離から艦首の魚雷六本を発射する。ついで二時五十九分、後尾発射管から魚雷三本を、二千九百メートルで二番目の戦艦に放った。

そして、六十秒――。シーライオンの艦橋から、魚雷の爆発によるキノコ型の火柱が、手にとるように見える。先頭の戦艦に命中した爆発音が、空気を伝わって聞こえる。その直後、第二の目標に命中し、大きな炎の帯が夜空になびいた。

シーライオンは敵から遠ざかり、全速力で西方に避退した。そのころ、日本の駆逐艦は〝幽霊〟を追いかけたものか、東方を駆けまわっていた。潜水艦攻撃のための爆雷の炸裂音が、遠雷のようにゴロゴロ聞こえる。

午前三時十分までに、日本艦隊の西方七千二百メートルに達した。リーチ艦長は艦の速力をおとし針路を敵の進行方向と平行にして、つぎの魚雷発射の準備にとりかかった。

第一回の襲撃は、失敗に終わったらしい。レーダーでとらえた敵情によると、日本艦隊はいぜんとして、十八ノットの高速で航行をつづけている。魚雷の深度を二メート四十センチに調定したのが、失敗の原因だったらしい。明らかに目標に命中したものの深度が深すぎたので、敵艦の装甲鈑をへこませただけだったのかもしれない。

「よし、再度襲撃を決行する」レーダーにうつる敵艦影を見つめながら、リーチは決意をあらたにした。

だが、天はリーチ艦長に味方しなかった。風は強くなり、海水は艦橋を洗い、当直員は文字どおり濡れネズミになる。そのうえ、海水は司令塔のハッチから艦内に流れこんだ。敵艦隊に追いつくためには、全速力で突ッ走らねばならぬ。しかし、全速力を出そうとすると、モーターの整流子から火花が出て危険だ。結局、十七ノットがかろうじて出せた。

だが、運命はリーチ艦長を見捨てなかった。その幸運は、午前四時五十分にやってきた。この重大な時に、日本側に魔がさしたものか、艦隊を二つの部隊に分けた。一つの隊は二隻の巡洋艦と一隻の戦艦からなり、他の隊は一隻の戦艦と二隻の駆逐艦である。あとの戦艦は、さっきの魚雷を喰ったためであろうか、速力が十二ノットに落ちているようだ。

「しめたッ！」リーチの顔色は、にわかに紅潮した。どうやら、もう一回攻撃できそうだ。潜水艦シーライオンは最後の止めをさすべく、暗夜の海上を忍び寄る。天候は急変し暴風となってしまった。

午前五時十二分までに、襲撃位置につくことができた。リーチ艦長は艦の速力をおとした。「どうしたのだろう」目ざす戦艦も護衛の駆逐艦も、ともに海上に停止している。距離は一万五〇〇〇メートル。

シーライオンの艦内で、水兵たちは気をもんでいる。艦橋にいる連中は、なにをしているのだろうか。乗員はさんざん苦労して、敵戦艦を追っかけていることを知っている。潜水艦は目標の前程に進出し、すぐにも発射が行なわれることを、百も承知しているのだ。このまえ失敗したので、こんどは慎重にやっているのだろうが、どうも腹の虫がおさまらない。

「どうして遅いのだろうか」「なぜ魚雷をぶッ放さないのだろう」

そんなことをつぶやいている時、ドエライことが発生した。日本の戦艦に物凄い爆発が起こったのだ。リーチ艦長は当時のことを、こう述べている。

「その夜は真っ暗だった。われわれは荒波にもまれている潜水艦の艦橋に立っていた。ついでなんの警告なしに、突然、明るい閃光が目を射た。それは暗夜の海上を数マイルにわたり、あかあかと照らし出し、ちょうど〝真夜中の日没〟の時のようだった。艦が水面下に姿を消すとともに、またもとの暗がりにもどった」

リーチ艦長は仕止めた獲物にこだわらないで、ただちに全速力で北方に進撃し、他の艦を追いかけた。だが、無情な天候に妨げられ、海水はハッチから艦内に滝のように流れ込み、ついに追撃を断念した。

シーライオンの撃沈した戦艦は金剛であった。また同艦の後部発射管の魚雷は、戦艦にはあらざる駆逐艦の浦風に命中し、これを炎上せしめたことが戦後になって判明した。（セオドア・ロスコー）

海の浮城 高速戦艦「比叡」の生涯

乱射乱撃の果て後部舵取機室浸水の渦中に戦った機関科員たちの体験

当時「比叡」機関科補機分隊長・海軍中尉　山岡貞次郎

私が戦艦比叡(ひえい)乗組を命ぜられたのは、たしか昭和十六年九月だった。だが、私が乗り組むまでに、いや私が生まれる以前に、比叡はすでに一まわりの歴史をたどっていたのである。起工、明治四十四年十一月四日、横須賀海軍工廠。そして二年半後の大正元年十一月二十二日に進水。姉妹艦の金剛はイギリス生まれであるが、これはその技術をうけて日本でつくられた三万トン級国産戦艦の第一号艦なのである。

就役の年大正三年八月、第一次大戦が勃発した。比叡はただちに加藤友三郎大将を司令長官とする第一艦隊に属して、九月十四日に佐世保を出港、東シナ海に出動。それから足かけ五年にわたって全作戦の支援に任じたが、大戦終了後も大正八年から昭和八年にかけて、比叡はほとんど休むいとまもなく、ロシア領沿岸から北支南支沿岸および南洋にかけての警備にあたり、わが国の武威を遺憾なく海外に輝やかしてきたのである。

だがそのとき、比叡には思いがけない悲運が待ちかまえていた。

一次大戦終了後、直接戦禍をこうむらなかった日本とアメリカとの間には、すごい軍備拡張競争がはじまっていた。その日本の抬頭をおさえるため、アメリカとイギリスは大正十年ワシントン軍縮会議、昭和五年ロンドン軍縮会議を開いて、ついに条約を成立せしめた。その条約の決定にもとづいて四番砲塔を取りのぞき、舷側の装甲鈑をとりはずして比叡はすっかり細い格好にされてしまって、砲術学校の練習艦になったからである。

だがこの時代に比叡は、陛下のお召艦を二回もつとめた。昭和十一年九月、陸海軍特別大演習で、横須賀、小樽間の往復。ついで十月二十九日、神戸沖の観艦式と。私はこのとき初めて、比叡の姿をまのあたりにした。その年の四月、海軍機関学校生徒を命ぜられた私どもはこの観艦式参列の栄をうけ、胸をふくらませて軍艦日向の甲板上で、しずしずとすべりゆくお召艦比叡の姿を拝して、かぎりない感激にひたったのであった。

だが神ならぬ身は知るよしもなし。それから五年の後、第二次大戦勃発とともに、私はその比叡に乗り組んでハワイ攻撃に馳せ参じ、その後、太平洋を疾駆して遂には南方絶海の果てに、その比叡の最期を見送ることとなったのである。だが、それは後の話として、昭和十六年、私はその比叡に乗り組んでみて、じつは驚きの目をみはったのである。そして同時に力強く頼もしく思った。

五年前に拝したお召艦比叡の、尊くはあるが何となく華奢（きゃしゃ）に感じたそれが、いまは堂々たる新装をこらして名実ともに充実していたからである。もちろん、噂には聞いていた。しかしいま実際に乗り組んで、私はいっそう深くそれを感じたのである。

改装は昭和十二年。それ以前に僚艦の金剛、榛名、霧島の改装が第一次、第二次と相ついで勇ましく行なわれてゆくのを、じっと横目でにらんでいた比叡はこの年、第一次第二次分を一挙にやってしまったのである。しかも、大砲の機能は僚艦のそれをしのいで、じつはやがて生まれ出る超弩級戦艦大和のプロトタイプでもあったのだ。

その大改装が終わったのが昭和十五年。その年十一月十五日には連合艦隊に編入され、山本五十六司令長官のもと第一艦隊第三戦隊にくわわった。このとき第三戦隊は比叡を旗艦に、霧島、金剛、榛名。ともに万里を長駆する威力をひめて、折りからの戦雲ただならぬ太平洋の波の彼方をにらんで、一斉にその舳先（へさき）をならべた。それはまさに日本の強さを世界に示すシンボルでもあったのだ。

浮かべる城ぞ頼みなる

さて比叡の改装について言うべきことはたくさんあろう。だが第一に指を屈すべきは、機関の充実であった。新造当初、イ号艦本式という石炭と重油をまぜて燃やす、いわゆる混焼罐三十六基で六万四千馬力をまかなっていたのを、今度はロ号艦本式重油専焼罐たった八基で、動力は倍の十三万六千馬力を発揮できるようになった。そこで主機械になるタービンは直接推進器につながず、中間に減速歯車を入れ、タービンも推進器も最大効率で回転するようにした。

しかも、艦の全長を七・六メートル延ばし二二メートルとして抵抗を減らしたので、速力は当初の二十七・五ノットが三十・五ノットに増加し、また十四ノットで八千浬(かいり)あった航続力は、十八ノットで一万浬も走れるようになった。しかも排水量は当初の二万七五〇〇トンが、なんと三万八千トンにもおよんでいたのである。

しかし、これらは比叡強化の眼目ではなかった。それはあくまで、威力発揮の一手段にすぎなかった。最大のねらいはその主砲にあったのだ。主砲は全部とりかえられた。大きさは三六サンチ連装四基でもともと同じであるが、仰角は三十三度から四十三度にはね上がった。あわせて副砲も十五度から三十度にした。つまりそれだけ砲弾は遠距離まで飛ぶようになったのである。

いまでこそ、大砲といっても大した驚きを持たれないが、しかしその当時、最大速力三十ノット、一万浬を十八ノットで走れる高速戦艦のうえに、ぐうっと仰角を増して天の一角をにらむ三六サンチ砲の雄姿は、世界でもそうざらには真似のできるものではなかった。もちろん、当時の日本の、もっとも頼みなる「浮かべる城」であったのだ。

主砲強化をになう旋転式水圧ポンプ

さて、読者はこの比叡主砲の強化に、どれだけの関心をもたれるだろうか。この三六サンチの砲身を仰角四十三度も振りあげ振りおろし、その砲塔を左右に振りまわす仕事は、実はそうたやすいことではなかったのである。副砲ぐらいなら電力でもまかなえるが、こんなでかいやつになると、強力な水圧でないと間に合わない。その水圧をどうしてつくるか。

ロンドン条約により四番主砲塔や舷側装甲を撤去し主罐を減じて練習戦艦(昭和8～11年)となった比叡

マストとか大砲とか、軍艦の外観は誰でも見て知ることができようが、しかしそのはらわたにはどんなものが隠されていたか、一般にはほとんど知られていないであろう。ことに水圧をつくる水圧ポンプなど知っている方が不思議であろう。

当時、水圧ポンプはすべて往復動のピストン式であった。ところが、このピストン式では当時もはや能力の限度にきていたのである。実際、砲塔がまわり出すと、水圧ポンプはカタカタ、キュウキュウ大変な音をたてはじめる。初めて見る人は、ポンプがこわれてふっ飛びはしないかと心配するくらいである。しかしそれは心配はいらない。ピストン式はそうできているのである。

問題は砲塔の運動がさかんになり出すと、水圧がダァーッとさがってしまうことにあった。だから水圧がさがったとたん、「おうい、水圧どうしたァ」と発令所から水圧ポンプ室に電話がけたたましく掛かる。無理もない、砲塔では早く新しい目標に照準しようと心が高ぶっている最中、砲の動きがにぶるのである——敵前ででもあれば大変だ。当然これは当時の艦隊の重要課題になっていたのである。

金剛、榛名、霧島の目をみはるばかりの新装成ったときも、この水圧ポンプばかりは、この旧式のピストン式のまま取り残されていたのであるが、比叡の改装時には、これが旋転式に変わったのである。

蒸気操縦弁をおもむろに開けてゆくと、やがてキーンと金属性のひびきを上げてまわり出すタービンの音とともに、ピンとはねあがった水圧のゲージの針は、今度は砲塔の方が汗みどろにおどりまわっても、びくともしない。ピストン式は砲塔一基に一台でも容易には追いつけなかったが、これなら砲塔四基を一手に引き受けてもへいちゃらだ。

比叡では、ピストン式一台で前部の一砲塔をまかない、あとはこの旋転式でまかなったが、しかし、これこそ日本海軍造機技術史上、特筆すべき成功の一つであったろう。そしてこれがただちに、大和四六サンチの威力発揮の重大なきっかけとなったのだが、比叡自身にとっても、果然それはその最後を飾るはなむけの武器となった。

私は比叡に乗り組んでまもなく、進級して中尉になった。ガンルームから士官室に入ることを許されて一番若い分隊長、そして例の水圧ポンプをあずかる補機分隊長を命ぜられた。私は、張りきっていた。ともかくも比叡はこれだけの威力を持たされて、きたるべき戦いに真っ先に飛びこんで行ったのだ。

天馬空を行くがごとく

昭和十六年十一月二十六日、千島単冠湾を粛然と、文字どおり粛然という言葉がよく当てはまるほどの密かな状態で、幾隻となき大艦隊が出撃した。いうまでもなく、それは当時の日本海軍の精鋭、えりぬきのハワイ攻撃の大部隊であった。主力は空母赤城、加賀、蒼龍、飛龍、瑞鶴、翔鶴。その護衛部隊として、比叡は僚艦霧島とともに加わっていた。

霧たちこむ北方洋上、初めて壮途の目的を明らかにされたとき、艦内は万歳の声にわき立った。石油資源地からの閉めだし、ＡＢＣＤ包囲陣の強化と、最後のどたん場に追いつめられた日本は、ついに立ち上がったのだ。

われわれは心の底から祝杯をあげた。もちろん生きては還らぬ覚悟であった。

そしてそれから半歳、わが艦隊の向かうところ敵なきありさまは、文字どおり破竹の勢いであった。生きて帰らぬはずだったハワイ攻撃が思いがけない大勝に帰し、百年の溜飲一時にさがる思いで瀬戸内海の柱島沖に帰投したのは、昭和十六年も押しつまった十二月二十三日だった。

だが、次の任務はすぐさま起こった。

明くれば昭和十七年一月八日、ラバウル、カビエン攻略に参加する比叡は、広島湾を出撃して一路南東に向かい、トラックからニューブリテンに作戦。つづいて二月二十五日からはジャワ攻略に呼応して、ジャワ南方の機動作戦、やがて赤城、加賀、蒼龍、飛龍に僚艦霧島とともに加わってバンダ海に進出、有名なポートダーウィンの大空襲を敢行、再転してジャ

ハワイ作戦を前に入渠整備中の比叡。この数日後に単冠湾へ向け出撃した

ワ南岸のチラチャップを空襲。三月二十六日から四月にかけては、長駆してインド洋に作戦、セイロンを空襲した。

このころまでの艦隊は、まさに天馬空を行くの概があった。

ところが、つまずきは早くもやってきた。五月二十九日、ミッドウェー作戦の攻撃部隊として柱島を出撃した比叡、金剛は、六月五日の未明、先発機動部隊の悲報を聞いた。赤城、加賀、蒼龍火災、たった一隻残って孤軍奮闘していた飛龍また火災。開戦以後、行を共にし、しかも連戦連勝のあとだっただけに、この悲報は深刻にわれわれの胸をうった。

このとき、比叡と南雲部隊との距離約一六〇浬、敵機動部隊との距離二九〇浬。がぜん、午後四時四十五分、比叡、金剛を主力とする夜戦命令が発せられた。われわれは勇躍、波を蹴って走りだしたが、対空の笠をかぶらぬ突撃は誰の目にもむちゃだった。

五時間後にその命令は撤回された。しかし、何としても無念やる方ない。われわれはそのまま北方に向かって、アリューシャン攻撃の支援にくわわり、帰投してやがて八月。こんどは南方ガダルカナル、ソロモンの方向に風雲早くも急を告げるのであった。

昭和十七年七月、比叡は新たに第三艦隊第十一戦隊に所属、柱島錨地に待機していたが、八月十六日には折りから錨地に入る新鋭巨艦の武蔵を眺めながら、午後六時、八戦隊利根、筑摩、十一戦隊比叡、霧島、一航戦翔鶴、瑞鶴の順に出撃していった。

こんどこそ、敵機動部隊をつかまえてミッドウェーのお返しをしなければならぬ。比叡にとって、あの三六サンチの威力はインド洋でたった一回、敵の駆逐艦を仕止めるのに役立っただけである。戦いはこれからだ。乗員はさかんな闘志に燃えて、遠く消えゆく内地の山々を見送った。だが、この出撃が比叡にとっては、じつは内地との最後の訣別であった。

攻防のやまガ島作戦

トラック入港後、日ならずして第二次ソロモン海戦がはじまる。八月二十四日であった。このとき比叡の水上飛行機は敵主力を発見報告する殊勲を立てたが、惜しいことに味方機は十分敵を捕捉しえず、しかも燃料は不足する。せっかく、敵空母を炎上させながら、あと一押しのところで反転せねばならなかった。

一方、ガダルカナルにおける陸軍の攻撃は一向に成功せず、十月に入っては完全な消耗戦、飢餓戦になりはじめた。そこへ十月十三日、金剛、榛名が三六サンチ三式弾九二〇発をつるべうちに射ち込んで、大成功をおさめるという大ニュースがもたらされた。しかも十月も押しつまる二十六日、南太平洋でふたたび彼我の壮烈なる空母同士の激突が行なわれ、わが方は勝利をおさめた。このとき比叡は挺身攻撃隊として参加し、感状を受けた。

だが、これらの成果もあらばこそ、敵機動部隊の動きはまたぞろ激しくなりだし、越えて十一月、司令部に出入りする幕僚や首脳部の顔面にはただならぬものが漂いはじめた。いよいよ敵はガダルカナル増強に必死である。ここを奪取して飛行場の足場をかため、反撃のチャンスをつかもうとする。たび重なる痛手を意に介せぬもののごとく、敵の戦艦を主力とした水上部隊はいぜんソロモン作戦を支援する。

そのころ、すでにわが陸軍、第十七軍の総攻撃はむなしく、輸送増強はもはや一刻をあらそう事態となっていた。日米全力あげての攻防のやま——引くにひかれぬ関ヶ原。ついに連合艦隊は奮起一番、高速輸送船団十隻をつかっての大量輸送の強行を考えた。

はっきりいって、これは十七軍の死活を決する重大輸送であった。したがって、その万全を期するため、先の金剛、榛名の戦果にかんがみ、今度は十一戦隊、わが比叡、霧島に挺身陸上砲撃をやらせたい。もちろん、作戦上は非常な不利である。しかし、あの三式弾をうちこんで飛行場を火の海と化し、少なくとも敵機を封じ込んでおいて、この間に輸送部隊の泊地突入をはかりたいのだ——命令は下った。

機関科、配置よし

忘れもせぬ十一月九日午後三時、さすがに今度はただでは済みそうにないという予感もして、白の制服の第二種軍装に軍刀を佩したときは、まさに決死の白装束に身をかためた思いであった。そして私どもは比叡後甲板上で第十一戦隊司令官阿部弘毅中将の命令と、最後の訓示をきいたのである。

午後三時四十五分、トラック出撃。主力比叡、霧島を直衛するもの、十戦隊の軽巡長良、駆逐艦天津風、雪風、照月、暁、雷、電。前方十キロを先行して前路の掃討に任ずるもの、第四水雷戦隊の駆逐艦朝雲、村雨、五月雨、夕立、春雨。ガダル北方にはなお、時雨、白露、夕暮の一隊が警戒し、その後詰めには、主隊として第二艦隊司令長官自らひきいる四戦隊の重巡愛宕、高雄が空母隼鷹、飛鷹をともなって南下。その他、金剛、榛名も出動する。いわばこの付近の艦隊総出動というものものしさ。というのも、この高速船団の揚陸だけは、どうあってもやり遂げねばならぬ任務だったからだ。私は夕闇せまる甲板上で、初めて入ってゆくソロモン群島の景色を眺めていた。鏡のような水面に、お椀をふせたような島々がぽっかりぽっかり浮かんで、それが実に印象的だった。

十日、十一日はこともなくすぎた。そしてたしか十一日の夜であった。士官室で夕食のあと、いつものように雑談や娯楽に興じているとまもなく、人々はすぐ自分の配置へ去った。たまたま電報に目を通していた高射砲台の湯川分隊長が、「さあ、明日はガダルカナル、ツラギ海峡の露と消えるか」と、さり気なくいって出て行かれたのが私の耳に残った。

そして十一月十二日の夜は明けた。ガダルカナルの三百浬圏内に入って、いまやいつ米海兵隊の急降下爆撃をうけるかわからない。艦内は警戒配備から戦闘配備に切りかえられた。

「配置につけ」のラッパが、艦内に鳴りひびくと、上甲板の者はラッタルを駆け上がり、下甲板以下は通路のハッチ孔にばらばらと飛び込んでゆく。訓練のときならば、やっていた将棋盤に未練をのこし、あわてて軍衣のボタンを合わせながら駆け出すのだが、今はもう誰もばたばたしない。準備はすでに出来ているのだ。

私の配置は後部三番砲塔下、防禦甲鈑の中にあった。通路のハッチを開けると、下からむっと中の熱気が吹き上げてくる。そのハッチを開けて、さらに防禦甲鈑の、こんどはひとりでは持ちにくいほどの厚さのハッチを押し上げる。

それを押し上げるとき、私はミッドウェー海戦で空母赤城、加賀の火災が、このハッチのパッキンを焼きつけてしまったことを思い出した。もちろん、そのとき補機部の指揮をとっていた私の級友は、いずれも出るに出られず、指揮所の中で焼死したのである。

その補機部指揮所は、例の旋転式水圧ポンプ室と隣り合わせであったが、人が一列になってやっと横に並べるくらいの、細長いせまい場所であった。そこに私はがんばっていた。

「前部指揮所は配置についたか、舵取機室はどうか」「各部、配置よし」「よし、機関科指揮所に届け」

私のそばには先任下士の鈴木兵曹と、伝令の中島兵長がいた。機関科指揮所には、機関科指揮官として機関長の松尾大佐がおられる。そこに機械部、罐部、電機部、それにこの補機部の報告が集まって艦橋に報告される――「機関科、配置よし」――艦橋には艦長西田正雄大佐。

スコールの中の大錯誤

かくして艦は敵機の行動圏内を一路南下。二十六ノットの高速で目標地点に迫っていった。だが予定の時刻は早くもすぎていた。十二日も午後十一時。すでにガダルに突っ込んでいるはずなのに、砲撃はなかなかはじまらぬ。どうしたのだろう。わき上がる不安に耐えているとき――そのころ艦は猛烈なスコールの中に突っ込んでいた。

敵の飛行機につかまらなければよいがとヒヤヒヤしているとき、スコールにあったのでシメたと思っていたのだが、それがいっこうに止まないのだ。はじめはシメたと思ったのが、こんどは困ったと思いだした。もうサボ島を過ぎて、ぼつぼつ砲撃のため転舵しなければならないのに、一寸先も見えないのだ。

このまま突っ込んでも大砲は射てない。そこで比叡の艦橋では至急協議が始まって、全軍いったん反転の命を出した。ところがガダル基地の観測所からは天候よしとの無電が入る。なんのことだ。そこでふたたび斉動反転、ガダルに直進する。比叡は、右にガダルの稜線を望みながら、命令一下ただちに砲撃開始ができるように、例の三式弾を装塡した――さあ、敵の飛行場を火の海にしてやるぞ。

だがこの時、艦隊は大変な錯誤におちいっていた。最初のガダル直進時の隊形は、長良、比叡、霧島と一本棒にならび、右と左に十戦隊の駆逐艦が三隻ずつこれも一本棒にならび、いわば三列行進をやっており、前方八キロには四水戦の駆逐艦五隻が二列になって走っていたはずである。それが、スコールに降りこめられていた間に、四水戦の一小隊三隻は、なんとこっちに向かって二十六ノットで驀進（ばくしん）していたのだ。よくもまあ、大衝突を起こさなかったものだ。

しかも、それだけではない。二小隊二隻もまた、妙なところに来ていたのだ。つまり午後十一時の隊形は、比叡隊右前方つい鼻先のところに二小隊があり、右後方八キロのとんでもないところに一小隊は行ってしまっていた。こうなると、比叡はまるで杖のない盲目同然。その盲目同然の姿で、比叡はそのとき闇夜を突っ走っていたのである。これで無事におさまるはずがない。

乱射乱撃のなか比叡は強靭だった

そんなこととはつゆ知らぬ、こちらは防禦甲鈑下の補機部指揮所。時計を見るとすでに十一時四十五分。少々待ちくたびれかけたところへ、突如として、ダダーンという主砲のひびきが一時に全艦をゆるがした。と思う間もなく砲門全部が一斉に火ぶたを切った。文字どおりドンドンパチパチという爆破音が風路をつたわって聞こえ出した。おかしいぞ――敵にぶつかったかな。おもわず握りこぶしをかためる。

だが、機関関係にはなんの被害もおこらない。さすがは二インチのアーマー、この砲撃の中に一弾の侵入すらゆるさぬらしい。私はふりかえって、例の水圧ポンプを見た。砲塔はいくらごうごうと音をたててまわりつづけても、旋転式の水圧はピーンとはね上がったまま、微塵のくずれも見せぬ——私は落ち着いた。

風路からはときどき、パチパチと火花が入ってきたが、それだけである。煙も入らねば熱気もこない。私はこころみに罐部指揮官の山田大尉に電話してみた。「なあに大丈夫」という返事だ——機関科各部は平気の平左でフルの運転をつづけていた。

だが、それも束の間であった。突如として後部舵取機室浸水、ときたのだ。私の胸は波うった。

「機関科指揮所へ、後部舵取機室浸水、と届け——そして、もうそれっきりか」「もう何も聞えません」

ほれ、この通り、と目でいいながら、中島兵長は受話器を耳にあてたり、また掛けてみたりする。私の脳裡には、船の後部がちぎれて、そこにいた桑原兵曹以下五名がもろともに海にのまれる光景がひらめいた。

現場に行ってみるか——ふと思う。とんでもない、いつどんなことが起こるかわからぬ。一刻たりともこの配置をはなれることはできぬのだ——私はむしろ報告を待った。そして何分かたって、舵取機室の電動機室の方にいた二人が飛びこんできた。

ドドドッとばかり猛烈な海水が頭から入ってきて、一瞬、舵取機室は満水となり、二人は命からがら這い上がってきたという。とっさのことで何をかえりみる余裕もなかったらしい。二人は口をきくのがやっとであった。私は気を落ちつけるように二人をはげまして待機所へ帰したあと、瞑目した。桑原兵曹以下、はたして私の想像どおりになってしまったのだ。

だがそのころ、艦の上甲板以上は目もあてられぬすさまじい惨状を呈していた。これは一体どうしたことだ——話は少しあとにもどる。

午後十一時四十分、いよいよ砲撃針路に入って、あとしばらくで飛行場砲撃を開始しようとしたとたん、前方に出ていたわが駆逐艦夕立から「敵艦見ゆ——」。同時に比叡でも大巡

大改装をおえ高速戦艦となった比叡。艦尾を7.6m延長、公試排水量3万6332トン、速力29.9ノットを記録した

四隻を前方九キロに発見した。はたして前路部隊のいない手さぐり状態の鼻先に、敵がいきなり飛び出したのである。むろん砲撃目標は飛行場から水上目標に変更されるが、四三八発を射つ手筈をととのえた三式弾は、どうにもならぬ。いまさら徹甲弾につめかえている暇はない。ええままよ――。

「照射始め、射ち方始め！」

ところが、この照射がいけなかった。わが三六サンチの初弾は、探照灯の光芒に照らされた大巡アトランタに命中したが、同時に敵の砲撃は比叡一艦に集中していた。闇夜に一隻だけが提灯をつけたからだ。

高射砲台に仁王立ちになっていた湯川大尉は真っ先に散華。つづいて高射砲、機銃台の隊員たちは折り重なって倒れた。いや、高角砲台、機銃台ばかりではない。艦橋から射撃指揮所、探照灯台、電信電話室、暗号室等、艦のいわばやわらかい部分は、蜂の巣のようになってしまった。しかもほんの短時間の間であった。艦橋の横に腰をおろしておられた庄野主計長は、第一弾を避けて立たれた瞬間、第二弾に脳天をつらぬかれた。艦橋の中では鈴木参謀長戦死。そして艦長、副長以下ほとんど全部の幹部が負傷するありさまであった。

しかも、比叡に集中するのは砲弾だけでなかった。八隻の米駆逐艦が肉薄して、魚雷を射つのだ。だが、それが近すぎたせいであろうか、コツンコツンといってぶっつかるのは感ぜられるが、一本として爆発しないのだ。ついには手のとどきそうな距離から、米駆逐艦が二〇ミリ機銃を射ちかけてくる始末だった。

混戦といおうか、乱戦といおうか、いやもう乱射乱撃――味方がどこにいるか、敵がどうしているかもわからぬ、入り乱れての戦闘のなかに、比叡の艦橋には早くも火がめらめらと燃え上がる。それを目がけて敵はまた射ちかかってくるのだ。

――だが比叡は強靱だった。

最初、射撃指揮所がやられたために、主砲は一斉射しかやれなかった。そして主砲副砲全部をにぎっての一斉射撃は駄目になった。しかし、主砲自身は平気の平左なのだ。水圧も例によってシャンとしている。

たちまち各砲塔は独立射ち方に切りかえた。バラ射ちである。距離四千か五千メートルというめちゃくちゃな近距離なので、照準もくそもない。これで敵の駆逐艦カッシングは轟沈、モンセンも沈没した。

だが、砲弾をものともせず、火災にも屈しなかった比叡にとって、唯一の痛手は舵が利かなくなったことであった。機械はいくらきいても、艦はいつまでもサボ島近くをぐるぐる廻りするばかりだった。

後部舵取機室の桑原兵曹は生きていた

そのころ、私の目の前には思いがけない現象が起こっていた。舵取機室浸水の報のあと、何時間たっていたであろうか、私の目の前に死んだはずの桑原兵曹が立っていたからである。

「おお」私は息をのんだ。「生きとったのか」

「ええ、やっと這い上がってきました」

頭からびっしょり濡れ、なかば頬笑みさえ浮かべているが——足はたしかに二本ある。私の焦慮のなかに垣間見た幻では、たしかにない。しかも桑原兵曹だけでなく、部下五人も後につづいているのだ。私は平静をとりもどした。

「どうしたんだ一体、舵取機室は」

桑原兵曹が静かに語り出すところはこうだった――。

猛烈な射ち合いがはじまって間もなく、後部舵取機室の配置についていた桑原兵曹以下五名は、ものすごい振動と、水音とを聞いた。と思ったら、完全にその待機している舵取機室に閉ぢ込められてしまっていた。舵取機室は、もちろん艦尾の最後端である。左右も後部も、底部も、鉄板一枚の外は地獄の底である。たった一つの出入口になっている前部の電動機室が水びたしになって、いまや舵取機室はあたりからまったく水中に孤立してしまった。さあ、困った。

その中で、桑原兵曹がただちに手にしたのは人力舵輪であった。しかし舵は、動かない。恐らくそのとき、舵は一杯に流れてしまっていたのだろう。なんぼ五人が一生懸命転舵しようとしても、三万トンの巨体だ、うんともすんとも応じなかったにちがいない。

そこでただちに、桑原兵曹は艦橋への電話機をとった。ところが艦橋へは通じない。そのころ艦橋は蜂の巣みたいになっていたので、おそらく電線は切れていたのであろう。だが、そうこうしているうちに、実は舵取機室のみなの足もとには、いつの間にか隔壁から洩れこむ水が、もうすでに踝をぬらしていた。あたりの状況はまったくわからぬ。どうしよう。

敵弾が命中して、あっという間もなく即死するならまだしも、孤立した部屋の中に一寸だめし五分だめしの水攻めにあうのはたまらない。それがもう一刻も猶予のできぬときになっているのだった。桑原兵曹は決心した。――すでになすべき処置はなしつくした、あとは何とかしてこの五人の部下を助けたいだけだ。

冷静な桑原兵曹の脳裡には、前部の電動機室が直接の被弾で浸水したのではないことが判断されていた。よし、一か八か前部の防水扉を開こう。開いて水の中をくぐって上に出よう。

――だが上も水で一杯だったらおしまいだ。しかし、その時の覚悟はいいだろうな。

桑原兵曹みずから決心して、五人の部下にその決意をつたえたときに、もちろん一人のいなむ者もなかった。躊躇なく防水扉のハッチをはずす。どうっとばかりに渦巻いて真っ青な水が流れ込んだ。とたんに、果たして前部の電動機室を満していた水面が下がるのが見えた。

――しめた、助かった。

一番あとから浮び上がった桑原兵曹は、すでに這い上がっていた五人にひっぱり上げられていた。しかしたったいま、九死に一生を得た人たちとは思えないくらい、いやむしろ暑さまぎれにちょっと水でもかぶってきたみたいに、私のところにきた彼らは元気だった。

――十一月十三日の朝は明けた。艦はいぜんとしてぐるぐる廻り。砲声も絶えたので上甲板に出て見ると、艦橋はまだ燃えている。そして、海上にはあちこち敵艦の残骸が煙を立てていた。

沈没、敵の大巡アトランタ、ジュノー、軽巡ヘレナ、駆逐艦バートン、カッシング、ラフェイ、モンセン。大破、重巡ポートランド、サンフランシスコ、駆逐艦アロンワード、オバノン、ステレット。味方は、沈没＝駆逐艦暁、夕立。大中破＝雷、村雨——圧倒的な勝利である。

とつぜん、頭の上で元気な声がした。

「まだ射てる。最後の止め(とど)をさしておけ」発令所長、豪快な柚木哲少佐が砲塔の上に出てきて、また沈み残っているはるかの煙を指さしていた。私はまた水圧ポンプを思った。

キングストン弁は開かれた

敵機の来襲する中に、十三日じゅうかかって応急作業はつづけられた。だが、その効果はみえぬ。

午後六時、雪風に移っていた十一戦隊司令部からは、早く比叡を処分しろ、といってくる。ついに比叡は処分されることになった。

後甲板に総員集合して「天皇陛下万歳」を三唱。乗員はつぎつぎにボートに乗り移った。

キングストン弁は開かれた。

艦と運命を共にすべく、四番砲塔に腰をおろしてひとり残った艦長を、柚木少佐と今村大尉と私とは引っぱりおろした。

「死なしてくれ」艦長は泣かれ、私どもも泣いた。そして一番最後のボートに乗り移った。

雪風に乗り移って戦場を去るとき、夕空あかく燃える中に、比叡はまだ静かに浮かんでいた。

午後十一時、救援部隊はふたたび現場に帰ってみたが、そのとき比叡の姿は一八八名の亡骸とともに、すでに見えなくなっていた。

戦艦「比叡」十三日金曜日の悲劇

米艦隊から見た三次ソロモン海戦、阿修羅の死闘

米海軍少将　S・モリソン
米国著述家　T・ロスコー
米戦略爆撃調査団

十一月十二日の早朝、米海軍第十二索敵隊は日本艦隊が北方からガダルカナルに向かって近接中なのを発見した。その一群は縦陣列をつくり、軽巡一隻と駆逐艦十四隻の警戒幕を張った戦艦比叡（旗艦）と霧島で編成されていた。第二群はすこし離れていたが、これは低速の輸送船団であった。

砲撃力においては、日本の艦隊とくらべてはるかに劣っていたが、防禦任務をもった米巡洋艦部隊は、その日おそくルンガ水道を出てサボ島に向かって進撃していた。十三日の午前一時二十四分に、最初のレーダーによる触接が二万五千メートルの距離で軽巡ヘレナによって行なわれた。同艦はただちに日本艦隊発見を旗艦に報告した。しかし、今回もまた米国側指揮官カラガン少将は、不完全なレーダーしか持たない重巡サンフランシスコに坐乗していたので、一ヵ月前のサボ島沖海戦の場合と同様、情況を判定するのに困難を感じた。その後まもなく最新式のレーダーを装備した他の艦が「日本艦隊見ゆ」の放送をはじめた。

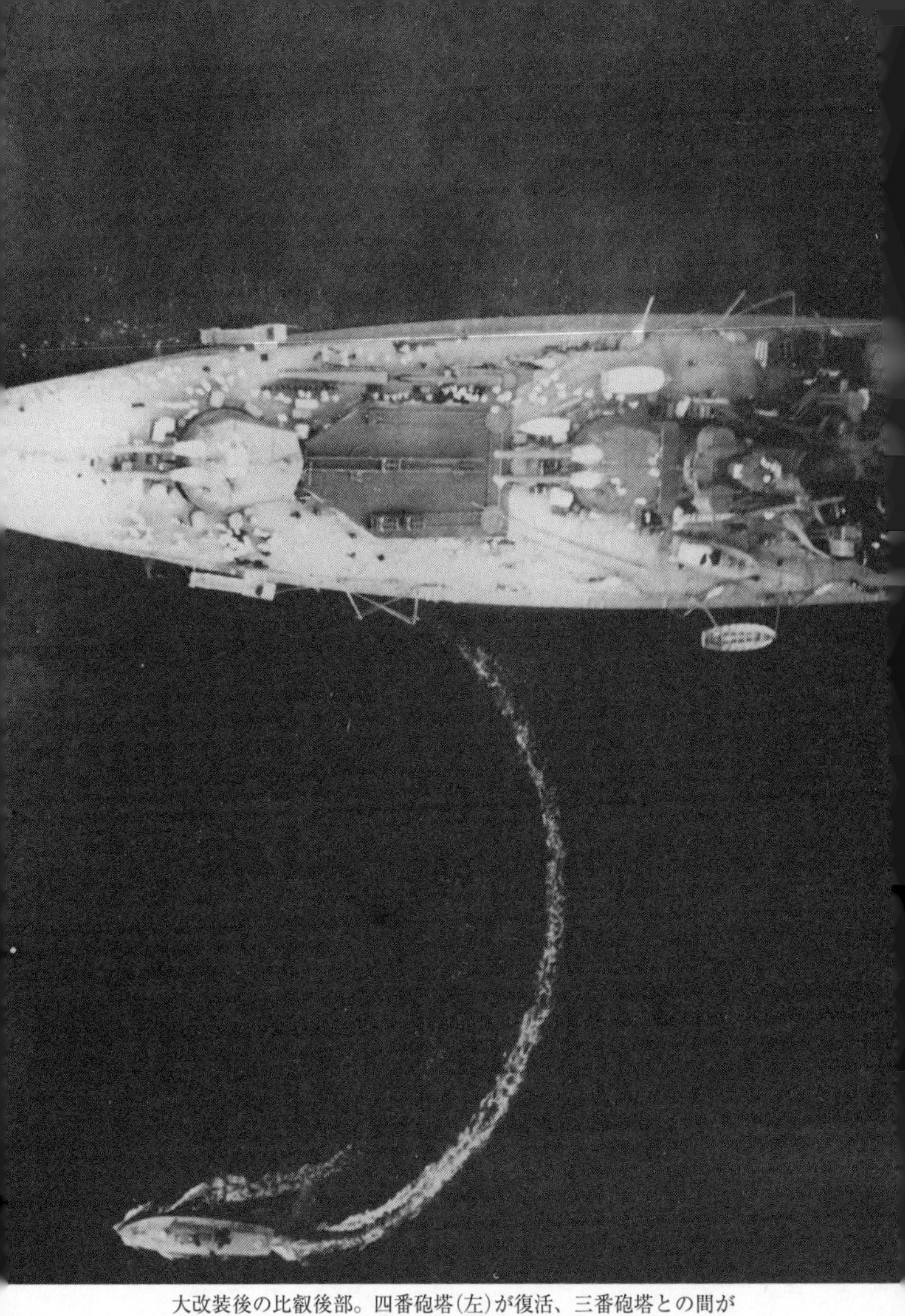

大改装後の比叡後部。四番砲塔(左)が復活、三番砲塔との間が航空施設で中央の射出機両側に運搬軌条と旋回盤、左舷に格納状態の揚収クレーンが見える。注排水や火薬庫冷却装置も装備

ところが、戦況がまだよく指揮官の頭に入らないうちに、先導の駆逐艦は早くも魚雷射程内に入ってしまい、旗艦との距離は二千ないし三千メートルに迫ってしまい、そのため駆逐艦が魚雷を発射したり、突撃や回避運動を勝手にはじめたので、アメリカ部隊は統制を失ってバラバラになってしまった。そのため、各艦はめいめい独断専行で思い思いに戦闘行動をやらねばならなくなり、彼我の識別もとんと怪しくなり、米国側は、たびたび同士打ちを演ずる始末となってしまった。

一時四十八分、日本艦隊は米軍の巡洋艦群を照射しておいて魚雷を発射したり、砲撃を加えてきた。さいわいにも、日本の軍艦は陸上砲撃用の弾薬しか積んでいなかったが、水雷戦隊の方はみごとな襲撃によって、米国側の数隻の巡洋艦と駆逐艦に、またもや致命的な損害をあたえてしまった。

ひき続きものすごい混戦、乱闘にうつったが、なかでも戦艦比叡は米軍の主攻撃目標となり、八十五発の命中弾をうけて航行不能におちいった。その間、駆逐艦暁と夕立が沈没し、ラフェイとバートンの姿も水中に消えた。

日本艦隊が戦場を後退したのち、警戒駆逐艦とともに後方にとり残された比叡は、翌日ガダルカナルから飛来した飛行隊に雷撃と爆撃の反覆攻撃をくわえられ、結局、乗員の手で艦底に穴をあけて沈められてしまった。

この猛烈をきわめた三十四分間にわたる夜戦における米軍の損失は大きかった。すなわち、軽巡二隻と駆逐艦四隻を失い（軽巡一隻は戦闘後喪失）、重巡二隻と駆逐艦三隻を損傷したほか、指揮官および次席指揮の少将二名を失ったのである。しかも、日本側の補給品の陸揚げと飛行場の砲撃を阻止することもできなかった。

十三日金曜日の夜戦

さて、この日は十三日の金曜日で、八隻の艦と二人のアメリカの提督をふくむ多くの将兵の最後の日となった。

距離は容赦なく縮まった。先頭の駆逐艦カッシングに乗っていた司令ストークス中佐は、突如、日本の駆逐艦が三千メートルの至近距離で左から右へ、その前方を横切るのを認めた。このとき、アメリカ側が八分間、発砲がおくれたため、この時間はそのまま阿部部隊（挺身攻撃隊＝十一戦隊司令官・阿部弘毅中将指揮）にとって有利な時間となってしまった。

用意おさおさおこたりない日本の駆逐艦は、混乱した米国側の縦陣にむかって数回にわたる斉射をはじめた。一本か二本の魚雷が防空巡のアトランタに命中した。皮肉にも〝幸福〟と誤まって名のついたマスコットのテリヤが応急指揮所の片隅でいたいたしく泣いていた。

二番艦のラフェイも、比叡との衝突をかろうじて避けられるほど近づいて、この巨艦と凄壮な一戦を交えることになった。その発射魚雷はあまりにも近距離だったので、安全装置がはずれず、戦艦の舷側ではねかえってしまった。機銃員は、敵の旗艦がそばを通りすぎたとき、二〇ミリと一インチ砲でそのパゴダのような艦橋めがけて射ちまくった。だが、大口径砲を二斉射と一発の魚雷を艦尾にくらって、ラフェイはまったく行動不能におちいってしまった。乗員がいそいで退去しているうちに沈没してしまった。泳いでいた生存者の多くは炎上中の船体が爆発したとき、飛散してしまったのか、海面に一人も発見することはできなかった。

三番艦のステレットは奇数番艦として右戦闘をおこない、四千メートルの距離から敵艦に射弾を送ったが三分後にその巨弾を左舷後部にうけ操舵装置を吹きとばされた。しかし、筋金入りの小兵な艦長カワード中佐は、その胸中に闘志を満々とたぎらせていた。

四番艦のオバノンも戦闘に加入しつつあった。同艦はそのとき、左艦首一二〇〇メートルにあった比叡に向かうまえに、照射中の敵艦から砲火を浴せられた。オバノンはステレットとの衝突を避けながら戦艦に発砲を命じた。その瞬間、カラガン提督から「同士討ちを止めよ」という不思議な命令を受けた。オバノンは発砲を一時ひかえておいて、比叡に向かって、よく照準した二本の魚雷を発射した。てっきり命中したと思われたが、じっさいには外れたらしく爆発しなかった。

距離が近すぎたので、日本戦艦は手もとに飛びこんだ米艦に十分反撃をあたえ得なかった。日本艦隊の一四インチ砲の巨弾がうなりを生じて頭上を飛び越えていくうちに、オバノンの乗員は、この主力艦群が方々で火災を生じ、炎につつまれているのを見て思わず快哉(かいさい)を叫んだ。

▽深夜の乱戦

阿部提督はすでに軽巡一隻と、駆逐艦二隻を始末していた。が一方、アメリカ軍の砲火の集中をうけた比叡の艦橋では、このとき戦闘の実際の経過がさっぱりつかめず、離脱のために変針していた。アメリカの縦陣は、日本の前衛駆逐艦の間と二戦艦の間を突破していたのだ。

比叡はゆっくりと運動したので、急速に後落したが、魚雷は受けておらず、まだ、そんなに悪い状態ではなかった。旗艦サンフランシスコは「射ち方待て」の号令がかかるまえに比叡を発見し、傷ついた同艦にたいし正確な射弾を送った。「射ち方止め」が発令された直後、サンフランシスコは右舷にいた霧島から猛攻を受けたが、右舷後部のもう一隻の敵艦も照射をして有効な射撃を加えた。そのうえ、左舷を通りすぎた駆逐艦も上部構造物を蜂の巣のように射ち抜いていた。

操縦の自由を失い速力も落ちたところを、三方からの十字砲火を浴びてカラガン提督や参謀たち、艦長カシン・ヤング大佐をはじめ艦橋全員がほとんどなぎ倒されてしまった。その後、十五分間の生き地獄の間に、この悪魔のような深夜当直の四点鐘が鳴った。それは文字どおり地獄の形相そのものだった。闘争は野蛮で必死なものだった。怪しく緑色の星弾が上空の空をかすませ、曳痕弾の赤白の長い線が交叉(こうさ)し、火薬庫の爆発が目もくらむような白熱の炎をかき立て、重油の大火災が黄色い火柱をもくもくと立ち昇らせていた。

阿部提督が比叡と霧島に左回頭、北進を命じたことによって、十一月十三日午前二時までに大勢は決した。ガダルカナル島のヘンダーソン飛行場とその貴重な飛行機は、少なくともその夜は安全となったのだが、米国側でこれを知る者とてなかった。

▽傷だらけの両軍

比叡がサボ島の南へ、霧島が北へと引きあげた後も、戦闘は休みなしに続けられた。比叡は操舵および通信機能の被害ならびに罐室の損害によって、ひょろひょろと北西寄りのコースを力なく進んでいた。

日本側では、前方警戒隊の暁（あかつき）は沈んでしまった。夕立（ゆうだち）もサボ島の南約五マイル（浬）に停止していた。三隻の駆逐艦も損傷したが沈没までには至らなかった。すなわち、雷（いかづち）は前部の砲二門が損傷し、村雨は前部罐室が破損し、天津風も小破していた。

一方、米国側のカッシングは弾火薬庫が爆発を起こし、艦長は総員退去を命じた。ラフェイはすでにアイアンボトム海峡の中に眠っていた。防空巡アトランタは五十発以上の大口径砲弾を射ちこまれ、魚雷に穴をあけられ、荒れくるう火災につつまれていた。甲板はまるで納骨堂のようだった。焼けただれ、腸の飛び出した死体、ちぎれた手足や肉片が艦首から艦尾にわたって散乱していた。甲板は血糊と油と海水で妙にぬるぬるして、立ってなど歩けるものではなかった。役に立たなくなった七門の大砲の砲口が、動かぬ大砲のうえに静かに垂れさがっていた。

戦闘の終わりごろには、サンフランシスコの状態もアトランタと同じぐらい悪かったが、三つの条件がこの旗艦の喪失を防いだ。水線下の命中弾がなかったこと、装甲が致命傷を防いだこと、それに命中魚雷がなかったことである。艦尾のまがった重巡ポートランドは、酔っぱらいのようにふらふらしながら航行していた。モンセンは猛火につつまれ爆発を起こしたので、乗員は艦を見すてるよりほかはなかった。ジュノーも行動不能になってしまった。アロンワードは九発の中口径砲弾をうけ、航行不能となって停止したが沈没はしなかった。

▽朝の冷たい挨拶

大改装により仰角43度、射程３万ｍ以上となった比叡の主砲塔

死滅と破壊のあとが、点々とただよっている鏡のようによどんだ熱帯の海に、朝の太陽が最初の光線をにぶく反射していた。ガダルカナルの山々は黒ずんだ色から紫に変わり、それからみずみずしい濃緑色になりつつあった。日米両国の痛ましい損傷艦の水兵たちは、対抗する軍艦と軍艦との間には慈悲や人情などというものは露ほども存在しないことを、いまさらのように冷厳に知らされながら、折れまがった大砲のそばに立ちつくしていた。

朝風をついて飛行したパイロットたちは、サボ島とガダルの間に、あちこち散らばっている八隻の損傷艦を発見した。そのうち五隻は米国側で、舵の利かない重巡ポートランド、見る影もなく変わりはてた軽巡アトランタ、動けない駆逐艦のアロンワードや人気(ひとけ)のない炎上中のカッシングおよびモンセンだった。一方、旭日旗は行動不能に近い比叡とその忠実な護衛艦および、まだ燃えている夕立にもさびしく翻っていた。

さらにこれに加えて、朝の冷たい挨拶がかわされることは必定であった。その第一発はグルグル旋回しているポートランドの砲塔が轟然と火を噴くことによって行なわれ、つづけざまに六斉射を夕立に浴びせた。三十六発のうちの命中弾は、その弾火薬庫を爆発させるのに十分だった。見るみる沈んでいく夕立を眺めて、水中の米兵たちは重油で真っ黒になった顔をほころばせた。

それに対して今度は、返礼とばかり比叡が十三マイル（浬）離れたアロンワードに対し、残った二門で四回の斉射をくわえた。第三斉射が至近弾だったが命中弾はなかった。さいわいにも、折りから現われた海兵隊機が比叡の注意をひいたので、そのすきに曳船がその駆逐艦を曳いて急いで射程外に逃れ、ツラギ港に駆けこんだ。アトランタは左に大傾斜していたが、その日暗くなってから、ルンガ岬の三マイル沖で海中に引き込まれた。カッシングとモンセンは燃えつづけながら、午後おそくまでは浮いていた。

こうして、ジュットランド海戦以来のもっとも原始的ですさまじい、まるで十七世紀のイギリス対オランダ間の海戦を思い出させるような海戦は、一応終わりを告げた。両軍の損失はだいたい似たようなもので、米軍の軽巡二隻（ジュノー、アトランタ）と駆逐艦四隻に対し、日本側は駆逐艦二隻（夕立、暁）と翌日に飛行機で撃沈できるほど大破した戦艦一隻（比叡）であった。

しかし、アメリカ側の死傷は日本軍の数倍に達していた――たとえばジュノーは七〇〇名の乗員中、戦死三七七名、アトランタは一六九名の多きにのぼった。だが、日本の艦砲射撃任務は完全に失敗だった――山本五十六提督は阿部提督を交代させ、それ以後、海上指揮を許さなかったほどである。

▽不沈の古豪ついに沈む

不吉な夜が明けて、十三日の朝はアメリカ側には幸先（さいさき）がよいように思われた。ヘンダーソン飛行場は依然として米側の手に残っていたし、空母エンタープライズおよび二戦艦をともなうキンケード隊は南方から急行中だった。

キンケード少将はエンタープライズ機の一部を飛行場に送ろうと決心した。そのアベンジャー九機とワイルドキャット六機が、途中、敵艦を捜索しつつ、バンデグリフト将軍のもとへ行くよう命ぜられ発艦した。長いこと痛めつけられていた比叡が、これらの飛行機によって発見された最初の目標だった。

TBFをひきいたサザーランド大尉は、この大破した戦艦と、警戒駆逐艦をサボ島の北約十マイルにみとめ、雲間にかくれて散開、艦首の両舷から同時に進入して、十時二十分に対空砲火を受けずに突入した。

アベンジャーは二本の魚雷をみごとに命中させ、その一本が舵機をこわしたので、比叡はグルグル旋回をはじめた。〝不沈の古豪〟と呼ばれた比叡はなかなか参らなかった。

サザーランド隊長は基地で補給の後、午後一時半、海兵隊のSBD八機とワイルドキャット二機の増援を得て、ふたたび空に舞い上がった。今度はアベンジャー隊は、ほとんど停止に近い目標にたいし直角に魚雷を発射した——二本は装甲帯でピンとはね返され、三本目は暴走したが、二本は爆発した。比叡はまだ沈没しなかったが、二時半にはまったく航行不能になってしまった。

つぎの攻撃はエスピリッサントから飛来した空の要塞十四機が、五十六発の爆弾を雨のように降らせた。しかし、そのうち命中したのは、たった一発だけだったらしい。午後六時までに万策尽きた比叡の乗員は、駆逐艦三隻に収容され、艦首を空に突き出したこの戦艦は、サボ島の北西約八マイルの地点に自沈した。最初の日本戦艦の喪失であった。

鉄底海峡の死闘

カラガン部隊の遭遇した戦いは、ゾッとするほど長かった。サボ水道に進撃中の日本艦隊には、戦艦比叡と霧島、軽巡長良、駆逐艦十四隻がいた。一方、米国の兵力は重巡サンフランシスコ、ポートランド、軽巡ヘレナ、ジュノー、アトランタおよび八隻の駆逐艦だった。

ところで、日本の指揮官である阿部弘毅提督は、戦闘に直面して二つの失策をやった。米軍はルンガ岬付近にいると知らされながら、彼は日没とともに東に避退してしまったと判断したのである。そして、その任務が飛行場砲撃にあったので、陸上射撃用の弾薬だけしか積

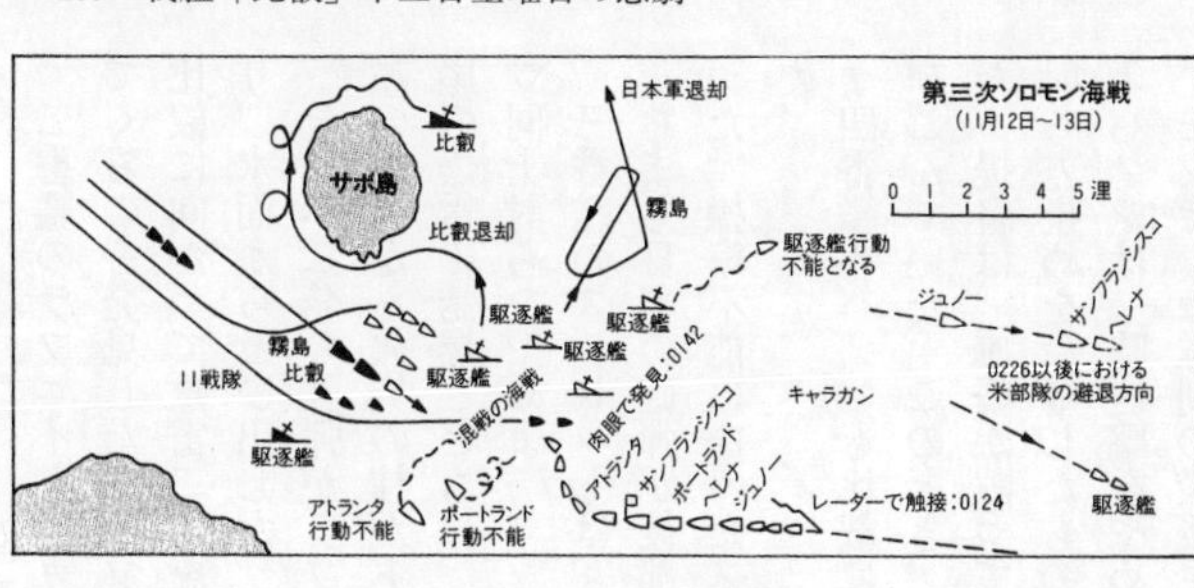

まずに出動した。

米側の指揮官も二つの失敗をおかした。まず、射撃開始が遅れたことである。カラガン提督の射ち方始めは、十三日金曜日の午前一時四十五分にやっときた。

日本の主力艦部隊はぐんぐん迫ってきた。距離千五百メートルで、アトランタが砲門をひらいたときには、日本軍はつるべ撃ちに猛烈な応酬をした。その斉射はおそるべき正確さを持っていた。艦橋に命中し炸裂した重砲弾は、スコット少将を斃し前後左右の将兵をなぎはらった。生き残ったのは参謀ただ一人だった。

米側戦列の先頭艦はカッシングだったが、同艦のまわりにはすでに混戦がおこっていた。比叡との距離は、わずかに千メートルしかなかった。カッシングは、六本の魚雷を直接照準でぶっ放したが、吸われるようにその巨大な怪物の方に突進していった。たぶん三本が命中したようだった。その巨艦は急に艦首を左にふると、西の方へ消え去った。

カッシングは、すでに相当やられていた。そこへ突然、探照灯の照射をうけて、たちまち砲弾の洪水に見まわれたのだ。同艦は放棄を命ぜられたが、午後おそく大爆発をおこして沈んだ。

二番艦のラフェイも、カッシングとほとんど同時に、この日本の巨獣が闇を貫いて突進してくるのを発見した。ラフェイは、かろうじて衝突をさけることができたが、転舵しながら比叡に向かって魚雷二本を発射した。が、その鉄の魚は戦艦のバルジに突き当たってハネ返り、水面からとび出した。安全装置がとけないほどの至近距離だったのだ。

そこへ二発の巨弾がラフェイに命中したうえ、他の敵艦の魚雷まで艦尾につき刺さった。同艦は、艦の中部から火炎の柱がドッとたちのぼったとき「総員退去」の号令が下った。同艦は、艦尾の爆雷の誘爆とともに、たちまち海底にのまれ、乗員のほとんど全部が戦死した。

▽同士討ちをやめよ

三番艦のステレットは、右舷の日本戦艦に四千メートルの距離で射撃を開始した。すると、たちまち日本の砲弾が後部に雨のごとく落下して、艦を文字どおりクシャクシャにしてしまった。操縦不能になったステレットは、まるで酔っぱらいのようにふらふらになってしまった。

四番艦オバノンも比叡に喰いさがり、射撃を開始したときには千二百メートル以内まで飛びこんでいた。このとき、カラガン提督の「同士討ちをやめよ」という命令が伝えられたのだ。提督は、旗艦が誤ってアトランタを射撃していると考え、それを止めさせようと思って射ち方止めを命令したものらしい。比叡の一四インチ砲弾が頭上の空をつんざいているとき、オバノンは一時射撃をやめたが、日本戦艦はすべるように過ぎ去りつつあった。

モンセンは隊列の最後尾から一つ前の艦だった。おそろしいことに同艦は、バートンから流れ出た浮流物の間をぬって進むとき、泳いでいる乗員を多数殺してしまったのである。ちょうど、そこへ比叡のシルエットがモンセンの艦首の右四千メートル付近にハッキリ見え出した。マッコム艦長は、この戦艦にたいして魚雷五本を発射した。ところが突如、星弾がかたまってモンセンの上空に炸裂し、同艦は昼のような光を浴びた。

列外に出た味方から射たれたものと思い、モンセンは識別信号を発信した。すると、たちまち今度は二条の探照灯が同艦をつかまえた。数秒とたたぬうち、同艦は日本の砲弾が雨のように降りそそぐ下でよろめいた。しばらくして砲撃が止んだときには、艦はまったく鉄屑となり、すさまじい火災につつまれていた。

▽なさけ容赦のない攻撃が

「大物をやっつけろ——」この声は、旗艦サンフランシスコの艦橋から聞こえてきたカラガン少将の命令だった。そのサンフランシスコは、右と左からの日本側の正確な照準にさらされ、大口径砲（その大部分は比叡からのもの）十二発以上の命中弾をくらっていた。両軍の旗艦は、まさに接戦を演じていたのだ。

たちまち、艦橋の上部わずか数フィートに命中した一発の主砲弾は、カラガン少将とその参謀の大部分を即死させた。もう一発は艦長カシン・ヤング大佐をたおし、その他のものは艦橋当直員をほとんどなぎ倒した。

ポートランドとヘレナだけが巡洋艦のなかで満足に残って戦いつづけた。もし、阿部提督がこれを知っていたら、今こそ止（とど）めの一撃を加えるべきだったのだ。そのとき、彼の戦艦とガダルカナルの間にいたものは、たった二隻の米巡洋艦と、三隻か四隻の駆逐艦がピンピンしていたにすぎなかったのだ。

しかし、そのとき日本の指揮官は米軍が混乱していた以上に混迷していた。いったい警戒部隊は、どこに行ったんだ？　艦は至るところにいるのだが、友軍の駆逐艦がいなければならない。だが、比叡のそばには、米軍の駆逐艦がいた。そして、こともあろうに、戦艦を機銃で射っているではないか！

午前二時ごろ、比叡は北方にすこしずつ転舵しながら敵の旗艦の射弾を浴びて、それから別の砲火の中に入っていった。ポートランドのものである。比叡は、この艦からはげしい数発の命中弾を受けた。ヘレナも命中弾を送ったにちがいない。操舵装置はやられ、大砲の何門かは沈黙させられた。みんなで上部構造物に五十発あまりの命中弾を受けていた。

こうして、ひどく傷ついた日本側の旗艦は、サボ島の南で半円形をえがいて旋回し、東岸沿いに北に向かってよろめきながら進んでいった。

夜が明けて見ると、サボ水道はあたかも蝿取紙にくっついた蝿のように、死にかかっている艦艇が靄（もや）のただよう浮流物の浮いた海面に横たわっていた。その散らかった海上には何ひとつ動くものはなかった。海は波も立たず、その黄色い表面に艦が吸いついたままだった。すると、その中の一隻が息をふき返した。ポートランドである。同艦は円を描いて動き出し、同時に、射程内に入った夕立にたいし六発の砲弾が飛んだ。その船体は爆発し視野から消え失せた。筏（いかだ）につかまった水兵たちがぼんやり眺めていた。

アロンワードも動きだした。曳船に引かれてである。この動きは傷ついた比叡の眠りを覚ました。二十キロの遠方からこの巨艦は咆哮をはじめた。四回の斉射がサボ水道を横切って駆逐艦のまわりに巨大な水柱をあげた。この砲声は、折りから鉄底海峡の上空にやってきた海兵隊機に絶好の目標をあたえた。なさけ容赦のない攻撃が比叡に降りはじめた。エンタープライズから分派されたワイルドキャットとアベンジャーも加わった。

海の要塞のような比叡は、反覆された雷爆撃にたいして猛然と頑張った。同艦には爆弾が降りそそぎ、魚雷二本が命中し、前檣楼は吹きとばされ、舵もこわされながら、ただ気狂いのように円を描いて走りまわった。機械は停止し、三百名の乗員は戦死した。しかし、比叡は沈まなかった。午後おそく駆逐艦は生存者を収容し、艦長はこのなかなか沈むことを承知しない不屈の戦艦の艦底に穴をあけて、自沈させた。午後六時であった。

高速戦艦「霧島」三次ソロモン海戦の最後

艦橋にあって大海戦の一挙一動を目撃した戦闘記録員の克明な手記

当時「霧島」庶務主任・海軍主計中尉　小林道雄

昭和十七年六月初旬、初陣のミッドウェー戦に大敗を喫して以来、柱島基地を中心として約二ヵ月にわたる猛訓練を終え、八月に内地を出港したのであるから、わが戦艦霧島(きりしま)の作戦行動はすでに三ヵ月になる。内地は真夏をすぎて秋も半ばになるが、常夏の作戦(第二次ソロモン海戦、南太平洋海戦)も三ヵ月にわたって、乗員は疲労をおぼえはじめていた。内地が恋しくなりはじめている。霧島も、そろそろドックに入って、艦底修理をしなければならぬ時期になっていた。

機動部隊の巡洋艦や空母の一部は、つぎつぎと内地へ帰投して行った。われわれも遠からず、内地へ帰れるものと思っていた。乗員たちは、内地に帰っていく僚艦を羨望の眼をもって見送っていた。

当時、ガ島の戦局——飛行場をめぐっての争奪戦は、しだいに重大な様相を呈しはじめていた。日本軍はこのガダルカナル島を死守するためには、陸軍兵力を増強せねばならず、陸米軍の手に渡り、うっかり近づけば海上部隊は全滅する。しかしガ島飛行場はすでに軍兵力を増強するためには、海軍がこれを護衛せねばならない。

なんといってもガ島の米軍飛行機が目の上の「たんこぶ」だった。これさえなければよいのだ。米機を追い払う方法はないか。一時的でもよいから、このガ島飛行場に損害をあたえて、飛行機の発着を不可能にする方法はないのか。

そのために、ラバウルの日本軍基地から海軍機が連日のごとく、ガ島飛行場の爆撃を敢行した。ところが、ガ島上空に日本機が行くころには、米機は一機も飛行場にいない。先方は電波探知機で、日本機がラバウルを発進すると、すぐそれを察知してどこか別の基地へ避退する。日本機は無人の飛行場へ爆弾を投下して帰る。滑走路には相当の被害をあたえうるのであるが、米軍の機械力はまたたく間に爆弾の損傷くらいはなおしてしまう。そこへ米機は悠々と帰ってくるのだ。そして、ガ島の日本陸軍を執拗に銃爆撃する。

要するに、飛行機搭載爆弾の威力には限度がある。そこで考えついたのが、戦艦の巨砲を飛行場へ叩き込む戦法である。戦艦の三六センチの巨砲を叩き込むことができれば、ものすごい威力を現わすことは請け合いだ（すでに金剛と榛名の砲撃で証明ずみだった）。

以上のような論法をもって、連合艦隊司令部ではわれわれ戦艦に対して、再度、ガ島飛行場を砲撃させる計画が進められていた。

最後の出撃準備

いよいよわが戦艦霧島、比叡に出動命令が下った。出撃の前々日、僚艦の比叡では防火訓練の研究会が開かれた。われわれは参考のために比叡に行ってみた。

しかし、私が比叡に出かけて行ったのは、防火訓練が見たかったからではなかった。比叡には同期生赤澤璋一主計中尉が乗っている。海軍経理学校（昭和十七年一月〜五月）卒業後、呉軍港で別れて以来まだ一度も会っていない。もう一度、彼の顔を見たかったからである。比叡のガンルームで相変わらず元気な赤澤君に会った。お茶をご馳走になりながらしばし歓談し、夕方近く比叡を辞し去った。

翌日は燃料、糧食、砲弾の搭載に忙しい。旗艦の大和より作戦書類受領方信号がくる。私は大和へ受け取りに行き帰艦後、直ちに艦長に手渡した。

今回出撃の戦艦比叡、霧島をはじめ護衛の駆逐艦数隻は、山本五十六連合艦隊司令長官より「ガ島砲撃挺身攻撃隊」と命名された。決死隊の意味である。

作戦命令の要領は以下のようなものであった。「比叡、霧島の両戦艦は明早朝、トラック泊地を出撃、一路ガ島へ直進、夜間、ガ島ルンガ沖に達し米飛行場に対し艦砲射撃を敢行、日本陸軍のガ島飛行場攻撃を援護すべし」

艦橋からつぎつぎとラウドスピーカーで命令が伝わる。出撃準備だ。「可燃物は水線下へ」「内火艇、カッターはすべて陸上へ揚げよ」「身の回り品は至急整理せよ」「私物は水線下へ格納せよ」「艦内警戒閉鎖となせ」と、艦内はがぜん緊張してきた。歴戦の乗員の眼にも平素と異なったものが光る。このたびの作戦の運命は？　往きて帰らぬ最後の出撃となるないか。乗員はあえて何も語らなかったが、しかし予感はみな一つではなかろうか。

私の身の回り品のあるベッドルームは水線下にあるので、そのままにしておけばよかった。しかし軍装品、シャツその他の身の回り品をいま一度よく整理しておこうと思って、ベッドルームへ下り、みなきちんと整理する。戦死した後で恥しくないように整理した。下着を全部新品と着換えた。第二種軍装（夏の白麻軍服）も新品を一着持ち出して、白い風呂敷につつんだ。戦闘開始まぎわに着換える、いわば死出の白装束である。軍刀も袋から出した。新しい軍装と軍刀を持って、ガンルームにもどった。

今度は主計科事務室の整理をはじめた。とくに総員名簿、叙勲関係ならびに任用進級関係資料、その他重要書類を一まとめに整理し、これをキャンバスの大きな袋に入れた。艦に万一のことがあった場合には、なんとしてもこれだけの書類は持ち出さねばならぬものだ。その他、不要の書類、可燃物はすべて水線下へ格納させた。

整理をすませた事務室は、引っ越したあとの空家のように殺風景に見えた。ガンルームではソファー、カーテン、椅子のカバーなど、燃えそうなものはすべて取りはずした。これまたきわめて殺風景である。これでよいのだ。

甲板に出て見る。いままで搭載していた何隻もの内火艇、カッターなど、艦沈没のときにはわれわれ兵員の生命を救うであろうこれらボートの類は、すべて取りはずされて姿は見えない。可燃物なるがゆえか、いな総員生きて帰らぬ覚悟のあらわれである。

ガ島への出撃

これより先、数日前であった。私の部下のうち四、五名の主計兵に対し、海軍経理学校練習生として転勤命令がきていた。このさい退艦させるかどうか、決めなければならなかった。今度の戦闘に参加すれば十中八、九、あるいは十中の十まで生還を期しがたいのだ。

私は大野副長（大佐）、長澤主計長（少佐）に対し、戦闘力に影響することが少ないこの程度の兵員は退艦させても差し支えなかろうと進言した。そして、彼らは退艦することになった。私たちは出撃前のあわただしさの中にも、手空き分隊員を整列させて彼らの退艦を見送った。退艦していく彼らの顔。最後の土壇場で戦友と訣れる無念さもうかがわれないでもない。しかし、同時にそれを見送る甲板上の戦友の眸に怪しくも浮かぶ羨望の色も、隠し切れないものがあった。

夕刻、酒保倉庫にある酒保物品のほとんど全部が、乗員に分かち与えられた。私はブドウ酒を一本もらった。出撃前の最後の晩餐会なのである。

かくて昭和十七年十一月九日午後、わが戦艦霧島は比叡につづいて静かに前進をはじめた。これに従うもの軽巡一隻、駆逐艦十四隻。トラックに碇泊する僚艦からは、白い艦内帽が振られ、われわれも帽子を振ってそれにこたえる。送るもの、送られるもの。思えば、これがじつにわが戦艦霧島の往ってふたたび還らぬ最後の出撃であった。

私は艦橋に立った。数隻の駆逐艦が前方を進み、それに戦艦比叡と霧島がつづいた。さらにその後方には数隻の巡洋艦と二隻の航空母艦がつづいている。

十一月十二日午前三時三十分、後方の第二航空戦隊の空母より「ゴ成功ヲ祈ル」と信号があった。後へつづいてきた空母と巡洋艦は踵(きびす)をめぐらして、われわれと別れて引き返していった。この霧島と決死行をともにするのは、わずかに比叡と数隻の駆逐艦だけとなった。一行は速度を増した。二十六ノット、まっすぐに南下して、ガ島めざして突進していく。矢は弦をはなれたのだ。午前中は何の障害もなく、鏡のごとき南洋の海をわれわれ「挺身攻

艦尾延長、主機と罐を換装し機関出力を向上して30ノット高速戦艦に変身した霧島。後部砲塔は間隔をおいて配置

撃隊」は烈々の気を乗せて、まっしぐらに進んだ。午後、突如、数本の潜水艦魚雷に見舞われた。うち一本は艦尾に命中したが、幸い不発のため損害をまぬがれることができた。

米軍の爆撃圏内に迫ってきたらしい。艦橋から「戦闘服装ニ着換エ」の命令がかかった。いままで乗員は半ズボン、開襟シャツの艦内防暑服を着用していたが、いよいよ戦闘海面に突入したので、戦闘服装に着換えるのだ。私は昨日ガンルームまで持ち出しておいた純白の新しい第二種軍装に着換えた。すがすがしい死装束である。足の爪先から頭のてっぺんまですべて純白、防毒マスクを背中に着け、軍刀と一本のブドウ酒をさげて艦橋に登った。

軍艦の戦闘に軍刀など持っていても何の役にも立たないのだが、しかし、どうしても今度の戦闘にはなんとなく軍刀を傍（そば）に置きたかったのだ。傍といっても私の配置は戦闘艦橋だから、そこには羅針儀があり、磁気の関係でこの傍には軍刀は置けないのだ。そこで一階下の戦時応急室のソファーの上に置くこととした。軍刀を持って登ってきたのは私だけではなかった。ブドウ酒も戦時応急室においた。

霧島は刻々、ガ島への距離を縮めていく。日没まではまだ二、三時間ある。

「左前方B17、こちらに向かってきます」見張員が伝える。見れば〝空の要塞〟が四機編隊で悠々とこちらへやってくる。「撃て」と岩淵艦長の号令一下、同時に前部主砲が火を吐いた。

当たらない。機銃を撃つ、高角砲を撃つ。投弾！　比叡、霧島の右舷側に大水煙が立ち昇る。しかし幸い、当たらなかった。ついで二波、三波、四波、米機は執拗にわが艦隊の進撃を阻むべくのしかかってきた。降りそそぐ火の粉を払いのけるように霧島は一路、ガ島へ突撃、肉薄をつづける。幸いわが方にはまだ被害はない。やがて南の海に夜のとばりが訪れた。ガ島のルンガ沖——ここからガ島飛行場を砲撃する手筈になっていた——に入り込むには、その手前のサボ島を左に見て入らなければならない。そのサボ島が見えると思われるころに、わが艦隊は猛烈なスコールに襲われた。暗黒の海面で迎える猛烈なスコールは、暗夜を提灯（ちょうちん）なしで走るようなものだ。それでも艦は手探りのような格好で突進して行く。

暗夜の大海戦

左前方にかすかに島が見える。サボ島である。しめた！　直ちに測距儀でサボ島への距離をはかりつつ、速力を十四ノットに落とした。また猛烈なスコールが襲う。だが、今度は視界が少々悪くてもかまわない、たとえガ島飛行場がはっきり見えなくても、サボ島さえ確認できれば、あとは測距儀と艦の速度とを考慮しつつ進めば、眼をとじて撃っても飛行場は砲撃できる。

各主砲には、三式弾が込められた。この砲弾は地上に落下すると猛烈な火災を起こすので、まず飛行場の飛行機を炎上せしめるためである。

霧島は速度を十四ノットにして、しずしずと暗黒のルンガ沖を手探りで進んでいった。スコールはまだ烈しい。視界はまったく悪し。もう時刻は、飛行場へ発砲すべきころであろう。暗黒の夜間、戦艦の主砲が一斉に火を吐くとしばらくの間、その猛烈な光で目がぜんぜん見えなくなるという、かねての注意を思い起こして、まず目をとじ、耳には綿のつめる準備をはじめた。

私は首から胸に戦闘記録用の板をかけ、左手に懐中電灯(これは光がもれないように赤布でおおってある)、右手に鉛筆を持った。そして霧島の艦砲射撃をいまかいまかと待ち構えた。スコールはやや勢いが衰えてきた。

そのとき、まさにその瞬間、ふと左斜め前方を見ると、巨大な島のようなものが、じっとこちらを睨んでいる。無気味なほど落ち着き払って、黒いものが、こちらを見つめている。二つ、三つ、四つ……いくつか数え切れぬ米艦隊だ。重巡、駆逐艦その他が待ち伏せしていたのだ。米軍はレーダーですでにわれわれの接近を知っていたのだ。思いがけぬことである。距離三千メートル、至近距離だ。艦長はとっさに命令を下した。

「左砲戦!」

驚いたのは、艦橋最高部に頑張っていた砲術長(中佐)である。直ちに伝声管で、「目標は右の飛行場じゃないですか?」

砲術長はまだ左前方の敵艦に気づかぬらしい。艦長はやっきとなって、「ちがう、目標、左前方の敵艦。撃て、撃て!」と激しく命令する。

艦橋はあまり突然の米艦の出現で、一瞬、サッと鳴りをひそめる。米艦はまだ発砲しない。こちらも発砲しない。無気味な沈黙が一瞬あたりをおおう。突如、霧島の前方千五百メートルを進んでいた比叡は、その米艦にたいし探照灯をサッと照射した。とたんに轟然一発、比叡が発砲した。米艦も比叡を目がけてほとんど同時に発砲した。

ついで霧島も発砲する。しかし、発砲したわが方の砲弾は、飛行場攻撃用の三式弾である。これでは軍艦に命中しても効果はないのだ。霧島の主砲は砲弾をとりかえる暇がない。とっさに八門の三式弾を米艦めがけて撃ち込み、直ちにつぎから徹甲弾を装塡して発砲した。距離は二千メートルから四千メートル……これは常識をはずれた至近距離だ。近代海戦では、戦艦は四万メートル以上の距離から砲撃を開始するのが常識だ。

スコールのために視界がきかず、はからずも舷々相摩す肉薄血戦となってしまった。米艦と鼻がぶつかりそうだ。先方は艦橋めがけて盛んに機銃を撃ってくる。大砲を撃ち込むには距離があまりに近すぎる。米艦の機銃弾は全部曳痕弾で、一発一発、赤い火、青い火がついている。それが連続して後から後から飛んでくる。じつに美しい。夜の海戦はこんなにも美しいものか。その美しい火はきわめて、ゆっくり放物線を描いて飛んでくるように見える。

わが方の駆逐艦はほとんど機銃を撃たない。大砲も撃たない。黙々とその駿速を利して米艦に肉薄する。肉薄して魚雷を発射するのだ。一瞬、赤い火の塊がパッと上がる。はじめて見る轟沈の姿は壮烈のきわみだ。

比叡は探照灯を照射したせいか、盛んに集中砲火を浴びていた。ついに戦闘艦橋に命中したらしい。艦橋が真っ赤に燃えはじめた。なかなか消えない。しかし、猛烈な射撃を継続している。比叡に対する集中砲火は、激しくなる一方だ。魚雷にやられたのか、ぐるぐるのたうち回りはじめた。それでもまだ撃っている。

いままでに米艦を五隻以上沈めたようだ。わが方の駆逐艦は霧島のまわりには一隻も見えない。ルンガ沖深く突入して行ったのであろう。

反転して比叡を救おう

ルンガ沖は海域が狭い。霧島は図体が大きいので、うっかり走りまわっていると島にぶつかる危険もあった。機銃の攻撃はあられのようだ。比叡の被害が致命的に見えると、わが霧島の戦闘艦橋めざして攻撃を集中してきた。私の左側にいた見張員が、あっという間に倒れた。右眼に機銃弾が命中、頭半分えぐり取られての即死である。昨日までわれわれガンルームの従兵長をつとめた眉目秀麗、俊敏な水兵長がやられたのである。身辺にはすでに七名の戦死者を出している。死体を直ちに艦内居住区に運んだ。戦闘続行である。

比叡艦橋は燃えつづけている。燃えつづけながら敵陣の真っ只中に立往生してしまった。しかし、さすがの米艦も被害はそうとう大きく、一時戦場を避退しはじめた。砲声もしだいに鎮まり、ルンガ沖狂乱の海はやがてふたたび無気味な静けさに返った。ふと見ると、左前方より一隻の駆逐艦が猛速力で近づいてきた。真っ暗で敵か味方か識別が困難だ。艦長は「左砲戦」と命令を下す。しかし、よく見ると味方駆逐艦らしい。盛んに信号を発している。

「われ只今より貴艦を護衛す」

霧島はこの狭い水域にとどまることの不利を察し、三隻の駆逐艦を従え、まずこの戦場を去ることにした。比叡は立往生したままで、艦橋は依然燃えていた。ものの二十分も北上したとき、突如として艦長が、「反転して比叡を救おう。司令官を見殺しにはできない」といい出した。

霧島は反転して、またもときた道を猛スピードでもどりはじめた。米軍の有力艦隊は、あるいは沈没し、あるいは傷つき、あるいは遁走し、その付近には見えなかった。しかし、立往生している比叡の付近には、米軍魚雷艇が雲集していることは容易に想像された。そこへ霧島が突進して行って何になるのか。ただ比叡の司令官を救助するためにだ。そのために霧島は敵の魚雷に喰われる公算も大であった。だから、比叡の救助には軽快な駆逐艦を当たらせるべきではないか。しかし見殺しにはできない。霧島は刻々と比叡に近づきつつあった。

そのとき、燃えつづける比叡の艦橋から信号があった。「十一戦隊司令官より霧島艦長へ、霧島は比叡にかまうことなく、残存艦艇を取りまとめ、いったん北方へ避退すべし」

艦長はやむなく、ふたたび艦首を北へ向けて、一路北上したのであった。またその直後、山本連合艦隊司令長官よりも霧島に対し「いったん北上すべし」との電令が発せられた。かくて十一月十二日夜の霧島の第一回ガ島沖夜戦は一応終了した。当初の目的——ガ島飛行場砲撃の目撃は果たし得なかったが、米軍有力艦隊と壮烈な夜戦をまじえ、米重巡をはじめ駆逐艦に損害をあたえ、これを一応避退せしめた。しかし、わが挺身攻撃隊も、単に比叡ばかりでなく、護衛駆逐艦も相当の被害をこうむっていた。

その夜、霧島は数隻の護衛駆逐艦を従え、最大戦速でルンガ沖戦場から避退した。明くる十三日いっぱい北上に北上をつづけて、ガ島飛行場の爆撃圏内から逃れ出ることができた。

昨夜の夜戦で、霧島の受けた兵員の被害は奇跡的に少なかった。戦死者七名、重軽傷者若干。戦死者の死体は、工作隊が応急作製した棺におさめた。米軍の爆撃圏内を離脱したとき、戦死者の死体を水葬することになった。

「只今から戦死者の水葬を行なう。手空き総員左舷に集合！」ラウドスピーカーの令達に、私も艦橋から下りて左舷へ走った。左舷にはすでに七つの棺が純白の布につつまれて安置してある。

霧島は速度をゆるめた。波は静かである。舷側に細長い板が置かれる。棺の底には、五寸平方ばかりの穴が空けてある。棺の中には、錘り（おも）のために砲弾が一個入っている。棺を先端に乗せた板は、兵士の手によって、舷側から海面へ押し出された。

挙手の礼――艦長は艦橋を離れられないので艦橋から敬礼している。板の手前の方を二、三十センチの角度をもって持ち上げると、棺の乗っている方はそのたびに下がる。その傾斜のために、乗っていた真白い棺はスルスルと板の上を滑って海面へザブンと落ちる。棺は錘りと、空けてある穴のために、そのまま海中深く姿を沈めてゆく。

ふたたび決戦海面へ

霧島は前夜（十一月十二日夜）の熾烈な夜襲作戦の後、明くる十三日は戦闘海面を離脱すべく北上していた。昨夜の夜襲では、僚艦の比叡は敵陣の真っ只中で立往生した。比叡はその後どうしたであろうか。わずかな駆逐艦の護衛で、果たして生きながらえているであろう

比叡から見た霧島。第二次改装で航空兵装も充実。水偵３機と射出機を装備

か。ガ島米軍飛行場の真ん前で立往生している比叡の運命は、夜明けを待たずして決したのではなかろうか。

十一戦隊司令官の阿部弘毅中将や僚友赤澤主計中尉の消息やいかに。じつに僚艦比叡は翌日、航空機の集中爆撃で壮烈な最期を遂げたのであった。司令官の命令とはいいながら、また連合艦隊司令長官の命令とはいいながら、満身創痍の比叡を敵陣中においたまま北上避退した私たちは、いつまでも後ろ髪を引かれる思いであった。

十一月十四日朝、霧島は完全に米軍の爆撃圏外に出た。霧島を護衛している駆逐艦は、わずかに三隻、燃料も使いつくしていた。こんな弱小兵力になっては、しょせん作戦継続は不可能に近い。霧島は敗残の身を、トラック泊地へ運ぶほかはない。また乗員は先夜来の戦闘で、心身ともに疲労し切っていた。

そのとき、連合艦隊司令長官の新たなる命令を受信したのである。「霧島ハ、第二艦隊愛宕、高雄トトモニ、フタタビ南下、ガ島ヲ攻撃スベシ」

神はしばらくの安息を与える代わりに、さらに大きな試練を加えんとする。どこからともなく一隻のタンカーが姿を現わし、洋上に停止した霧島に近づいてきた。直ちに燃料補給が開始された。タンカーから数隻の内火艇をおろし、これに巨大な主砲弾を乗せて霧島に運ぶ作業がこれにつづいた。

波のうねりは大きい。砲弾を乗せた内火艇は上下に大きくゆれて能率は悪い。駆逐艦は米潜水艦を警戒して、霧島の周囲をこまめに走りまわっている。燃料不足の駆逐艦も、タンカーからの細長い管を腹にくわえて補給を受けはじめた。

砲弾と燃料の補給は、こうして三時間ほどで終わった。補給が終わるとタンカーは、「わが任務は終わる。戦闘のお供はできません」というような顔をして、まもなく姿を北方へ消した。

午後、第二艦隊の巡洋艦愛宕、高雄、駆逐艦数隻と合流した。愛宕に第二艦隊司令長官が坐乗、霧島は第二艦隊司令長官の指揮下に入った。こうしてふたたび血なまぐさい一昨夜の戦場、ガ島めざして南進したのである。

米機の爆撃圏内、戦闘海面に突入する。配置についている兵士たちはもはや、食事をとるためにさえ兵員居住区に下りることは許されない。戦闘配食——遠く離れた分隊には主計兵に握り飯を届けさせる。私の握り飯も主計兵が艦橋まで届けてくれた。そうして夜のとばりが近づく。霧島は依然、全速力で戦場へ突進した。

米大艦隊を発見

半弦の月が青白く海面を照らしている。前方の駆逐艦は、道を案内するように軽快に走る。それに巡洋艦愛宕に高雄とわが霧島がつづいた。九時、十時、刻々と接近して行く。ときどきスコールに見舞われる。各艦は僚艦を見失わないように、距離をいっそう縮めて千五百メートルにした。高雄の艦尾にある青い尾灯がかすかに双眼鏡に映る。霧島の艦橋はすでに真っ暗である。

中央前方に艦長（岩淵三次大佐）、左斜め後方に副長（大野小郎大佐）、中央に航海長（中佐）、その後ろに当直士官が居ならび、左右後方の大きな望遠鏡に、かじりつくようにしているのは見張員である。

サボ島沖到着は午後十一時ごろの予定である。あと数十分、緊張は避けんとしても避けることはできない。肢から脛にかけて微かに鈍痛を感じる。長時間立ちづめによる疲労からであろう。

一階下の戦時応急室に入ると、室内は真っ暗で人の気配はない。手さぐりで例のブドウ酒を探した。瓶からじかにゴクリと飲んでみた。うまい。腹にしみ渡る。胸から腹にかけてジーンと熱くなる。それから深々とソファーに腰をおろしてみた。チェリーを一本出して喫う。煙草の火がもれることは厳禁されている。ドアを閉めてゆっくり味わう。何の音も聞こえぬ静寂な真っ暗の室の中には、いま自分一人きりである。

「初陣のミッドウェー海戦、ついで第二次ソロモン海戦、南太平洋海戦、また一昨日の惨烈なルンガ沖夜襲作戦に参加して、いまだ身に一弾も受けず。今夜の海戦で、あくまでも男らしく堂々と行動できますように……」私は闇の密室でかく祈った。祈り終わって私の心身は壮快を感じ、心の平静を取りもどした。

ふたたび艦橋に登った。閉め切った応急室は蒸し暑かったが、艦橋は潮風を一杯にあびて涼しい。そろそろサボ島近しと思われるころ、右方に影のように進む日本の輸送船が八隻見えた。われわれが米軍砲撃中に、陸軍をガ島へ強行上陸させようという算段らしい。

ついに午後十時十分ごろ、左前方にサボ島を発見した。天候が良いので今夜は楽に発見できた。スコールがきた。駆逐艦はスピードを増して、勇躍サボ島沖を通過してルンガ沖に突入していく。スコールがきた。駆逐艦は、もう米艦と遭遇したのであろうか。愛宕、高雄、霧島はその砲声を聞きながら、満を持して静かにサボ島を左に見て通過した。

前の二艦は左へ九十度方向を変える。霧島もこれにつづく。速力はゆるく落として十八ノットで四千五百メートル左へ進航する。愛宕と高雄の距離は千五百メートルである。これにつづく霧島と高雄の距離は二千メートル。

スコールは通り過ぎた。右斜め後方に月が上っている。今度は前の二艦が右へ四十五度方向を変える。つづく霧島もこれにならって方向を変えた。三艦は粛々とルンガ泊地をめざして前進した。周辺は粛然として声なく、一同はじっと固唾をのんでいる。

霧島が前方の高雄にならって右へ方向を転換して数分前進したときである。左斜め前方の真っ黒な島影に、いるいる、大型の米艦（戦艦らしい）が身動きもしないで、じっとこちらを睨んでいる。黒い島影に黒い艦影と、はっきりは見えないが、たしかに米戦艦に相違ない。

愛宕と高雄はいま、その真横をなんの臆面もなく悠々と通過しつつある。愛宕は気がついているのかいないのか。艦橋は極度に緊迫した。そこへ旗艦愛宕から命令が届いた。

「霧島は、只今よりルンガ泊地へ突入、ガ島飛行場を砲撃すべし」これには驚いた。米戦艦が二隻、いまかいまかとこちらを睨んでいる真ん前を、なんの挨拶もせずに敵陣砲撃に出かけられると思うのか。もう我慢ができない。

凄絶な艦隊決戦

岩淵艦長は、静かな、しかし力強い声で命令した。

「目標左斜め前方の戦艦、撃て！」同時に霧島の各砲門は一斉に火を吐いた。艦橋はグラッ、グラッと揺れる。しかし霧島の発砲と米艦の発砲とはほとんど同時だった。数秒の後、霧島の周囲には無数の砲弾が落下し、巨大な水煙が連続して上がる。艦長は怒鳴るように、射撃を指揮する。「撃て、撃て！」

三、四分の後、霧島の主砲弾は米一番艦（サウスダコタ＝基準排水量三万五千トン、備砲四〇・九センチ九門、三連装）の前部三連装砲塔に命中、先方は排水装置をやられたのか、三連装の巨大な砲身を上部へ直立させた。射撃不能におちいったらしい。絶好のチャンスである。

「撃て、撃て！」勢い立った霧島は、サウスダコタめがけて猛砲撃を続行する。やがて命中弾多数を受けてか、サウスダコタはわずかに左舷に傾斜しはじめた。ふと見ると、先ほどまで霧島を先導して入ってきた愛宕と高雄の姿が見えない。霧島が戦端を切って落とした瞬間、いずれかへ姿をかくしてしまったのだ。霧島に従う駆逐艦はわずかに二、三隻で、先方の二番艦（ワシントンか）からの砲撃は熾烈である。

そしてさらに、二番艦の後方から三番艦、四番艦と、いずれも大戦艦が悠然と姿を現わしてきたと見るや、四艦より霧島一艦めがけて猛烈な集中砲撃が開始された。ダッーン、ズッーン、ドカンドカン……。キュッキュッ――砲弾が頭上近くを通過するときには、こんな金属性のいやな音がする。一対四の撃ち合いである。しかも舷々相摩す三千メートルないし四千メートルの至近距離だ。霧島は絶対不利な態勢となった。

艦橋で、この光景を記録していた私は、一瞬ザブンと頭から海水を浴びせられた。頭から胴、足の先までびしょ濡れになった。持っていた戦闘記録もずぶ濡れである。集中砲弾が霧島の周囲至近距離に落下し、その水柱に艦がもぐり込んだのである。戦闘艦橋は水面から数十メートルの高さにある。海面数十メートルにいて海水をかぶるのだから、至近弾の起こす水柱の大きさはものすごい。周囲に至近弾が落下すると一瞬、霧島はその大水柱の群れのなかに全く姿を没する。

集中砲火はいよいよ烈しくなる。まったく目をあけていることが容易でない。艦橋後部の煙突の周囲に巻いてあるマットレットにも、ついに火がついた。真っ暗な夜空に赤々と燃え上がる。目標としては絶好の火炎である。ただちに消火の命令が下され、応急員たちは猿のように煙突によじ登って、燃えているマットレットを切り放し、切り放しては海中へ、また下部甲板へ無茶苦茶に投げ捨てた。

危ない、早く消し止めなければ……その処置が早かったので、火災は間もなく消し止めることができた。しかし、霧島の被害はこの程度ではすまなかった。「後部副砲塔火災」と悲報はつぎつぎに伝声管を通って艦橋に伝わる。砲塔は弾薬庫につながる。砲塔の火災が万一、弾薬庫にまわれば弾薬は爆発し、轟沈は必至である。

「後部副砲塔、注水はじめ!」大野副長の声である。これを艦橋の伝令が伝声管で後部副砲塔に伝える。暫時、「後部副砲塔注水終わり」の声が聞こえた。

グワン、グワン、ドスンと異様なショックを感じる。砲弾か、あるいは魚雷が命中したらしい。しかし、この被弾のショックは、さほど強烈には感じなかった。それは霧島自身の射撃によるショックに打ち消されたためであろう。

砲戦はつづいた。今度は、「舵故障」と操舵室よりの悲痛な声が伝声管を走る。舵に魚雷でも命中したのか。舵は片方へ曲がったきり元へもどろうとはしないのだ。霧島は最大戦速で走っている。舵は曲がったままだから、まっすぐには進めない。正確な一つの円を描きながら、グルグル回りはじめた。相手が左にいたと思って睨んでいるうちに、これが右になってしまう。射撃は絶対困難だ。米艦はこの片輪になってしまった霧島に対して、なおも砲撃をつづけてくる。

「後部主砲、砲塔火災」「前部副砲塔火災」の報告に、直ちに注水命令が下る。健全な砲塔はあと余すところ前部主砲のみとなった。そのとき、「機関故障」の声が起こる。

航行不能そして曳航不能

霧島が動けなくなり静止してしまったころには、米艦の砲撃も一段落を告げた。しかし霧島は、敵陣の真っ正面で動けないのだ。霧島は少し右舷に傾きかけた。右舷に魚雷が命中したのであろう。高い艦橋にいると、数度の傾斜も大きく感じられて、いい気持はしない。「注水止め」

「左舷に注水はじめ」副長の命令一下、左舷に海水が入って艦の傾斜は一時直った。そのうちに今度は、いま注水した左舷へかたむき出した。左舷へ海水を入れすぎたのではないか。「右舷へ注水はじめ」

ようやく傾斜はもとに戻った。艦橋から暗黒の海面を見渡すと、すでに米艦の姿は見えなかった。しかし、ガ島の黒々とした島影は手にとるようにはっきり見える。ふと右を見ると、日本輸送船団が霧島の前を通って、ルンガ泊地へ向かって行った。輸送船団はどこかの島かげにでも避難して、激戦のすむのを待っていたのであろう。

いまや霧島は、機関をやられ、舵をやられ、主なる砲塔はほとんど注水している。受けた敵弾は主砲二十数発、副砲数十発、魚雷五、六本で満身創痍、戦闘力は潰滅してしまった。

そして米軍航空基地のガ島飛行場正面で鎮座してしまったのだ。霧島はいまから一体何をしたらいいというのか。艦は動かない、動けないのだ。進むも退くも。

岩淵艦長は、熟慮の上、ついに決断を下した。

「駆逐艦に曳航させて、ガ島敵飛行場の正面にのし上げよう。のし上げてしまえば、もう沈むことはない。そこで残った前部主砲で米飛行場を砲弾のある限り撃ちまくる。砲弾がなくなったら、総員で斬り込む」

直ちに、付近の駆逐艦に霧島曳航の信号を発することになった。艦橋の信号機はそのとき、すでに破壊されていて用をなさない。懐中電灯を持っていたのは艦橋にいた私だけだった。信号兵に私の懐中電灯を渡すと、それで駆逐艦に対して、発信を行なった。

駆逐艦が二、三隻近づいてくる。直ちに運用長（少佐）が前甲板から太いワイヤロープを駆逐艦に投げ込み、曳航準備に取りかかった。もはや、こうするより手がないのだ。

夜が明ける。朝がくる。目前の米軍飛行場からは、無数の爆撃機が丸腰の霧島に襲いかかって来るのはいうまでもない。こちらは軍刀一本で斬り込むのだ。そんなことをしては全くの犬死だ。もっと賢明な手段はないのか。

艦橋から下の前甲板を見おろす。運用長の指揮下、応急員たちは太い長いワイヤロープを引っ張って動きまわっている。機関長（中佐）と機関長付（少尉）が艦橋へ這い上がってくる。二人とも息も絶えそうな呼吸だ。機関長たちは、この血戦の最中、ずっと艦底深い彼らの部署についていたのだ。それが艦内各部あるいは機関部へと、火や煙がまわりはじめたのだ。

「機関室は煙でもう、兵員たちは呼吸困難を訴えています」と二人が報告する。もうそのころは伝声管は使用不可能だった。伝令がいちいち艦橋まで上がってこなければならなかったのだ。艦長はしばらく黙然として考えていたが、ゆっくりうなずいて、「機関科員を上甲板に上げろ」

機関長と長付の二人はまた、フラフラしながら艦橋を降りていった。一瞬、艦橋は、またもとの静けさに戻る。しゃべる者はだれもいない。

また、艦は左へ傾きはじめる。直ちに右舷へ注水する。つぎに右へ傾斜、今度は傾斜の角度が大きい。高い艦橋では、自力で立っていることが難しいぐらいだ。艦橋の右舷の側壁にしっかりつかまって体を支えた。それでも倒れそうだ。倒れたら海へ投げ出される。どうしたらうまく海へ飛び込めるか、と考えてみた。

「左舷へ注水はじめ」副長はあくまで静かに命令する。傾斜が次第に激しくなって、なかなかもとに戻らない。このまま沈むのではないか。

駆逐艦はようやく曳航をはじめた。しかし、霧島は泰山のごとく動かない。巨体が重きにすぎるゆえか。たびたびの注水でいっそう重くなったせいか。

「曳航不能」駆逐艦からの信号がくる。

右舷の傾斜は幾分回復した。しかし、たびたびの注水で、心なしか、艦は沈んで行くような気がしてならない。自分もこのまま沈むことになるのか。運よく海面に浮き上がっても、夜が明ければ、米機の機銃掃射は必至である。死神は刻々私の顔をのぞき込んでいるようだ。故国をへだたる幾万浬(かいり)、ここガ島の沖合で、ついに二十四歳を一期として、私は終末を迎えるのか。

艦首を持ち上げ一挙に海中へ没す

艦長と副長は、何事か暗黒の艦橋で相談している。微かな声で「それでは総員を退去させましょう」副長は静かに艦長にいう。

「いまから総員退去するから、付近の駆逐艦を横付けさせろ」と副長が命令した。信号員は直ちに私の懐中電灯で、近くの駆逐艦に合図をする。

「総員集合、上甲板……総員集合！」伝令員が、こう叫びながら艦橋をかけ降りて行った。今のいままで私たちは、総員退去のごときは夢にも思わなかった。大野副長が客観情勢を判断し、乗員の尊き生命を救うべく、艦長に進言した結果であった。張りつめていた私の悲壮な気持も、「総員退去」の命令で戸惑いした。

艦長はそのまま、艦橋に立ちつくしておられた。航海長（中佐）、通信長（中佐）、副長が相ついで艦橋を下りる。私は艦橋を下りて、まず一階下の戦時応急室に前日から置いてあった軍刀を取りに行った。せめて軍刀だけでも持って行きたかった。

応急室のドアを開けた。無数の重傷者と死体の山……凄惨、目をおおい耳をふさがしめずにはおかない。あの呻き声、椅子もテーブルもソファーも、鮮血でベトベトである。青白い月光が室にさし込む。呻き声は聞こえるが、誰の顔だか判別できない。

軍刀をおいてあったソファーの付近に手をやって見る。死相をあらわした重傷兵が、私の軍刀を枕にして唸っている。私は重傷兵の枕となっている軍刀をとって行くには忍びなかった。軍刀はそのままにして、彼らに合掌した。

甲板に下りた。二、三歩あるくと、グニャグニャと柔らかいものが足に触れた。よく見ると、それは死体だった。防毒マスクをつけたまま仰向けの大の字になって死んでいるのだ。誰が誰だか全く識別できない。海水を浴びてビショビショしている。

「総員集合」の命により、甲板は各分隊ごとに静粛に整列する。「霧島は今夜の戦闘で甚大な損害をこうむり、目下刻々と沈下しつつあります。只今より艦長の命により総員退去することとします。付近の駆逐艦四隻がいま霧島に横付けすることとなっています。諸君は順序よく静粛に移乗されたい。只今より軍艦旗を降ろします」大野副長の最後の落ち着いた言葉である。

軍艦旗降下。総員挙手の礼。右舷後部に、まず横付けになったのは駆逐艦朝雲であった。朝雲から横木が霧島の舷側に渡された。御真影を捧持した士官が先頭に横木を渡った。ついで右舷後部の分隊から粛々と移乗する。むろん、担架に乗せられた重傷兵が先である。われわれ主計科分隊の移乗の順番がきた。下士官兵を先にして、長澤主計長（少佐）と私はその後につづく。艦は左舷へ傾斜の角度を増す。しかし、まだ甲板に立っていることはできた。

私は横木の前にきた。私が横木に足をかけようとした瞬間、横合いから重傷者を担いだ兵が足を出した。私は出しかけた足をひっこめて、その兵を先に渡した。次の瞬間、私はその横木を渡って駆逐艦の甲板に飛び移った。そして一瞬、霧島をふり返って見た。まさにその瞬間であった。霧島はその艦尾を海面に突っ込み、艦首を高く突き立てた。

朝雲の艦橋は大声で、「縄をほどけ、後進一杯」を号令した。朝雲のワイヤロープで霧島を縛りつけていたのだ。このままでは霧島が沈めば、朝雲も一緒に海中へ引きずり込まれる。とっさに縄をはずした。朝雲は霧島から離れた。

その瞬間、じつに間一髪、朝雲が霧島からロープをはずした瞬間、霧島は艦首を空高く持ち上げたかと思うと、そのまま、一挙に海中へ姿を没した。時に昭和十七年十一月十五日午前一時二十三分であった。

戦艦「霧島」サボ島沖の奮戦と最後

米艦隊から見た三次ソロモン海戦、戦艦対戦艦の対決

米国著述家　T・ロスコー
米海軍少将　S・モリソン
米海軍大佐　W・カリグ

アメリカ艦隊との第一ラウンドは終了したが、日本は相手をノックアウトするまでこの戦いを続ける意志を、あくまで変えなかった。昭和十七年十一月十三日おそく、ラバウルから出撃した三川巡洋艦部隊はサボ島にむかって猛進し、一方、フロリダ島の北側ではもう一つの攻撃部隊が、ヘンダーソン飛行場砲撃のため出動しつつあった。この部隊は砲撃部隊と呼ばれていたが、近藤信竹中将の指揮下にあって、重巡愛宕と高雄、戦艦霧島、それに軽巡二隻、駆逐艦九隻よりなるものだった。

この近藤部隊を発見したのは飛行機と潜水艦だった。ハルゼー提督は、戦艦ワシントン（リー提督の旗艦）、サウスダコダと駆逐艦四隻を空母機動部隊からはなし、近藤部隊と東京急行阻止のためサボ水道に進出させることにした。

セオドア・ロスコー

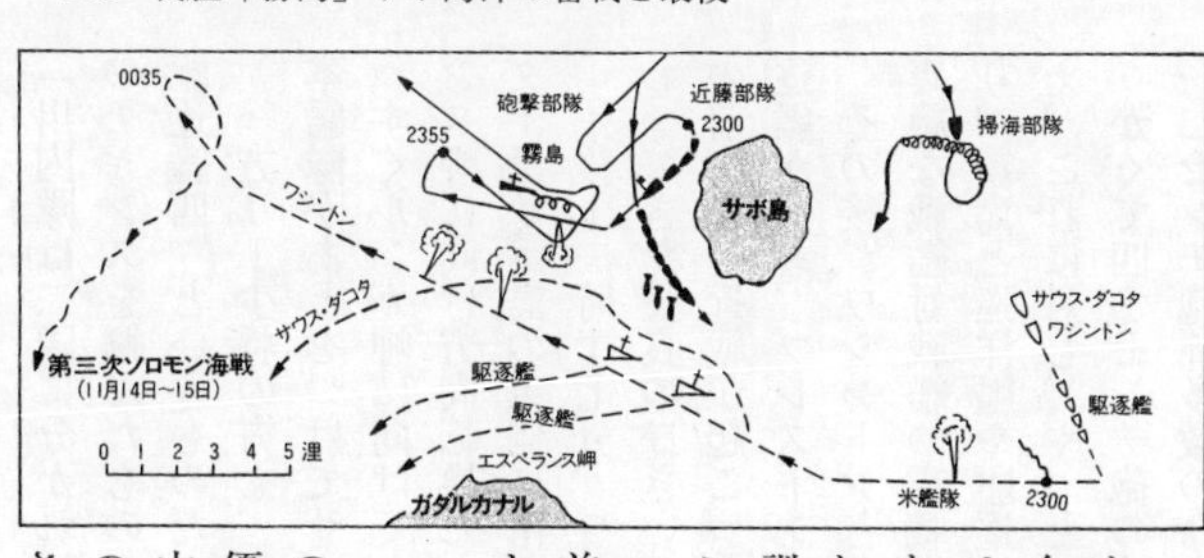

六隻の米国艦隊はサボ島めがけて歯をくいしばって突進していった。十一月十四日の夕刻までにはこの隊は、ガダルカナルの西端沖合に達し、サボ島の周囲を右まわりにまわって近づきつつあった。

リー提督は、この二隻の戦艦部隊が霧島をくいとめ得ることに確信をもっていた。と同時に、その部隊がいくつかの不利な重荷を背負わされていることをも知っていた。それは、彼らがまったく新しい訓練をへていない、かき集めのチームで戦闘にのぞもうとしていることに対する危惧(きぐ)だった。

リー提督は、長い単縦陣をつくり、ワシントンとサウスダコダの前方三一四〇メートル付近に、ウォーク、ベンハム、プレストンおよびグウインの四隻を前衛として配備した。

彼らは午後十時十五分までにサボ水道にさしかかった。

そのころ、日本軍は米軍の側方から近づきつつあった。しかもその距離はもうそんなに遠くはなかった。軽巡川内の見張員は、その優秀な日本製の双眼鏡で南の方にリー部隊の艦影をみとめた。近藤中将は間髪を入れず、部隊を戦闘配置につけた。米側の軍事専門家の見方によると、近藤の戦法は部隊を四群にわけ、その戦力を分散させすぎたきらいがあるといわれている。

「川内隊は二隊に分かれ、サボ島の東側と西側をカバーするため南にむかった。近藤は先制のチャンスを摑んだものの、正確な情報をえていなかった。川内の敵状報告は『巡洋艦二、駆逐艦四』というものだった」

一方リー少将の方も、日本側の状況については何一つ情報を手に入れてはいなかった。日本艦隊があとをつけてサボ水道に突入しようとしていることも気づかず、南下中の針路をまっすぐルンガ岬に向けていた。ガダルカナル海岸近くまでゆくと、米艦隊は急速にエスペランス岬に向け方向転換した。隊列を真西に向け進撃中の午後十一時、戦艦ワシントンのレーダーはサボ島の東側に南下する日本艦隊の一部を捕捉した。

午後十一時十七分、ワシントンは川内に対し砲火をひらいた。一方、サボ島の南西岸をまわってきた長良のひきいる部隊や、二隻の駆逐艦は前進をつづけていたから、さっそくリーの前衛と接近戦が起こった。この突風のような海戦で、米国側はグウインをはじめ三隻の駆逐艦が沈み、プレストン、ウォークおよびベンハムも退場した。

その後、ワシントンとサウスダコダはサボ島西方海面に突進し、そこで近藤の砲撃部隊と凄絶な戦艦対戦艦の夜戦を展開した。占位運動中にサウスダコダのレーダーは使用不能となり、霧島と巡洋艦や駆逐艦の警戒部隊を混交してしまった。日本側は猛烈な主砲射撃をくわえ、これに対し、やっとワシントンも反撃しはじめた。

かくて四〇センチ砲の連続猛打を浴びせられ、戦艦霧島は大打撃をうけた。主砲弾九発と一二センチ砲弾多数の命中をうけ、この日本戦艦はついに行動の自由を失った。

近藤部隊との交戦はこれで終わった。

午前一時二十五分、リー提督は戦闘に加入していない艦に対して後退を命じた。サボ島の北西岸すなわち、姉妹艦比叡の墓場とほど遠からぬ地点で、霧島は海水弁をひらき、約二五〇名の戦死者を乗せたまま、静かな最後をとげた。時に午前三時二十分であった。（セオドア・ロスコー）

戦艦対戦艦の決闘

十一月十四日の午後十一時四十八分、リー提督はその駆逐艦がもはや攻撃に使えないことをさとりこれに避退を命じ、針路をわずかばかり北寄りに変えた。サウスダコタにとっては、戦闘初期の電力故障による失敗をとりかえすべき時だった。同艦は炎上中の駆逐艦を避けるため、左に変針するかわりに右に変針したが、偶然に避退中の木村部隊（木村進少将指揮の十戦隊。旗艦長良）の前衛に近接し、旗艦の航跡をまったく見失ってしまった。

木村提督もサウスダコタを認め、近藤中将に急報するとともに、三、四本の魚雷を発射したが、さいわいにも一本も命中しなかった。近藤中将の砲撃部隊は、戦闘の初期にはサボ島の北西側に見えかくれして、往復運動をやっていた。その部隊は、エスペランス岬の北方八マイル（浬）の地点を西寄りの針路で、朝雲、照月、愛宕、高雄および霧島の順に単縦陣をつくっていた。近藤中将は木村少将の警報に接し、戦闘に加入のため陣列を南東方にふり向けた。

サウスダコタは電力不足のためレーダーの映像が不完全のまま、木村隊と近藤隊に近寄った。木村隊は魚雷発射後、アメリカの二戦艦をまったく見失ってしまったが、こんどは近藤隊の先頭駆逐艦がこれを捕捉した。わずか五千ヤードの距離でサウスダコタは日本側の探照灯に照射され、全砲撃部隊の攻撃下にさらされることになった。

リーの旗艦ワシントンは、十五日午前零時に射撃を開始した。同艦は、ほとんど真北にいる最大の霧島を目標に選定し、七千五百メートルで四〇センチ主砲の火ぶたを切った。一二センチ副砲砲台はサウスダコタを照射中の日本の艦に向け、そのうち一門は星弾を打ちあげて霧島を照らし出した。第二次大戦における稀有（けう）な場面の一つである戦艦同士の夜戦がはじまったのである。

近藤隊では明るく照射されたサウスダコタに、各艦の攻撃を集中した。駆逐艦朝雲は無益に魚雷を射ち込み、他の各艦は大中口径砲の急斉射をつるべ撃ちにあびせかけた。

日本側はこの目前の目標にばかり気をとられていたので、別の戦艦の存在さえ見おとしたほどだった。その結果が、霧島にとっては致命的だったのだ。

午前一時二十五分、近藤提督は追撃の決断を熟慮のうえ、さかんに交戦中のものを除き部隊に後退を命じた。砲撃部隊は愛宕にひきいられて、北北東に回頭し、煙幕を張って避退した。

リー提督も一時半に急速右回頭を命じ、後退をはじめた。日本の駆逐隊が魚雷を発射したが、巧妙な回避によってこれをかわし、その追跡をふり切るために二一〇度に変針し、二十

高速航行中の霧島を続航する榛名から撮影。金剛型戦艦は高速航行すると艦首を波に洗われるのが欠点だが、榛名一番砲塔は波浪をさけて左舷に指向されている。右舷に15cm副砲が見える

六ノットに増速した。

　サウスダコタはその後、ワシントンと合同ヌーメアに向かったが、主砲弾四十二発によって上部構造物を大破され、三十八名が戦死、六十名が負傷した。

　戦闘は終わった。近藤提督は艦砲射撃を中止し、炎上爆発中の霧島の救助にあたった。軽巡川内と駆逐艦敷波がすでに以前から、この傷ついた女王につき添っていたが、さらに駆逐艦三隻が待機を命ぜられた。

　霧島は操舵装置を破損したうえに、機械類も損傷を受けていた。艦長は戦艦比叡の昼間におけるにがい試練を反復することを望まず、霧島の放棄と処分を命ずるのが少しおくれた。駆逐艦がその乗員を収容するために近接後、

海水弁が開かれると、霧島はしずかに軍艦旗とともに沈下してゆき、サボ島北西方に沈んだ。十一月十五日午前三時二十分だった。

この両日の戦艦同士の決闘は、二日前の非組織的な戦いよりきわめて手ぎわよく米国海軍によって戦われたものだった。

駆逐隊の警戒がまったくなかったにもかかわらず、リー提督は確実な方針をもっていた。彼はレーダーの価値をよく認め、敵の運動や戦術を知るためによくこれを活用した。しかし、以前の夜戦における錯誤のあるものは繰りかえされた。

米国の機動部隊はかき集めの一夜づけで、艦長同士お互いに顔も知らない有様だった。じっさい、南太平洋に再現された危機は、敵に対応するためには、手持ちの兵力をありったけ投入するよりほかはなかったのだ。

ふたたび、しかもこれが最後となったわけではないが、日本が魚雷の使用に関し、米国側よりすぐれていることは今回も示された。サウスダコタがぶじ生き延びたのは幸運だった。これに対し、日本側の霧島の喪失は大きな打撃であった。

デビス大佐に指揮され、リー提督に指導された戦艦ワシントンは、その名づけ親の冷静と技量とによって、合衆国の危機を救ったといえよう。（サミュエル・モリソン）

月明のサボ島沖夜戦

十一月十四日の夜は美しかった。そよ風が静かな海面に小波（さざなみ）をたて、四半分の月が輝き、サボ島は二十八キロ彼方に影を浮き出させていた。各艦は戦闘部署についていた。

日本軍はたしかに近かった。その早い口調の話し声が電話送信器から聞こえてくる。リー部隊が、サボ島の最北端を通過して南東に向かったちょうどその時、午後十時四十五分には三ヵ所からの日本軍の話し声は興奮状態に達していた。

右舷に怪しい灯火！　すわ敵艦と思ったところ、それは白い岩を照らす月光だった。やがてサボ島の北方をまわって突進している三隻の日本駆逐艦を発見した。時刻はまさに正子、米国戦艦部隊はサボ島の南東約二十キロに進出していた。サウスダコタの見張りは、没する月の光の中にぼんやりと輪廓を示す敵艦を肉眼でみとめた。三隻である。

米艦隊は回頭して敵に向かった。ワシントンがまず射撃を開始し、サウスダコタがこれに続いた。日本艦隊は不意をつかれた。しかし、米部隊の駆逐艦は残らず落伍するか、やられてしまって戦艦二隻だけになった。このとき、戦艦霧島を先頭とする新手の有力な日本艦隊が、サボ島をまわって突進してきつつあった。その後の戦闘は巨艦同士の珍らしい交戦となることになった。

午前一時、日本軍は探照灯を点じ、その光の束のなかにサウスダコタを捕捉した。両軍は、ほとんど同時に射撃をはじめたので、砲声はあたりに殷々と夜闇をついてとどろき渡った。しかし、ワシントンは霧島に砲火を集中し、サウスダコタは巡洋艦の探照灯を吹きとばした。しかし、三隻か四隻の敵艦はサウスダコタに攻撃目標をえらんだので、同艦は多数の命中弾を受けることとなった。

ワシントンの斉射は三回、霧島に命中した。黒煙と白い蒸気の大きな雲が日本の戦艦から立ち昇って、赤々と燃え上がった炎に照らし出されていた。ワシントン艦上では、敵艦がすでに撃破されたと思われたので打ち方止めを命じた。しかし、霧島は屈せず反撃した。ワシントンはその後、何回も多数の主砲弾を霧島に撃ちこんだので、霧島の満足な大砲はわずか一門になってしまった。だが、サウスダコタの方も大損害を受けていた。戦艦と巡洋艦の砲弾を数十発も撃ちこまれたので、前檣は大破し、レーダー、射撃指揮所および無線装置は使用不能になってしまった。

サウスダコタの装甲は一四インチ砲弾には耐えたけれども、上甲板以下はひどくこわされた。艦長ガッチ大佐は、味方の助けとなるよりも重荷になるばかりだと考えて、戦場を避退する決心をした。

ワシントンに坐乗のリー提督は、敵の魚雷攻撃を避けるため、針路を反転して速力を二十ノットに落とした。彼はサウスダコタと直衛駆逐艦群の所在をよく知らなかったが、この戦闘によって敵輸送船団の揚陸作業を十分妨害できたと感じた。そこで、ワシントンもまた戦場から離れることにした。午前二時前後に、三十分間以上も十七回にわたる魚雷攻撃に悩まされたが、巧妙に回避された。

日本軍も退去しつつあった。この十五日の戦艦夜戦は東部ソロモンにたいする両海軍の死闘に終止符を打った。実際問題として、ガダルカナル海戦は終わりを告げた。

四日にわたる海戦において日本軍は、戦艦二隻（比叡、霧島）、重巡一隻、駆逐艦四隻および十二隻の輸送船や、貨物船を失った。そのうえ多数の軍艦を損傷した。一方、米軍は軽巡二隻、駆逐艦七隻を失い戦艦一、重巡二、軽巡一および駆逐艦四に損害をうけた。（ウォルター・カリグ）

燃料なき「榛名」最後をかざる主砲戦

呉対岸小用沖に繋留された高速戦艦の雄々しくも悲しき最後の日々

当時「榛名」三十七代艦長・海軍大佐　吉村真武

戦艦榛名（はるな）が完全に止（とど）めをさされて江田島埠頭にエンコしてしまったのは、昭和二十年七月二十八日のことである。

開戦当初より、太平洋の戦場という戦場をほとんど駆けめぐった榛名は、捷一号作戦にひきつづいてオルモック輸送作戦を支援した後、シンガポール南方リンガ泊地に在泊していた。そんな昭和十九年十二月、突然、内地に帰投を命ぜられた。致命傷は一つもなかったが、佐世保に寄港後、呉に回航されてバルジや三六サンチ砲と一五サンチ砲の一部を、応急修理することになった。所属は呉鎮守府警備艦の配置についた。

吉村真武大佐

そんなころ、私は重永主計（かずえ）大佐のあとをうけて艦長に赴任した。繋留した場所は、呉の海軍工廠の岸壁に接近させて、浮き桟橋を一つおいて艦尾をくっつけてあった。

そこで訓練に従事したのであるが、これは入渠にさいして陸揚げした重油は、当時の情勢

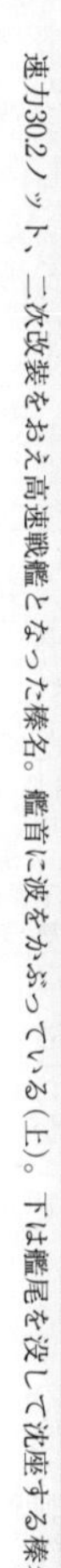

速力30.2ノット、二次改装をおえ高速戦艦となった榛名。艦首に波をかぶっている(上)。下は艦尾を没して沈座する榛名

上かえしてもらえず、開戦後に大改装した日向、伊勢などとちがって、砲塔その他の訓練用の電力まで賄（まかな）うような内燃発電機がないため、訓練をするためにも陸上から電力の配給をうけなければならぬ状態であった。

燃料があれば罐（かま）をたいて電力をだせるのであるが、それもできないため、電線を艦のすぐそばまで引っぱってきて、わずかばかりの役に立てるというありさまだった。

一五サンチ副砲は全部、本土決戦にそなえて取りはずされ、機銃もほとんど持っていかれてしまった。当初一四〇梃もあった機銃は、わずか四十梃も残らないというみじめなありさまであった。そのうえ、それにつれて主砲配員は半分になり、乗員もけずられた。

ところが、三月十九日に米艦上機群の大空襲があり、直撃弾一発をくらったほか副砲砲廊と高角砲に若干の損害をうけ、二十三名の戦死者を出した。そこで対空火器をもっと増やさなければならぬ必要にせまられたが、一五サンチは備後水道の陸上に持っていかれ、主砲は二個砲塔分の兵員だけで、わずかに機銃二十梃の追加があったにとどまる。

乗員にしても、海兵出の俊敏な士官はほとんど特攻隊に出て、あとは病人か、国民兵の老人がほとんどというのが、そのころの榛名の状態だったのである。

集中攻撃を受けた榛名

六月中旬、またB29の空襲をうけ、後甲板に大型爆弾一発が命中し、上甲板をふきとばし、その両側の舷側板は外方に摺鉢状にひらいてしまった。

そこでやむを得ず一時ブイに繋留し、その後、鎮守府の命令により呉対岸の小用沖に曳航して錨をおろし、受電用の施設を設け、七月に入ってすぐ陸岸に平行して艦首を南西に、古鷹山を右舷正横に見上げる体勢で繋泊した。

水深十一メートルのそこは、やがて榛名の墓場になったわけだ。

七月二十四日、またまた艦上機が来襲した。このとき、呉付近にあった艦艇は甚大な被害をこうむった。榛名も四番砲塔付近に直撃弾一発を受けたが、さいわいにも生き残ることができた。

しかし、それから四日目、二十八日の敵機群は、ひとり榛名だけを目ざして集中攻撃をかけてきたのだ。のちに聞いた見張りの報告では、

「くるヤツくるヤツ、榛名ばっかりを狙っていたぞ」という。

その数およそ二四〇機、そのうちの五十機ずつが連続急襲してきた。

残った艦は、いずれもカムフラージュしていたが、空母三隻（天城、葛城、龍鳳）のように甲板に縄をはりめぐらせて、そこに松の木を結びつけ、小山のごとく見せかけるという器用な芸当が出来るわけでない。巨大な戦艦のカムフラージュなど、あってないにひとしかった。

運命の二十八日——この日は文字通り榛名だけに止めをさしにきたのである。

この日、呉海上には南からの弱い風が吹いていた。敵機は榛名の視界外を古鷹山の北方に進出し、そこから山頂めがけて南下し古鷹山をかすめるようにして突っこんできた。これは、

目ざす榛名が応戦のために十分な照準をあわせる時間のないことを意味する。しかも艦の周囲は、一瞬の間に砲煙と爆煙につつまれた。なお悪いことに陸地と艦の間が狭いため、その煙がそよともなびかないで真っ黒にこもってしまったのである。対空応射はますますやりにくくなり、群がる敵機も判別できぬようになってしまった。一弾は主砲射撃指揮所付近に命中して主砲測距儀をふきとばし、見張員を多数死傷させた。

斜陽に映える軍艦旗

午前中のこの空襲で、対空見張員はほとんどが戦死、または負傷者が続出したうえ、かさねて午後にも来襲し、榛名の命運は、いよいよきわまったかと見えた。

艦首方向から大型機の編隊が飛来した。性能のよい大型機の爆撃にあっては、榛名もいよいよ最後かと思った。この方向には主砲は前部の二門しかつかえない。ところが、分隊長の腰ダメ射撃の主砲三式弾一発は、みごと敵編隊の先頭機を撃墜した。これには敵もよほど動揺したらしく、前方群は本艦をとおり越して遠く海中へ、後続群は江田島の陸上へ爆弾を投げおとして、機首をひるがえして飛び去ってしまった。

しかし、十三発の直撃弾をうけた榛名は、上甲板をふっとばされ、両舷側がむざんに開いて、そこから浸水し、ついに座りこんでしまった。重巡二（利根、青葉）、軽巡大淀その他の小型艦など大部分がやられて、ひっくり返ってしまった。そんななかで、それでも戦艦のありがたさ、横転もせずに、そのまま浅い海底に艦底をつけて停止した。

水面上には、上甲板の主砲が厳として砲口を空にむけていた。まだまだ戦うぞ、という気概そのままを見せて、乗組員たちは、甲板上にまなじりを決していたのである。撃墜機数は艦で確認したものだけで八機、さらに陸上見張所の報告では、敵機群が避退帰投中、相当数が海上に墜落したのを見たとのことであった。

艦も、十三発の直撃弾のほかに高角砲およそ半数、機銃約三分の一が使用不可能となった。将兵の戦死は、森脇大尉以下の六十六名だった。

被害を受けたのは、艦だけではない。そのとばっちりを受けた陸上の惨憺たる状況は、目をおおうばかりだったのである。

やがて、乗員たちは江田島に移駐を命ぜられた。俊速をほこる榛名は、緒戦から前線に奮闘し、乗員たちの士気まことに天をつくものがあった。それだけに、むざんな姿と変わりはてた榛名から離れていくのは、さぞや後ろ髪をひかれる思いだったに違いない。

艦歴じつに三十年、その間につちかわれてきたながい伝統を守りつづけ、太平洋戦争に惜しみなく善戦敢闘をくりかえしてきた乗員たちは、この七月二十八日に、最大にして最後の輝かしい伝統のにない手としての役割を果たしたのである。

最後の二十八日、上甲板だけ姿を見せる榛名の艦上で、乗員はあくまでも頑張っていた。主砲はまだ健在、このままで引きさがれるか、という気概があった。そして、殷々(いんいん)たる砲声は夕空に吠えつづけた。

かつて、全世界が目をみはった高速戦艦榛名は、その優秀な機能を縦横無尽に駆使してあばれまわり、そして遂にそのすぐれた機能ゆえに、最後の最後まで生き残りながら、数百の敵機をわが身ひとつに受けて最後を飾ったのである。艦尾にはためく軍艦旗に、折りからの斜陽がいつまでも黄金の光彩をなげかけていた。

戦艦「伊勢」に怒りの弾幕たゆる時なし

沈みゆく僚艦の断末魔を目にしながら対空戦闘を戦った血涙の手記

当時「伊勢」一番高射器測手・海軍上等兵曹　福島利三

私は昭和十年六月三十日、呉海兵団に徴募兵として入団。この年の十一月十五日、海軍四等水兵の新兵教育課程を終了すると同時に、呉軍港において軽巡洋艦神通(じんつう)に乗り組んだ。そして十二年五月、海軍砲術学校へ普通科練習生として入校、翌年五月に戦艦伊勢(いせ)に乗艦した。

昭和十五年十一月、こんどは高等科練習生としてまたもや砲術学校へ入校し、ぶじ過程をおえた十六年五月、ふたたび伊勢に乗組を命ぜられ、昭和二十年四月、准士官予定者として、呉軍港において退艦した。こうして二十年の末に復員するまでの十年六ヵ月間、私が乗艦したのは神通と伊勢であった。

福島利三兵曹

だが、伊勢とともに多くの海戦にも参加した私であるが、昭和十九年十月二十五日のフィリピン沖海戦は凄惨をきわめ、三十年たったいま(ま)までも、あの悲惨な光景は目の当たりにはっきりと焼きついている。あの状態を見て一口でいえば、いかなる理由があったにせよ、戦争は起こしてはならないということに尽きるであろう。なにしろ助けをもとめる僚友をふりきって別れなければならなかったあの状態は、この世ながらの生き地獄であった。

ともあれ、昭和十九年十月中旬、私が乗艦していた伊勢は、瀬戸内海西部にある広島湾内の一角に停泊していた。伊勢は捷一号作戦にオトリ部隊として出撃のため、作戦行動に参加しないほかの艦より燃料、弾薬、食料などの補給をうけて、これ以上の補給はできないという満腹状態で、ようやく夕闇せまる広島湾から豊後水道を南下して、フィリピン東方海上へと急いだ。このときは昭和十九年十月二十日午後四時ごろであったと記憶している。

このころ中部太平洋、南太平洋の制海権および制空権はすでに連合軍の手中にあった日本にとっては、最後の砦とたのむフィリピンであった。そのためここを最後の決戦の場として死守すべきであると考えられ、フィリピン方面邀撃作戦すなわち捷一号作戦が展開されたのであった。

当時、伊勢は航空機が搭載できるように改装され、第四航空戦隊と呼んでいた。旗艦は日向(ひゅうが)であり司令官は松田千秋海軍少将であった。また、フィリピン出撃時の艦艇の編成は、第一群は日向を中心に両翼に空母二隻(千歳、千代田)、巡洋艦、駆逐艦を配した輪形陣を形成した隊形で、第二群は伊勢を中心に第一群と同型の隊形で編成されていた。第一群は右、第二群は左と、完全なる電波管制、灯火管制のもとに夜は対潜警戒を、昼は対空警戒をと、まさに不眠不休の臨戦態勢であった。

早くもあがったZ旗一旒

十月二十四日午後四時ごろ、早くも日向のマストにはZ旗があがった。これは敵機動部隊発見という味方の哨戒機からの報告があったためで、この報告をうけ機会をまっていた航空機は敵の艦隊をめがけて一斉に飛び立った。

それから一時間後には航空機による戦闘詳報が入るものと首をながくして待っていたが、私たちにはなんの戦況も知ることができなかった。こうして不気味な十月二十四日の夜はふけて、いよいよ翌二十五日午前七時ごろ、電波探知機は敵航空部隊の大編隊を捕捉した。各艦は一斉に対空戦闘態勢をとり、速力も二十四ノットに増速された。そしてまた各艦は主砲、高角砲、機銃、噴進砲（ロケット砲）などすべての対空砲火器をうちあげて、艦の上空に弾幕をはりめぐらせた。

私は伊勢の一番高射器が戦闘配置であったため、敵機の行動は手にとるように双眼鏡に入ってきた。このときの敵機は太陽を背にして、高度五〜六千メートルから急降下の態勢になった。よく見ると敵機はグラマンである。高度三百メートルくらいでグラマンの弾扉がしずかに開いて、ネズミの糞（ふん）のように見える爆弾を四個投下した。おそらく二五〇キロ爆弾で、四個で一トンである。

敵機の攻撃は急降下爆撃だけではなかった。雷撃機による魚雷攻撃、戦闘機による機銃掃射と間断なくあらゆる攻撃はつづいた。こうした攻撃下で艦は対空砲火と避弾運動をつづけながら、基準進路零度で北方に離脱したが、これはあらかじめ決められた〝オトリ〟としての予定の行動であった。

このとき被弾したのは一群の軽巡多摩(たま)であった。速力は半減したようであったが、日向は多摩の周辺を航行しながら、なおも北上をつづけた。

敵機による第一波攻撃は一時間あまりで終わったが、午前九時ごろにはつづいて第二波の攻撃をうけた。この攻撃では、瑞鶴、瑞鳳、千代田、千歳の四空母で編成されている第三航空戦隊の空母群がつぎつぎと被弾した。このため、第三航空戦隊の小沢治三郎長官は瑞鶴に坐乗していたが、戦闘が小休止の時点で旗艦を大淀に変更して移乗した。

つづいて第三波の攻撃である。この攻撃において母艦群は、ほとんど壊滅的な打撃をうけた。浸水のために飛行甲板が水面のすれすれまで沈んでいる空母もあった。だが、この艦は戦闘能力の九九パーセントまで失った状態で、最後の一兵まで、最後の一弾までと応戦している姿は、まさに日本の海軍魂というものであろう。

すがりつく戦友をあとに残して

母艦群の戦闘能力がなくなったと見るや、敵機はその攻撃を伊勢にむけて集中してきた。伊勢は直撃弾こそ受けなかったけれども、ものすごい数の至近弾をうけた。そのときの状況を見た僚艦があとになって、伊勢はあのとき轟沈したかとおもったと表現した。それもそのはずで、数えきれないくらいの至近弾は左舷に集中した。そのため左舷側のカタパルトは、

10月25日、エンガノ岬沖で空襲をうけ、艦首一番砲は三式弾を発射、全速航行中の伊勢。副砲を全廃し連装高角砲８基、30連装噴進砲６基、25ミリ機銃104梃と対空兵装は強化されていた

18年８月24日、航空戦艦への改装なった伊勢。後部２砲塔を撤去、飛行甲板と格納庫を設置し搭載機は昇降機であげ後部艦橋両舷カタパルトで射出。捷号作戦では飛行機は搭載しなかった

至近弾の水柱によってもぎとられ、いったん空中高く持ち上げられたかと思うと左舷側中部の上甲板に落下した。そのときの衝撃がひどかったので、伊勢も被弾したかのように見えたのであろう。

また至近弾の破片によって、艦の左舷バルジには無数の破孔ができて浸水しはじめた。このため最終的には、艦は左舷に七度くらい傾斜したようにおもう。だが、幸いなことにまた戦闘は休止状態となった。

しかし、これと相前後して第三航空戦隊の空母瑞鶴は、海底深く没していったのである。この僚艦の最後を目撃して、私たちはしばらくのあいだ放心状態であった。

まもなく小沢長官より「伊勢は遭難者を救助せよ」という命令があった。このため、各戦闘部署より離れることのできるものは中部甲板上に集合した。そして各自は、救助に可能なあらゆるものを持っていたが、結局、外舷索をつなぎあわせて海中に放り出されている遭難者に投げてやることを考えた。

伊勢は遭難者の集団にしずかに近寄っていった。そしてまた、遭難者を元気づけるために、大声をはりあげて、「早くこっちへ泳いでこい。早くこい」と励ましもした。なにしろ敵機の来襲はいつあるかもわからないと思うと、一刻の猶予もゆるされないのである。そして遭難者を目がけて外舷索を投げてやった。

伊勢の外舷は戦艦としては低いほうなので、救助作業は比較的らくではあったが、なにぶんにも遭難者の疲労度はその極に達している。投げた外舷索に元気で取りつける人、また、時間のかかる人などがいたが、ともかく遭難者集団の大部分の人たちは救助したようにおもう。だが、救助のできなかった人たちも沢山あったことも事実である。それはまたもや襲ってきた敵機のためであった。

敵機の来襲ではしかたなく、私たちは断腸の想いでふたたび相まみえることのできないであろう戦友と、血涙をのんで、太平洋上で別れたのであった。伊勢のほうに力つきた体になおも鞭うって泳いでくる戦友、必死の声をはりあげて助けをもとめる戦友、泳ぐ力もなくただ海面に浮かび、うつろな目でこちらを見ている戦友などを振りきって、伊勢は重い空気をただよわせたまま静かに救助現場をはなれてしまった。

まさにこの世の生き地獄であった。地上戦闘であろうと、海上戦闘であろうと、また洋の東西をとわず、これが戦争の実態である。

終わりなき米軍機の攻撃

救助現場をはなれた伊勢は、両舷とも第五戦速である戦闘速力に増速して、基準針路零度で北上を開始した。だが、あいかわらず敵機による空襲は執拗につづけられて止まるところをしらなかった。このため避弾運動と対空砲火の放列で敵機を撃退しながら、やっとのことで北方に離脱した。昼間の空襲はこれが最後であった。すでに太陽は西に沈みかけていた。

ふと気づいてみると、僚艦である日向の姿が見えなくなっていた。あまりにも熾烈な眼前の戦闘に、私は僚艦の所在すら忘れてしまっていたのであった。そこでいちおう平静さをとりもどしたいま、慌ててあたりを見わたした。

すると後方の水平線のかなたに黒点を認めた。それがだんだん大きくなり、日向であることがわかった。やがて伊勢も日向と合同して北上をつづけるうちに、夜になった。このときの残存艦艇は、日向、伊勢をはじめ巡洋艦数隻と駆逐艦数隻だけとなっていた。

宵闇があたり一面をつつみこんだころ、「敵機動部隊が北上中」という情報がはいったが、この後すぐに連合艦隊司令長官から、「日向、伊勢は残存艦隊を集結して夜襲を決行せよ」との命令があった。

このときこそ、これが最後だと思わなかった者はおそらく一人もいなかったであろう。だが、だれ一人としてそのことは、口にしなかった。

まもなく夜襲にあたる艦の配置が指示され、一八〇度の方向転換をしてふたたび南下した。しかし、この作戦は途中から中止となったため、いちおう残存艦艇は母港である呉に帰投して、艦の整備を行なったうえでふたたび出撃することになった。このため懐かしの呉軍港へといそぎ、十月三十一日の深夜、呉に帰投した。

十一月一日に第四ドックに入渠して、その場しのぎの応急修理をおえ、十一月六日、燃料補給をしたうえで呉軍港に別れをつげて新しい作戦のため、南方に出撃したのであった。しかし、このときすでにフィリピンと仏印（ベトナム）のカムラン湾にはつねに敵の哨戒機が飛来して、日本本土と南方とは完全に遮断されることとなり、南方からの引揚げを余儀なくされていた。

そのため、昭和二十年二月六日、やむをえずシンガポールに寄港して、ここで航空燃料、生ゴム、その他の必要物資を昼夜兼行の突貫作業で積みこみ、二月十日の夕刻、呉軍港をめざして出発した。途中はすでに制空、制海権をとった米軍の執拗な攻撃をうけたが、それを排除しながら十日間で呉に帰ってきたのであった。

それから一ヵ月後の三月十九日、呉軍港は第一回目の空襲をうけた。

その後、私は准士官講習のため思い出ぶかい伊勢に別れをつげて呉海兵団に入ったが、日向は呉港外の情島（なさけじま）へ、伊勢は倉橋島の北端へ接岸された。

だが七月二十四日と二十八日、伊勢、日向とも敵艦上機の攻撃をうけ、防空砲台としての任務をよく果たした。だが死力をつくしての戦いも、物量をほこり、つぎつぎと新手の導入をはかる米軍の前には、ついに日本軍に利はなく、擱座のやむなきにいたった。そして主砲は天の一角をにらんだまま戦闘力は停止したのであった。

航空戦艦「伊勢」呉軍港の防衛戦

七月二十四日と二十八日の熾烈な対空戦闘と伊勢の最後の日々

当時「伊勢」主砲発令所長・海軍中尉　後藤　寛

比島沖海戦後、第四航空戦隊の日向(ひゅうが)と伊勢(いせ)は、大淀および第二水雷戦隊の霞、初霜、秋霜とともに完部隊を編成して北号作戦に従事した。すなわち日向、伊勢の航空機格納庫を利用して航空燃料、重要物資を満載して、昭和二十年二月十一日、シンガポールを出港し、三三五〇浬(かいり)の長途の危険海域を突破して呉軍港に帰港した。

当時はこのほかに、大和や榛名、利根、青葉ら、比島沖海戦に生き残って帰投することができた艦の大部分が、呉軍港およびその周辺に集結していた。

後藤寛中尉

三月十九日、敵艦上機による初めての空襲があり、ついで四月上旬、大和、矢矧らによる沖縄特攻作戦が実施された。そして、この出撃を最後として呉在泊の各艦は航行するに足るだけの重油を保有することができず、四月下旬より軍港周辺の海岸に繋留され、防空砲台として呉軍港および工廠防衛の任についた。

五月五日の広工廠の空襲、六月二十二日の呉工廠爆撃および七月七日夜の呉市街空襲のさいに対空戦闘を行なったが、終戦の日も近い七月二十四日、二十八日、艦上機およびB29、B24の大空襲をうけた。回避運動不可能という極めて不利な体勢であったため、全対空砲火をもって応戦、二日間にわたって善戦健闘したが、ほとんど全艦が着底して最後をとげたのである。これが連合艦隊の最後の戦闘である。

この防衛戦は、洋上決戦とは様相を異にするが、伊勢、日向の両艦長が直撃弾により艦橋で戦死されたことでもわかるとおり、戦闘としては洋上決戦よりも苛烈といえる面もあった。

私は昭和十九年末より呉警備隊に勤務、昭和二十年四月より伊勢に乗艦し、この呉軍港防衛戦を最後まで体験した。太平洋戦争の海戦については多くの報告があるが、この呉軍港防衛戦についてはまとまった報告は少ないと思われる。自分の体験を中心として述べることにするが、少しでもこの連合艦隊最後の戦闘の様相をお伝えすることができれば幸いである。

呉警備隊参謀付勤務

昭和十九年末より昭和二十年四月まで、呉警備隊参謀付として勤務したが、三月十九日の空襲までは呉軍港も平穏な日がつづいた。また、勤務の方も艦隊勤務にくらべて閑職であり、呉防備の対空砲台の整備計画作成、その他デスクワークが多かったと思う。外部へ出るのは、参謀のお供をして呉周辺の山上の防空砲台の視察にゆくことぐらいであった。山上の砲台のためにつくられた軍用道路を車をとばしてゆくのであるが、内海風景を下に見て、ちょっとしたドライブ気分が味わえた。

対空砲台の整備状況と対空戦闘訓練の実施を視察することが主目的であるが、砲台長（ほとんどが対空専門の三期予備学生）が張り切って対空戦闘の号令をかけ、それに従って砲員がキビキビと動作し、高角砲が仰角をかけて急旋回するさまは、艦隊における訓練とまったく変わらず、大変たのもしく感じた。期待にたがわず、これらの砲台は呉防衛戦において、大活躍することとなる。訓練終了後、とぼしい材料ながら、われわれのために用意してもらった料理をいただきながら、いろいろと歓談したのも楽しい思い出である。

艦隊での実戦の対空戦闘についての体験をきかれることが多く、私は巡洋艦利根でのあ号作戦（サイパン沖海戦）についての体験や戦訓を主として話をした。何といっても対空戦闘がもっとものの関心事であり、みな真剣に討議し、また大学出身の予備学生らしく理論的な説明を求められることが多かったと思う。

三月十九日までは大きな空襲はなかったが、Ｂ29が単機で連夜飛来し、超低空で機雷を散布していった。これにたいしては戦闘機による邀撃もほとんど行なわれず、また対空砲火も有効でないので、まったく敵のなすがままであった。これは終戦の日までつづいた。

ある日、機雷専門の技術士官が磁気機雷の信管を分解したものを持参して、参謀に説明に来られたことがある。私も技術的なことには大変興味を持っていたので、いっしょに説明をきいた。電子回路に黒い小さな真空管が使ってあったが、これが初めてお目にかかるメタルチューブである（終戦後、放出品が多く出まわった）。落下時の衝撃に耐えるように使用されていたものだ。当時、わが国では真空管といえばガラス球ばかりで、メタルチューブはほとんどなかった。この一事をもってしても、エレクトロニクス技術の基礎力の差を見せつけられた気がした。

また、この電子回路は巧妙にできており、船がその上を複数回通過したあとに作動するように設計されており、またその回数は大幅に変更できるようになっていた。この作動開始回数の異なるものを混合して散布していたので、掃海がきわめて困難であった。すなわち、数回の掃海では除去されないものが残るわけで、このためこの機雷による被害は戦後も相当期間つづいた。

この機雷の投下は夜間なので、海面でなく瀬戸内海の島の陸上に落ちることもあった。ある日、柱島付近の島であったと思うが、陸上に機雷が落ちたので、村の青年団で決死隊を編成し、海岸まで運んで海中に投棄しておいたと報告されてきた。

その決死の勇気は褒めてあげたいのであるが、じつは機雷のごとき水中兵器は、海中で水が入ってはじめて安全装置が解除されるようになっているのが普通である。陸上に置いてある方が安全で分解もしやすい。今後は陸上に落ちたときは、そのままにして通報するよう指示が出されたのも、笑えぬ一コマであった。

三月十九日の呉軍港空襲

四国の室戸岬南方に進出した米第五八機動部隊を発進した艦上機が、松山上空をへて呉在泊の艦船および工廠の爆撃を開始したのは、三月十九日午前七時二十分ごろである。当時、松山には源田実司令のもとに新鋭戦闘機紫電改により編成された三四三空がいた。飛行隊長は鴛淵孝大尉、林喜重大尉、菅野直大尉で、いずれも著名な歴戦のエースパイロットである。隊員も選抜結集された名パイロットばかりで、当時の最精強の戦闘機隊であった。

夜明けとともに発進した偵察機彩雲の敵機動部隊発見の報により、鴛淵、林、菅野飛行隊長のひきいる紫電改五十四機が発進、午前七時ごろ、松山上空において邀撃し、五十機以上撃墜の戦果をあげたが、それを突破した戦爆連合の艦上機が呉に来襲したのである（戦闘機はグラマンF6FヘルキャットとヴォートF4Uコルセア、爆撃機はカーチスSB2Cヘルダイバーである）。

敵機は灰ヶ峰上空より在泊艦船および工廠にむかって突入してきた。当時の在泊艦船の位置を図に示す。呉軍港をかこむ山々の峯や島に配置されていた約八十門の高角砲および在泊艦船の対空砲火は全力をあげて応戦、呉上空は文字どおり黒い弾幕でおおわれた。攻撃機数は計三五〇機、戦闘は午前十一時二十分の空襲警報解除までつづいた。主な艦船にたいする命中弾は日向三、榛名二、天城一、龍鳳五、利根一、大淀五と報告されている。

伊勢には命中弾はなかった。伊勢に命中弾があり、火災を起こしている等の記事がよく見うけられるが、これは間違いである。命中弾のなかったことは、当時の乗員の証言で明らかである。私は警備隊勤務で、平素は対空砲台の整備視察などは行なっていたが、戦闘がはじ

昭和20年３月19日、米艦上機来襲時の呉軍港内の艦船配置図

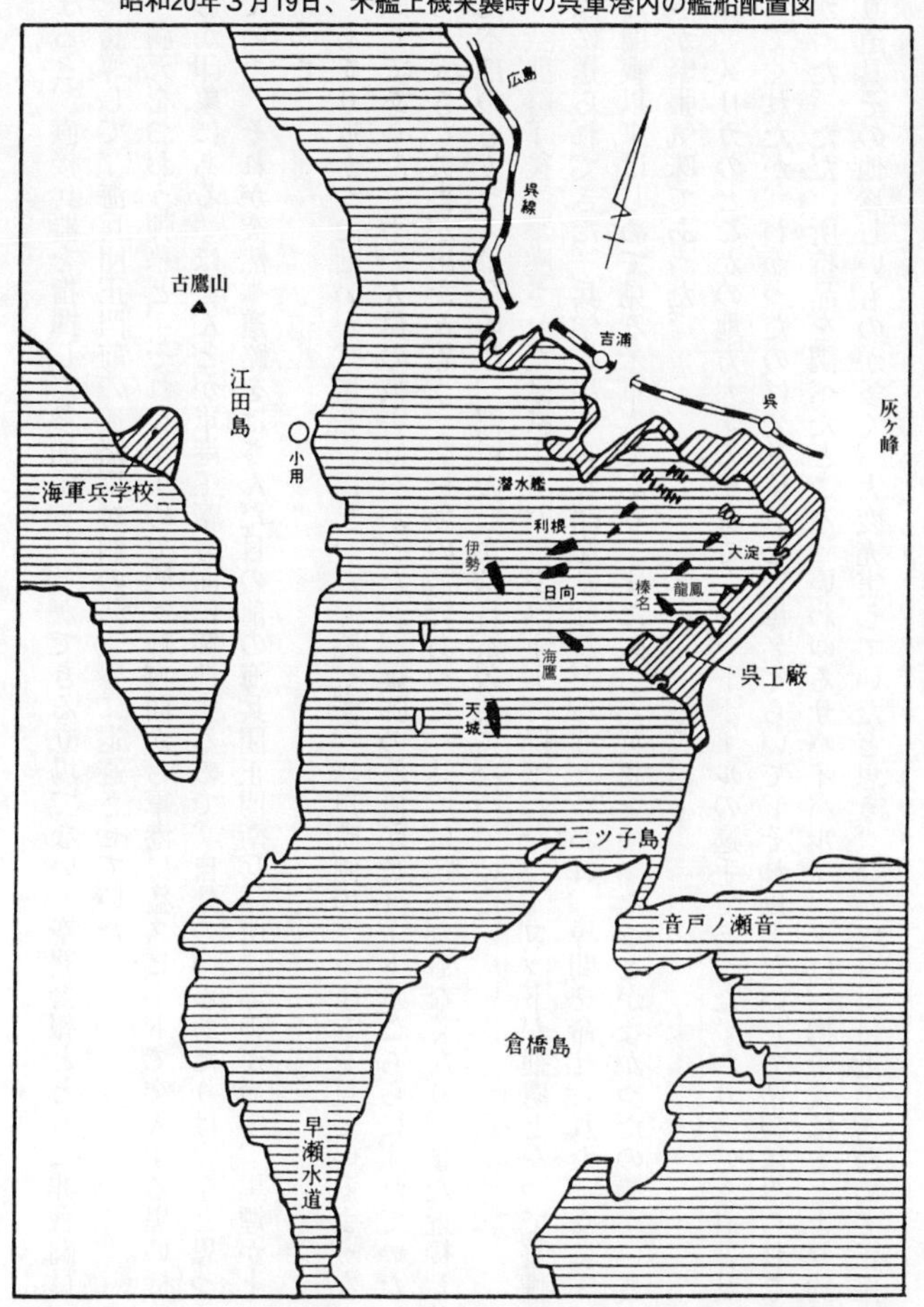

まると、直接兵器を指揮して参加することができる立場でない。空襲警報とともに非戦闘員を誘導して、海兵団正門前の道路反対側の防空壕に退避させていた。

満天をおおう弾幕と、それをかすめて灰ヶ峰方面から軍港に猛スピードで突入する黒い機影が印象にある。ほとんどが軍港工廠方面に突進するので、自分のいるあたりは安全と思っていた。それが突然、道路をはさんだ目の前の海兵団正門衛兵詰所に爆弾が命中、黒煙が上がった。

あまり近かったせいか、爆発音はまったく感ぜず、無声映画の一シーンを見ているような感じであった。幸い人員の被害はなかったが、爆弾の位置が数メートルこちらにずれていたら、大きな被害が出たと思う。間一髪の差であった。詰所は跡かたもなくなり、また近接した本部の窓ガラスは全壊し、部屋のなかは目茶苦茶になっていた。

空襲終了後、撃墜された敵機よりパラシュートで降下したパイロットが捕虜となって警備隊に送られてきた。兵学校出なら英語を話せるだろうといわれ、尋問を命ぜられた。なにぶん開戦以来はじめて見る米軍人であり、また久しく英語を使ったことがなかったので、いささか緊張気味であった。

アメリカのどこかの地方大学の出身で、フットボールの選手であった。わりあい素直に話してくれたが、わかったのは発進位置と空母名ぐらいで、それ以上たいして情報は得られなかった。ただ、所持品を調べたところ、いわゆるサバイバルキットは、携帯食はもとより釣り道具その他珍しいものが多く、大変充実していたと思う。なかでも呉付近のきわめて正確な地図を印刷したマフラーを持っていたが、これは狭い機中で使うにはなかなか便利そうで、そのアイデアには感心させられた。

大和の出撃

三月二十六日、米軍は沖縄・慶良間列島に上陸を開始した。大和が三月二十八日、呉を出港していった。どのような作戦に従事するかは、そのときは知るよしもなかったが、出港の前日であろうか、大和副長の能村次郎大佐が、警備隊参謀長の加藤憲吉大佐にお別れの挨拶にこられた。

私は参謀長の部屋で執務していたので、自然にお話が耳に入った。加藤大佐は比島沖海戦において武蔵が最期をとげたときの副長である。主としてそのときの戦訓について話しておられたと思う。雷撃による被害をうけたときの注排水のやり方についての注意事項や、また武蔵は爆撃にたいしては非常に強く、砲塔の直上に直撃弾が当たったときも、鼠にかじられたようなカスリ傷がつくだけであった等、話しておられたと思う。

しばらくしてから大和が沖縄へ突入して沈んだという噂が何となく耳に入ったが、まさかと思い、半信半疑であった。

四月十日すぎであったが、能村大佐がまた突然、加藤参謀長を訪ねて来られた。額に大きなガーゼをあてられていた。「地獄の入口まで行って来ましたよ」といわれてから、大和・矢矧らの最後の戦闘の様子を話された。このとき初めて、大和が四月七日に沖縄に突入、徳之島付近で艦上機と交戦、最後には大爆発をおこし、壮烈な最期をとげたことを知ったのである。

戦艦伊勢に着任

警備隊の勤務もけっこう楽しいことは多かったが、やはり実戦部隊ではないので、もの足りなく感じる日が多かった。とくに呉に上陸したときに、大浦の一特基（回天基地）のクラスの連中と会うことがあったが、彼らの一目でわかるそのスタイル（汚れた軍服、長髪、ブーツ）と眼光鋭く意気軒昂たる姿を見るにつけ、自分も何とか早く実戦に参加したいと思った。

三月ごろには健康状態も回復して自信もついてきたので、呉海軍病院にいって軍医の診断をうけ、「あまり無理をしてはいけませんね」といわれるのを何とか頼みこんで承諾を得た。その後、加藤参謀長に回天、潜水艦、水上艦艇など何でも結構ですから、なるべく早く実施部隊に出していただきたいと、事あるごとにお願いしていた。念願かなってやっと四月二十日付で「軍艦伊勢乗組を命ず」との辞令をうけた。

私が伊勢に着任したのは、伊勢が音戸の瀬戸西方、倉橋島北端坪井浜に繫留され、防空砲台として呉軍港防備の任についた直後である。当時、呉在泊艦艇は、残存せる重油の大部分を沖縄に出撃した大和に提供したため、航行するに足るだけの燃料を保有することができなかった。そこで伊勢と同様、呉軍港およびその周辺に繫留されていた。（二八九頁地図参照）

日向（情島）、榛名（港内、六月二十二日の空襲後、小用沖）、青葉（警固屋）、龍鳳（秋月海岸）、天城、葛城（三ッ子島）である。そのほか利根、大淀が江田内で兵学校生徒の練習艦も兼ね、利根は松ヶ鼻、大淀は飛渡瀬に繋留されていた。各艦は擬装網などによりカムフラージュされたが、伊勢の場合は牟田口格郎艦長が対空射撃優先を強く主張され、その障害となる擬装網の展張はまったく行なわれなかった。

しかし、空母にたいしては徹底した遮蔽が行なわれ、とくに龍鳳は擬装網で完全におおわれ、伊勢の艦上から見ると江田島の島影ととけ合って、ほとんど識別できないぐらいであった。擬装コンテストで龍鳳が一位となったが、擬装もこれぐらい徹底すると、きわめて有効である。あとでわかったことであるが、撃墜した米機搭乗員の所持していた航空図にも、龍鳳だけは記入されておらず、その結果、龍鳳は最後まで爆撃を受けることがなかった。

ともあれ、伊勢では主任務としては主砲発令所長を拝命したが、当時は減員配置の状態で、何名かいた七十三期のクラスの連中も、北号作戦のあと、潜水艦（潜水学校）、駆逐艦などへ転勤したあとであった。その後も転勤者があいつぎ、多くのポジションが欠員となってゆくので、私は発令所長以外に砲術士、衛兵副司令、通信士、照射指揮官、航海士などの兼務をつぎつぎと命ぜられた。

当時のガンルームの兵科士官は、三期予備学生が主体であったが、予備学生出身者は大部分が機銃群または噴進砲指揮官、および電測士などを勤めていた。それぞれ専門の教育しか受けていないが、われわれ兵学校出は、一応なんでも可能なように教育されていた。とくに

伊勢の艦首一番二番砲塔。当初は連装６基であったが、後部２砲塔を廃し連装４基の航空戦艦となった

ガンルーム時代は、どんな配置にもつかねばならぬ立場にあったためと思う。

主任務（戦闘配置）の発令所長は、通常ならば戦艦では私の数クラス上でなくてはなれない配置なので、その責任の重大さを感じ、一日も早くこの配置に馴れることにつとめた。発令所とは、射撃盤（機械式コンピュータ）をもちい主砲（三六センチ砲八門）の射撃に必要な諸計算、データ処理を行なうところである。当時のハイテクの粋をあつめた巨大な主砲射撃システムの頭脳部分にあたり、前檣下のもっとも防備厳重な場所にある。

幸い私は少尉候補生のとき、巡洋艦利根に乗り組み、砲術士として発令所に勤務したことがあり、あ号作戦（サイパン沖海戦）では実戦も体験した。また、当時の利根艦長黛（まゆずみ）治夫大佐は海軍砲術の最高権威であり、全身これ闘志のかたまりというべき有名な猛烈艦長であった。この艦長から直接きびしい指導をうけた経験が、何よりも自信につながった。

とくに今後は対空戦闘が主なので、三式弾を使用することになるが、この三式弾も黛大佐の発明によるもので、昭和十六年秋に実験に成功し、以後、対空射撃やガダルカナルの飛行場砲撃に威力を発揮した。主砲の場合、千発ちかくの焼夷榴弾を内蔵しており、炸裂すると広範囲（長さ七百メートル、最大径三百メートルぐらいの円錐状）に焼夷弾を放射する。

黛大佐からその原理、威力、射法などについて直接教えていただき、また、あ号作戦では実戦に使用し、すぐ近くにいた大和の主砲による三式弾射撃の凄まじさを目のあたりにしたこともある。これらをあらためて思い出しながら、主砲による対空射撃の勉強と訓練に専念したわけである。

五月五日の広工廠爆撃

着任して間もない五月五日の十時三十分ごろ、B29の大編隊（一三〇機）が広工廠および十一空技廠を爆撃した。伊勢では主砲の大遠距離射撃を行なったが、残念ながら有効弾はなかったと思う。また、広には情島にいる日向が近いが、日向も島かげが死角となって有効な射撃を行なえなかったようである。

この爆撃は十一時すぎまでつづいたが、彗星艦爆および紫電改戦闘機を生産していた十一空技廠が大きな被害をうけ、その後の減産を余儀なくされた。

この戦闘終了後、私は師岡高射長に呼ばれ、「主砲は敵機を追尾して射撃したが、効果は思わしくなかった。次回からB29の編隊にたいしてはその投弾点を推定し、その後方に主砲の照準を固定して待ち受け射撃を行なう。爆撃目標を呉工廠という想定で、敵機の投弾点を推定し、それにたいする射法を研究せよ」との命令をうけた。

さっそくB29の速度と高度を想定し、爆撃目標から逆算して投弾点を推定した。すなわち、高度から爆弾の落下所要時間をもとめ、飛行速度を既知として目標地点と投弾点との水平距離を算出した。真空中ならば単純な物理の初歩の問題であり、きわめて正確な答えが出せる。

すなわち、爆弾が着地したときに飛行機がその真上にくるよう、それだけ手前で投弾するはずである。しかし、実際には空気抵抗があるので、爆弾の水平分速度は漸減するが、飛行機の方は一定速度で飛行するので、爆弾が着地したときは飛行機はその少し前方に行っていることになる。これをどう補正するかで頭を悩ました。最初は灰ヶ峰に向かって南方から侵入するという想定で算出したが、風の影響を考えなければ、どの方向からでも同じ距離となる。そこで、爆撃目標地点を中心とし、高度をパラメーターとして同心円をえがき、師岡高射長に提出した。

承認を得たのち、上甲板で砲術科員をあつめて説明し、細部の討論を行なった。以後は主砲についてはこの方法を用いることとなった。

伏龍特攻隊員の選抜

五月末ごろ、水中特別攻撃隊（伏龍特攻隊）の志願者募集の電文が入り、ガンルーム士官にたいしその説明と志願者の募集があった。この伏龍特攻は、米軍の本土上陸にそなえて編成されたもので、潜水服をきて竹竿の先につけた爆薬をもって潜水、敵上陸用舟艇に体当たりするものである。

いまでこそレジャーにも用いられるアクアラングのごときものであるが、当時は潜水といえば、ホースをつけて船上から空気を送る方式のものばかりだったが、海中において自由に単独で行動しうるこの形式は、新しく海軍工作学校で開発されたものである。

もともと特攻用ではなく、瀬戸内海のごとき浅海に投下された機雷にたいし、潜水して近づき小爆薬を仕掛けたのち、爆発させて掃海する目的に開発されたものである。それが本土決戦も近づいたので、これを水中特攻に転用したものである。

最初、その説明をきいたとき、効果はどの程度か、まだどうせ体当たりするなら、回天のごとく一発で大艦を撃沈したいというような議論があった。が、結局はガンルーム士官総員（主計、軍医も含めて）が志願した。選考の結果、塘、芹田、佐藤、太田、川崎の各中尉（いずれも兵科三期予備学生）が選抜された。どのような基準で選ばれたかは知る由もなかったが、入れちがいに後任の五期予備学生六名が着任したので、この後任者の補充の関係が考慮されたものと推察される。

艦長の指示により、音戸の戸田家で盛大な送別会が行なわれ、その夜、彼らは荷物をまとめ静かに家へ便りを書いていた。決意のほどを書きおくっていたものであろう。翌日、艦を出発、総員帽ふれで別れをつげた。

伏龍特攻隊の潜水訓練は、久里浜の野比海岸で行なわれた。本土決戦のときには敵の上陸する可能性の大なる場所である。新しく開発された潜水服は鼻から空気を吸ったのち、口から呼気として吐き出し、清浄缶をとおして苛性カリに炭酸ガスを吸収させて再使用する形式のものである。ところが、この呼吸法が難しく、また開発後、日も浅いため清浄缶の故障もあり、訓練中に多くの殉職者を出したと聞く。

しかし、伊勢からの志願者は殉職された方もなく、また結局、本土決戦に使用されることもなかったので、一同元気に終戦をむかえられた。逆に後任の五期予備学生六名中、五名が後述のごとく七月末に戦死されたが、これも運命というべきか。

特攻隊員の出発のあと、ガンルームは急に静かになったが、六月上旬、新しく五期予備学生出身の六名が着任し、またにぎやかになった。船越衛、関根滋(しげる)、高瀬伸一(以上機銃群指揮官)、池寛、坪井淳、山本美信(電測士)各少尉の六名である。私と杉本中尉が指導官として、副直将校勤務、内火艇指揮等の艦務に一日も早く慣れてもらうための実務教育を行なった。慣例でもあるが、当分上陸もなしということで、連日教育を行なった。

六月二十二日と七月一日の空襲

B29の大編隊二九〇機が広島湾を北上して広島沖で東に変針、吉浦上空に進入し、呉工廠の攻撃を開始したのは、六月二十二日九時二十分ごろであった。爆撃は一時間ほどつづいた。主砲は予定どおり、投弾前の直進コースにたいし待ち受け射撃を行ない、三式弾による弾幕を張った。予想どおり、広工廠爆撃のときに比べて、相当な効果をあげることができた。

すなわち、数機が火と白煙をふいたのが望見された。また、爆撃照準を困難ならしめて命中精度を落とす効果があったのか、多くの爆弾が工廠付近の海中に落ちて、むなしく水柱をあげるのが観測された。高角砲による射撃も行なったが、高々度で有効射程外であり、効果は少なかったと思う。

工廠の被害は潜水艦桟橋、砲熕部付近がもっとも多かったと思われる。また港内に停泊していた榛名の四番砲塔付近に爆弾が命中し、さらに推進器も破損した。これで自力航行不能となり、タグボートで小用沖に曳航され繋留された。

七月一日夜半より二日にかけて約二時間四十分にわたり、呉市街はB29八十機の焼夷弾攻撃をうけた。伊勢は緊急呼集を行ない、倉橋島上空より伊勢の直上を高度四千メートルで呉市街に向かうB29の編隊にたいし探照灯を照射し、主砲・高角砲により邀撃した。撃破五機。しかし、焼夷弾攻撃の威力はすさまじく、呉市街は火の海となってその大半が焼失した。

伊勢の乗組員は、永らく母港として親しんできた呉市街の焼失を見て、市民の方にたいしわれわれが防衛していながら申し訳ないと思った。また、焼け跡にたたずんでわが家の跡を探すらしい母娘にあわれを感じ、胸がつまる思いがしたと語る乗員もいた。

七月二十四日の戦闘

七月二十日ごろ、牟田口格郎艦長と一緒に音戸へ上陸した途次、艦長より「敵機動部隊が近日中に呉軍港在泊の艦隊を空襲すると平文で交信しているから、注意した方がよい」といわれた。それを聞いたとき「本当ですか。平文で交信しているのは謀略じゃないですか」といささか半信半疑であったが、これが事実となったのである。

七月二十四日午前六時より午後四時ごろまで、四国南方海上の第三八機動部隊より発進した延べ八七〇機の艦上機が来襲した。陸上施設には目もくれず、全機が在泊艦に突入してきた。主砲、高角砲、機銃、噴進砲の全対空砲火により応戦、全艦は轟音と硝煙、水柱につつまれた。しかし、比島沖海戦において全雷爆撃を回避した操艦の妙技を発揮することは、もちろんできない。

爆撃開始後まもなく、八時三十分ごろであろうか、主砲三番砲塔（煙突の後部）に直撃弾が命中した。このため三番砲塔は使用不能となり、また煙突直後の機銃群、高射器などが大きな被害をうけ、戦死者多数にのぼった。

第四機銃群指揮官の関根少尉は脚部等に重傷をうけ、午後、陸上にて加療中に戦死した。関根少尉は福島県伊達郡の出身、明朗闊達な好青年であり、六月はじめに乗艦したばかりの初陣である。乗艦のときのガンルームでの歓迎会で、お国自慢の会津磐梯山を踊ったのが印象に残っている。

昭和五十一年の慰霊祭のさいに御母堂からお聞きしたことであるが、二十四日は奇しくも家郷の天神社の夏祭りの宵祭りの日で、武運長久の御札を何回も神棚にそなえても落ちてしまうので、何かが起きたと思われたそうである。生と死の境において、信仰あつかった関根少尉の魂が家郷へ帰ったものと、私はいまでも信じている。

７月24日と28日の空襲により擱座した伊勢。檣楼トップに21号電探、測距儀、方位盤、中段左に３連装機銃、その下方の羅針艦橋下両側の丸いのは高射装置。上甲板は海水に洗われている

さて、午後二時ごろであろうか、第三波の空襲の最後の一機が、右六十度方向より突入して投じた爆弾が、防空指揮所直下の機銃座を貫通、艦橋右舷にて炸裂する。このため、牟田口格郎艦長、吉田延義主計長、山内貞雄見張長ら約二十名が戦死された。

私は当時、発令所長として戦闘配置の発令所にいた。戦闘中は艦橋から種々の指示連絡があったのが急に途絶え、また、それまで伝声管を通じて艦橋のいろいろな物音がたえず聞こえていたのが、まったく聞こえなくなり、静まりかえったときがあった。おそらく、これが命中の直後であろう。ただし爆発音は、艦の主砲、高角砲の発射音が激しくてまったく識別しえなかった。艦橋の物音が途絶えてしばらくしてから、艦橋に直撃弾命中、艦長以下総員戦死という連絡をうけて初めて知ったのである。

空襲終了後、艦橋にかけ上がり救援活動にあたったが、その場の状況は凄惨をきわめたものであった。艦長をはじめ半数ぐらいの方の遺体はすでに陸上へ上げられたあとであったが、見張長の山内中尉の生前そのままの面影が、いまも瞼に焼きついている。

とても生存者がいるとは思えない惨状であったが、二名が奇跡的に助かった。庶務主任の溜池主計少尉および二番望遠鏡の稲垣二曹である。いずれも戦死者の遺体が折りかさなって倒れている下になり、気を失っていたのである。まさに生と死は紙一重である。稲垣二曹はその奇跡的な生還の体験を、次のごとく記録に残している。

「昭和二十年七月二十四日、戦闘艦橋二番望遠鏡にて勤務中、敵の一機が投下した爆弾は艦橋右舷にて爆発、艦長戦死。その同じ爆弾にて、私も負傷し意識を失った。気のついた時は、私の上に三人の戦友が重なり死んでいた。私も右足と左手に負傷、あまりの痛さに、片手片足にて這いだし、艦橋を見ればまるで火山のようにどす黒く、天井に手足、デッキにはバラバラの死体が散乱している。死体をかき分け、中央ラッタルに足を引きずって行くが、ラッタルは降りられず、後部非常用ラッタルに行き、戦友の手袋を右手にはめ、右手片手にて上甲板に降りた所で気をうしなった。気のついた時は音戸の陸上だった。

呉病院にて手当を受け、寝台車で鳥取海軍病院に入院、治りきらぬまま帰郷を命ぜられ、家庭にて治療通院せしが未だ痛み去らず」（軍艦伊勢、下巻より）

さらに右舷前部の水線付近の命中弾のため、浸水多量で艦は右に傾斜する。一事着底（これが洋上なら沈没）したが、排水作業により浮上した。

着底したときは、主砲の射撃を行なうと、艦体が大きく無気味に振動し、そのさいは主砲の射撃は一事中断された。着底した状態で主砲の射撃を行なったのは、戦史でも珍しい例ではないかと思う。この着底、排水による浮上は、その後、二十八日の戦闘を通じて数回繰返された。二十四日の戦闘での命中弾は計五発であった。そのうちの一発は不発弾で上甲板を貫通し、後部右舷の士官室の近くにゴロリと無気味に横たわっていた。

この日の戦死者は約五十名。戦闘終了後、日附の鼻のトンネルを出た西方の海岸に壕を掘り、そこで茶毘（だび）に付した。各分隊から選ばれた作業員二十名によって、夜を徹して火葬が行なわれた。私はその指揮にあたったが、当時は連夜、Ｂ29数機の来襲があるのが常であったので、警報発令時には火をすぐ消せるように配慮して火葬を行なわねばならなかった。

二十四日はちょうど満月であった。月明かりのなかを立ち昇る煙とともに、戦友の御魂が安らかに昇天されることを祈りつつ作業をつづけた。共に暮らし、共に戦った戦友との最後の別れである。黙黙と作業にあたりながらも、ときどき、しんみり互いに話し合ったり、だまって壕の中をのぞいて、しばらく立ちすくんでいる者もいた。

ともあれ昼間は戦闘、夜は戦死者の火葬や排水修復作業などで多忙であった。したがって、ガンルームに集まることもほとんどなかったが、勤務の合間に一度だけ杉本中尉ほか二名（おそらく高瀬少尉と船越少尉）と一緒になったことがある。

床は右舷に傾き、電灯も大部分破壊されて薄暗かったが、幸い舷窓から満月の青白い月光が室内を照らしていた。平素は話がはずみ、元気一杯のガンルームであるが、この日だけは艦長をはじめ戦死した戦友や部下の話ばかりである。とくに牟田口艦長には、平素よく指導していただき、親父のごとく思っていたので、みなの思い出話はつきることがなかった。

艦長はつねに容姿端正で、「威あって猛からず」という言葉がぴったりとあてはまる典型的な武人である。平素は寡黙で必要なこと以外は話されなかったので、われわれは「むだぐちいわず」というニックネームをたてまつっていた。なにか報告にいっても、黙って承認されるか、軽く首を振ってやり直しをさせられるかのどちらかであった。しかし、それだけに何か一言いわれると、それが大変印象的で、永く記憶に残った。

とくに私と杉本中尉とは、音戸での下宿が艦長と同じ蓼原家であった。なるべく同じ日に下宿に行かないように遠慮していたが、ある夜、たまたま一緒になったことがあり、お部屋に挨拶にいった。艦長は清盛塚の見える見はらしのよい二階の部屋で、浴衣姿で端然と坐って晩酌をしておられたが、われわれが入ってゆくと、「ああ、シェクスピアが来たな」と一言いわれた。

何のことかよくわからなかったが、どうも三種軍装の開襟を出していたので、こう言われたのであろう。杉本中尉が「艦長は今日はご機嫌だな」とささやいた。結局、その夜は一緒に夜おそくまで飲みながら、愉快にいろいろな話をしていただいたと思う。

さて、二、三名がガンルームに集まった夜は、艦長についての思い出話がつきなかったが、ちょっと話がとぎれたとき、誰かが士官室から手回しの蓄音器を（おそらく無断で）持ってきた。かけた曲はシューベルトの「未完成」であった。まったく久しぶりに聞く音楽である。音楽はそれを聞くときの環境、気分で大変印象が変わるが、このときほど特殊な状況は後にも先にもない。昼間の惨烈な様子にくらべて、まったく対照的な世界である。

青白い月光をあびて聞く音のなんと優美なことか。こんな甘美な世界もあったのかと、亡き戦友を偲（しの）びつつ、皆いささかセンチメンタルになった。しかし、こんな甘美な世界に永くひたれるような状況にない。気分をとりなおして、明日の戦闘にそなえて作業にかかるため、皆ガンルームを飛び出していった。

なお、このとき、ガンルームにいた船越少尉は、六月に着任したばかりであったが、七月十日付で特設敷設艦の光隆丸（日立の因島造船所において艤装中）への転任が発令されていた。

二十四日に退艦を予定していたが、この日の戦闘に第六機銃群指揮官として参加し、予定よりおくれて二十六日に退艦した。平素なら送別会を盛大に行なうのであるが、それもかなわず、この夜のささやかな会合が送別の夜であったと思う。

船越少尉の退艦後は、噴進砲指揮官の高瀬少尉が第六機銃群の指揮をとり、二十八日の戦闘をむかえた。

七月二十八日、最後の戦闘

七月二十八日、伊勢は修理のため、呉工廠第四船渠に入渠することになっていた。早朝から港務部の作業員が忙しく艦上を走りまわり、曳船が横付けされた。午前六時ごろ、繋留を解こうとするちょうどそのとき警戒警報、ついで空襲警報が発令、「配置につけ」の号令がかかる。

私は戦闘配置の発令所へ駆けつけた。平素なら馴れた艦内通路で何でもないが、二十四日の戦闘の結果、通路の様相がまったく変わっている。部屋の感じが変わっているだけでなく、あるべきドアや階段がなかったりする。いささか戸惑ったが、なんとか無事に発令所にたどりつき、整備完了を防空指揮所へ報告する。

艦長戦死のため、師岡勇高射長が艦長代理として全艦の指揮をとられた。戦闘艦橋は大きな被害をこうむっており、また操艦の必要もないので、対空戦闘の指揮に便利な防空指揮所で全艦の指揮をとられたのである。

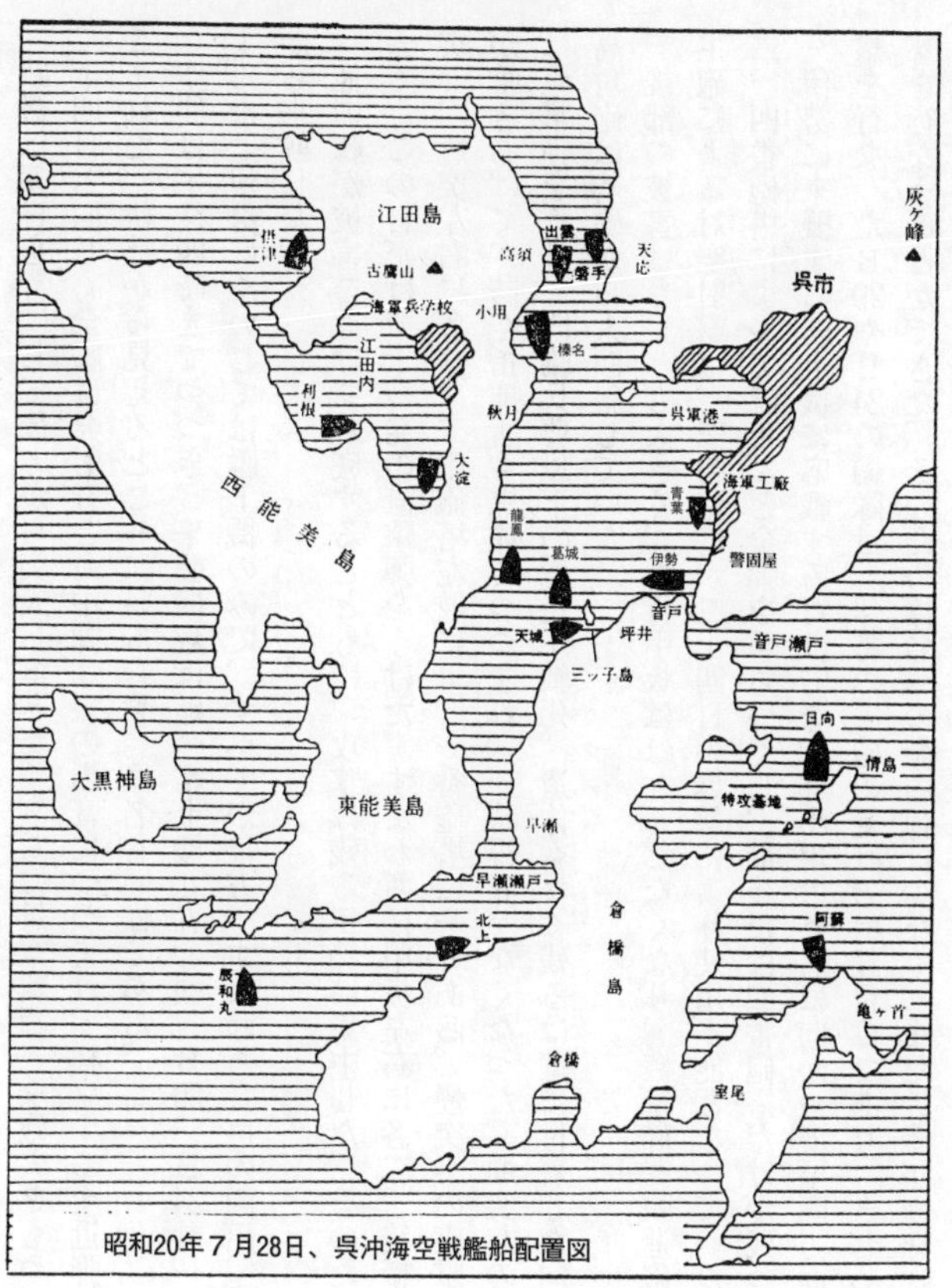

昭和20年7月28日、呉沖海空戦艦船配置図

敵機は朝日を背にして後方から突入してきた。直ちに対空戦闘、全砲火をもって応戦した。二十四日と同じく全艦は発射音と命中弾炸裂の轟音につつまれ、林立する至近弾の水柱にかこまれた。伊勢から見えるところにいる青葉、榛名も同様である。

空襲は午後四時までつづき、来襲機数は延べ艦上機九五〇機、B29、B24計一一〇機におよんだ。伊勢にたいしては艦上機のみで、すべてが後方、すなわち音戸の瀬戸、警固屋（けごや）方面から来襲した。

他の艦が被害をうけて着底するとともに、攻撃は残る伊勢に集中した。そのため被害は大きく、この日だけで十一発の直撃弾をうけた。すなわち後甲板左右に各二、後檣右に二、煙突一、煙突左右に各一、二番砲塔左舷に一、一番砲塔に一である。煙突への直撃弾では黒煙が噴きあげて、防空指揮所も黒煙でつつまれ、一時視界がなくなった。煙突左の八番高角砲は直撃弾をうけ、門脇兵曹以下の総員が戦死。遺体もなく残るは壁に付着した肉片のみで、高角砲は基礎から大傾斜していた。

後部の被害はもっとも大きく、飛行甲板はほとんどなくなり、機銃群、噴進砲は全滅した。主砲による対空射撃は、三番砲塔が二十四日の爆撃により使用不能となっていたので、一、二、四番砲塔によってほとんど全弾を撃ちつくし、最後には二番砲塔だけが残った。

伊勢に来襲する艦上機に応戦するだけでなく、小用の榛名に向かって早瀬（はやせ）方面から水平爆撃を行なったB29やB24の編隊は、伊勢の主砲の絶好の射撃目標であり、きわめて有効な射撃を行なうことができた。そのため榛名への命中弾は少なく、また数機が煙を吹いた。四国の山中や本土の陸上や島に不時着した数機について、後日、報告で知ったが、これはこのときの撃破機であろう。

　発令所においては、午後何時ごろであろうか、艦内送風系の被害のため送風停止となる。折りから炎暑の候であり、みるみる室温が上昇し、蒸し風呂のようになる。若い兵員のなかには気分の悪くなるものもいたが、柚木兵曹、鳥羽兵曹らの古参の下士官の「頑張れ」という叱咤激励の声が飛び、一同士気旺盛にて戦闘を継続した。

　そのうちに、すっと涼しくなってきた。送風が開始されたのかと思ったが、そうではない。調べてみると、下部の部屋はすでに浸水していて、涼しくなったのはそのためらしい。浸水面は発令所の下二メートルぐらいか、徐々に上昇してくるが、すぐ危険な状態になるとは思わなかった。しかし、あとで考えれば、間一髪の危機であった。「総員上甲板」の下令がもう少しおそければ、発令所員の脱出は不可能であったかも知れない。

　主砲の発射弾数は四百数十発で、全弾を撃ちつくした。最後には二番砲塔に装塡された一発が残っていたが、この一発は戦闘終了後、流失重油の引火による海面の火災で、主砲の三式弾の抜取り作業は危険と判断され、大仰角で撃ち放たれた。

　この射撃は、奇しくも帝国海軍戦艦による主砲射撃の最後の一弾であり、連合艦隊の最後をとむらう弔砲ともなったのである。紅蓮（ぐれん）の炎につつまれた伊勢のこの発砲は、その爆煙と轟音から、呉鎮見張員は「伊勢轟沈」と司令部へ報告した。そのため、師岡艦長代理が司令部へ報告に行かれたとき、「伊勢は轟沈したそうだね」といわれたとのことである。

この最後の射撃の引金をひいた二番砲塔右射手の東山久男上等兵曹は、「最後の主砲発射はこの私だ」と題して、その体験を次のごとく記録している。

「比島沖および音戸沖戦闘には二番砲塔右射手として参戦、音戸沖にては最後の二番砲塔右射手として奮戦した。艦はすでに着底し、遂に重油が流失して引火、右砲には弾丸を装塡したままである。電気、水圧ことごとく不良、砲身は仰角一杯四三度である。二番砲塔発射の令を受けて、最後の一発を砲側電池にて、伊勢の乗組員全員の祈りを込めて、この手で力一杯、天にもとどけと発射した。時すでに総員上甲板の声あり、砲塔より脱出したる時は紅蓮の炎がわが二番砲塔直下であった。伊勢の最後の巨砲を発射したのはこの私だ」（軍艦伊勢、下巻）

この主砲発射の直後、午後五時ごろか、総員上甲板、ついで総員陸上に上がれの号令がかかった。浸水をはじめた発令所より上甲板に上がった直後に、機銃分隊長の堀英三大尉が部下の兵に背負われて、爆煙がもうもうと立ちこめるなかを後甲板から降りてこられるのに、四番砲塔右舷で出会った。

「大丈夫ですか。しっかりしてください」と声をかけると、「ウン、大丈夫だ」といわれたが、相当苦しそうな息をしておられた。右肺部を爆弾の弾片が貫通したのであろう。上衣の右肺背部に針でついたような小さな血痕がついていたが、これが致命傷となり、病院にて加療中、八月四日朝、逝去された。

7月28日、倉橋島音戸(手前)海岸で爆煙につつまれ対空戦闘中の伊勢

総員退去のさいは、御真影の搬出が私の任務である。直ちに部下一名を引率して搬出におもむいた。当時、御真影は艦底深くの中部弾火薬庫付近に保管されていた。通常は艦長室の隣室が保管場所であるが、当時は安全のために移されていたのである。もし艦長室の隣りであれば、後部の被害状況から見て、焼失はまぬがれなかったと思う。

上甲板よりラッタルを降りようとしたが、火災による煙がもうもうと立ちこめて、前方はまったく視認できない。防毒面をつけ、エイッと気合をかけて飛び込む。

手さぐりでラッタルを降りて、何とか保管場所にたどりつく。御真影は桐の箱に入れられており、相当大きくて重い。傷がつかないように毛布でくるんで、部下とともにラッタルを引きずり上げた。危急のさいなので丁重な取扱いはできず、だいぶ手荒い扱いをしたと思う。無事に上甲板にまたたどりついたが、その直後、艦がグラリと傾いて傾斜が一層ひどくなり、浸水も甚だしくなった。

もし師岡艦長の総員上甲板の命令がもう何分かおそかったら、御真影の搬出の途中で上がってこれなかったかも知れない。あるいは発令所からの脱出も困難であったかも知れない。

当時の状況で総員退去の命令を下令する時機は、高度の情勢判断と決断を要することである。私は絶妙のタイミングで下令され、これにより多くの人命が救われたものと信じている。

さて、この二日間（七月二十四日と二十八日）にわたる戦闘で、その戦闘配置において全力をつくして戦い、伊勢と運命を共にされた戦死者は牟田口艦長以下一九〇名、戦死傷者の計は五七二名の多きに達した。ガンルームでは、五期予備学生六名のうち、二十六日に退艦した船越少尉以外の五名（関根、高瀬、池、坪井、山本少尉）のすべてが戦死、杉本中尉および溜池主計少尉が負傷、入院した。

伊勢以外の諸艦も、激戦ののち着底、以下のごとく多くの方々が戦死をされた。日向＝草川淳艦長以下一九六名。榛名＝七二名。利根＝一二八名。大淀＝草間四郎大尉以下二七〇名。出雲＝三名。

伊勢の戦死者はすべて日附の鼻西方の海岸で、戦友の手により茶毘に付された。他艦においても、着底した付近で同様に各艦の戦友により茶毘に付された。日向は情島東岸の現在、慰霊碑の建立されている付近であり、榛名は江田島の小用峠である。

伊勢の戦死傷者は戦闘の合間をぬって、海岸の防空壕付近に収容、負傷者の手当が行なわ

７月24日28日の爆弾命中箇所

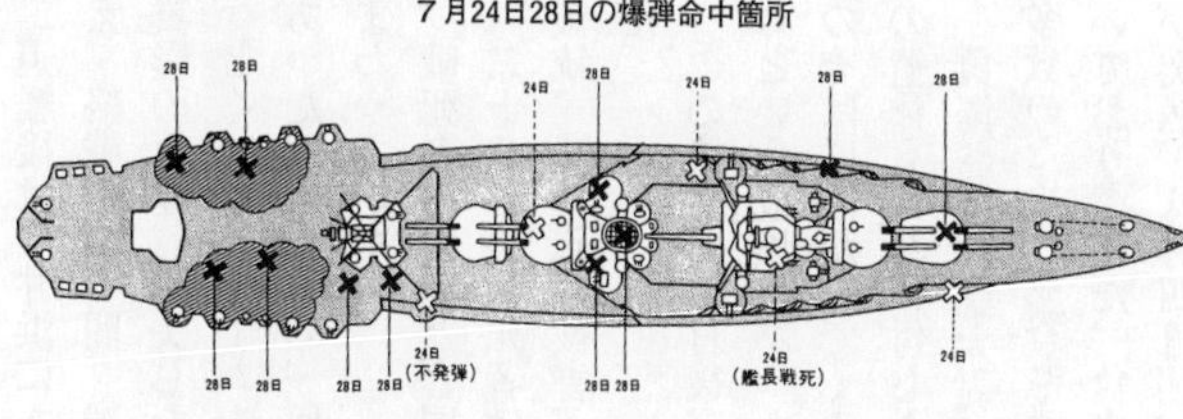

れた。このとき、空襲下のきわめて危険な状況にもかかわらず、音戸の方々の船の提供、負傷者の輸送、国防婦人会による負傷者の手当など、献身的な奉仕をいただいた。これは誰の求めたものでもなく、すべて音戸の人たちの自発心から出たものであり、伊勢の乗員は深く感謝するとともに、ここに日本人の真の姿を見たのである。この坪井の浜をいつしか地元では伊勢が浜と呼ぶようになり、発起人の原沢九十氏ほか二十八名の方々により、戦没者慰霊観音が建立されている。

この両日の戦闘における来襲機数は延べ約二千機、そのうち約四〇〇機が伊勢を襲撃した。ほぼ一〇〇機を撃墜したが、直撃弾十六発をうけ、至近弾は一〇〇発をこえる。至近弾により艦体は穴だらけとなり、これと水線付近の直撃弾二発による破口からの浸水が着底の主原因である。

日向、榛名、天城、青葉、利根、大淀、出雲、磐手、摂津も同様の激戦ののち大破着底し、残ったのは葛城と龍鳳のみである。葛城は戦後、復員輸送艦として活躍した。龍鳳は前述したように、擬装網で完全におおわれていたためか、まったく爆撃をうけなかった。

着底より終戦まで

退艦後は坪井浜にあった建築工事用のバラックに分宿した。艦内勤務はなくなったとはいえ、終戦までの間、戦死者の火葬や合同慰霊祭、残務整理、艦載水雷艇による雷撃訓練、御真影の返還、流失した重要書類の捜索などにたいへん多忙な日を送った。

とくにガンルーム士官は大部分が戦死、または戦傷により入院され、残ったのは私一人であった。そのため、何から何までやらねばならぬことが多く、あちらこちらとやたらに走りまわっていた。

▽戦死者の火葬と合同慰霊祭

二十八日の戦死者は、二十四日と同じ場所で荼毘に付された。この日の戦闘では高角砲、機銃、噴進砲の被害が大部分であったため、何名かの遺体が海上に投げ出され、海底に沈んだ。

この遺体は数日後、艦側に伊勢を慕うがごとく浮かんできた。潮に流されているかも知れぬという危惧があったが、全部艦側に浮かんできたと思う。誰かが「戦死者は必ず自分の艦のそばに浮かんでくると言われていますよ」といったが、まさにその通りであった。これらの遺体も火葬に付したが、全部終わるまでに一週間ほどかかった。

負傷された堀大尉は、安浦海兵団において加療しておられた（呉海軍病院は各艦の負傷者多数のため、収容しきれなかった）。一緒に入院した杉本中尉から、元気にしておられると聞いており、また、負傷されたときの傷は、一見それほど重傷とも思えなかったのだが、それが突然、八月四日朝、病勢が悪化し逝去されたとの通知をうけたときは、まったく信じられなかった。内火艇を出して音戸の瀬戸を東へ、安浦までお迎えにゆく。海岸のお寺で御供養をし、遺骨を胸にだいて帰艦した。

八月上旬、各艦の合同慰霊祭が呉海兵団においておごそかに行なわれた。白布につつまれた遺骨の箱が数多く重ねられていた光景が思い出される。慰霊祭終了後、遺骨は呉鎮守府に引き渡された。

▽艦載水雷艇による雷撃訓練

艦は着底し、その戦闘能力は失われた。しかし、各艦搭載の艦載水雷艇に魚雷の懸架装置を応急にとりつけ、魚雷艇として使用する計画が進められていた。伊勢でも爆撃のさい艦載水雷艇は無事で、負傷者の輸送に活躍したが、これに艦内工作により懸架装置をとりつけた。

八月上旬に川原石付近の海面に集合し、その整備状況の検閲と実際の雷撃訓練が行なわれた。私が艇指揮となり集合地点にいくと、呉鎮管下の各部隊から数十隻が集合していた。伊勢の艇は戦闘直後のこととて、船体もよごれ、懸架装置も朱色の下ぬり塗装のままである。

他艦は本日の検閲にそなえてか、船体も塗りたてであり、懸架装置も灰色にきれいに塗装してある。一見して差をつけられたと思った。汚れていても実用には差し支えないとはいえ、何となくひけ目を感じた。検閲でもこの点を指摘された。戦闘でそんな余裕はなかったと言いたかったが、いえば言い訳になるので、さっそく塗装し直しますと頭を下げた。

しかし、実際の雷撃訓練では、塗装だけはきれいでも投下に失敗した艇も多かったなかで、わが艇はダミーの魚雷を所定地点で見事に投下することに成功、面目を保ったのである。

▽御真影奉還

退艦のときに搬出した御真影の鎮守府への返還が行なわれた。私は第二種軍装に身をかため、銃に着剣した衛兵二名とともに総員見送りのうちに出発した。内火艇で呉桟橋に到着、そこから鎮守府までは歩いてゆかねばならぬ。

平素ならなんでもないが、桐箱入りの御真影は大きくて重く、つねに目よりも高く捧持していなければならない。真夏の太陽に照りつけられて流れる汗が目にしみて痛い。しばらくすると肩が痛くなり、さらには感覚がなくなるのを、ここが我慢のしどころと捧持していった。道ゆく人がみな立ち止まって最敬礼されるなかを、やっと鎮守府に到着した。

鎮守府には特別室があり、その棚の上には沈没した各艦の御真影が、ずらりと並べて保管されている。本艦の御真影を参謀が箱から取り出して、無造作に丸めて棚の上にあげられたときは、せっかく命がけで艦から搬出し、苦労して捧持してきたのにと、いささかがっかりした。

▽重要書類の捜索

二十八日の爆撃の最中に、機密図書と重要書類の搬出を行なったが、上甲板にあげたところで直撃弾をうけ、一部が海面に四散した。戦闘中のこととて、拾い上げる余裕はまったくなかった。

七月三十日ころと思うが、師岡艦長よりとくに考課表を可能なかぎり捜索するように命令された。しかし、海面に飛散してから相当な時間が経過している。瀬戸内とはいえ、やはり

擱座着底した伊勢。三叉状トップの後檣から後部の飛行甲板への被弾損傷がめだつ。左が江田島、右方が呉港

海は広い。浪の間に間に漂って、どこへ流れて行ったものやら、まさに雲をつかむような話である。めくら滅法に走りまわっても発見の可能性は少ないと思った。

そこで潮汐表をしらべて、潮流の方向速度から計算して、海図にコースを入れて捜索計画を作成したが、自分でもそれほど精度のよいものとは思えない。内火艇を指揮して、とにかく予定コースを走っていったが、正直なところ発見する自信はそれほどはなかった。燃料のつづく限り走りまわり、ベストを尽くして見つからなければやむを得ない、人事を尽くして天命を待つという心境であった。

倉橋島や江田島の海岸を双眼鏡で調べながら、早瀬之瀬戸を南下していったと思う。何時間か走って、ほぼあきらめて引き返そうかと思ったとき、針路の真ん前の砂浜（倉橋島宇和木付近）に何か白いものが点々とちらばっているのが見える。双眼鏡で見ると、どうも書類のように思える。はっきりとは見えぬが、直感でこれだと思った。接岸してみると、まさしく探し求めていた考課表である。

夢中で皆で拾いあつめる。半ばあきらめていたのと、自分の作成したコースが正しかったことも重なって、こんなに嬉しかったことはない。まさにヤッタという感じである。かくして考課表は、その大部分が回収された。

機密図書も一部が海面に落ちたものがある。そのうちの一冊が潜水学校から鎮守府に届けられ、呉鎮参謀より伊勢の責任者受け取りに来たれという指示があった。書名をきくと軍機書類である。しかし、この表紙には鉛が入っており、海に落ちると沈むように対策してあるものである。流れていたとは何かの間違いではないかと思った。本当なら懲罰ものである。とにかく鎮守府へ出頭してみると、まさに本艦のものである。鉛入りの表紙が爆風によりスッ飛んで、なくなっていたのである。

参謀から一喝されたが、戦闘状況を説明すると、事情は理解してもらえ、無事返却していただき、後刻処置をした。この件で、事故は完全と思える対策がしてあっても、意外なかたちで生ずるものであるということを体験した。これはその後の私の仕事においても、貴重な教訓となっている。

▽原爆の投下

八月六日の朝、防空壕前の海岸で機密図書の焼却作業を行なっていた。海水で濡れていたので、なかなか燃えなかった。

警戒警報が解除された直後、突然、左の頰をフラッシュ光で照らされたような感じがして、反射的にその方向をむいた。宇品の方向に真っ白な爆煙が奔騰し、白煙のなかに七色の閃光がきらめく。と見る間に、爆煙の頂上から噴水のごとく白煙が湧き出し、見る見るうちに特徴あるキノコ雲が形づくられた。時計を見ると八時十五分。ドーンという轟音がきこえたのは、ちょうど一分後である。

側に据えつけてあった見張用望遠鏡をもちいて煙の頂上の高角を測定、それと、音速から求めた距離（二十キロ）をもとに爆煙の高さを算定すると、約八千メートルである。艦長に「爆発は広島方面、距離二万メートル、爆煙の高さ約八千メートル」と報告する。もちろん、その瞬間は原子爆弾とは夢にも知るはずがない。その規模が昭和十九年九月二十一日、マニラ空襲のさいに見た弾薬船の大爆発とほぼ同じぐらいであったので、火薬庫の爆発事故かと瞬間的に思ったが、それにしては煙の色が白すぎるのでおかしいと思った。

この原子雲は終日消えず、最初の形から変形はしたが、入道雲のごとく終日、広島上空をおおっていた。被爆の翌々日ごろか、艦長の指示により広島出身者約二十名を帰宅させることとなり、内火艇を指揮して宇品桟橋に到着。各自を帰宅させ、夕刻に帰艦する予定であったので、午後四時に集合するように指示した。

待ち時間の間、宇品から広島へ歩いて行った。その途次、広島に近づくにつれ、家並みが海岸方向へ傾いていたのが印象にのこる。ある場所からは見わたす限りの廃墟と化し、惨状は目をそむけるばかりであった。

放射能の危険性はまだ知らなかったので、平気で歩きまわったが、まさに知らぬが仏であった。夕刻、ふたたび宇品桟橋に集合し、帰艦した。各自の顔を見ただけで、ご家族の様子が推察され、なぐさめるべき言葉もなかった。直接の被爆ではないにせよ、半日以上も広島にいたので、原爆症を心配した。やはり白血球減少等の原爆症の出た人もいる。私自身も右足を手術して不自由であるが、症状が原爆症に似ているので、自分では原爆が原因であると思っている。

八月上旬は、日本の歴史の大きな転回点である。六日の広島原爆につづいて、九日、長崎に原爆投下、ソ連の参戦、満州への侵入と、歴史の歯車は大きく回っていった。ポツダム宣言については、八月十一日ころであろうか、日本が受諾したという米軍の交信を傍受した。戦争が終結するのかと漠然とは感じたが、詳細は不明であるし、どこまで信じてよいのかよくわからなかった。

八月十五日正午、総員防空壕前で玉音放送をきく。放送が終わってしばらくは誰も口をきかなかった。雑音が多く、聞きとり難かったが、戦争が終わったのだということはわかった。

しばらくして、呉在泊の潜水艦が楠公の非理法権天の旗を風になびかせて、高速で白波をけたてて出港していった。また、厚木航空隊の飛行機が低空を飛来し、徹底抗戦のビラをまいていった。伊勢においては残務整理もほぼ終わっていたので、すみやかに解散し、帰省させるよう指示があった。十七日ごろ、師岡艦長を呉桟橋まで内火艇でお送りし、そこでお別れする。

私も超満員の汽車で故郷の姫路へ帰ったのは、八月二十日ごろである。見わたすかぎりの焼け跡のなかに、姫路城の変わらぬ秀麗な姿を久しぶりに見て感動する。その天守閣のまわりを、超低空でグラマンが四機ほど爆音をとどろかせて旋回していた。一瞬、反射的に緊張したが、もうこのおなじみの米機とも交戦することはないのだ、米機のパイロットもお城見物を空からしているのだと思ったとき、本当に戦争が終わって平和がきたのだ、ということを実感した。前ぶれもなく家に帰ったが、兄のクラスメイトの瀧明主計大尉から、伊勢沈没、ガンルームは全滅したらしいと連絡されており、戦死したものとあきらめていた両親は、びっくりしながらも、大変よろこんでくれた。

▽解体

着底した各艦は戦後に解体された。その経過については、われわれは気にしながらも永らく明らかでなかったが、『軍艦伊勢』下巻出版（昭和五十四年）にさいしての調査で、その全貌が明らかとなった。主として伊勢についてのべるが、日向も伊勢と併行して行なわれ、他の艦も日時、場所は異なっても、同様の経過をへたものと思われる。

終戦直後、八月末に呉工廠により御紋章の取りはずしが行なわれた。米軍による接収をおそれたものである。三班が編成され、吉武技術大尉はその一班の指揮にあたった。出雲、磐手の真鍮製以外の艦の御紋章は木製であり、取りはずして白布につつんで運ばれ、後日、工廠裏山の神社において焼却された。

ともあれ、米国の対日初期方針にもとづき、旧海軍艦艇の非武装化、解体にたいする指示がGHQより日本政府に出されたが、その実施は容易でなかった。しかもこの武装解除は、軍艦や兵器だけでなく、兵器生産能力、すなわち海軍工廠自身も解体または米軍に引き渡さなければならない。すでに方針として日鉄が中心となって、工廠跡の整理スクラップ化案が検討されていた。

艦政本部第四部長の江崎中将、森川部員は、造船技師としてせっかくここまで育てた造船能力をつぶすにしのびず、次のごとき案を提示した。すなわち、沈没した軍艦の解体のためには船渠能力、解体能力、立地条件（沈没艦に近い）、艦に残っている火薬弾薬の処理能力などから見て、旧海軍工廠を生かして沈没艦艇の解体を行なうのが適当である、ただし運営は民間造船所にまかせるという、まことに見事な説得力のある案である。

この提示案にたいして米海軍は好意的であり、またネービー同士で理解も早く、第五艦隊は全面的に受け入れてくれた。しかし、マッカーサー司令部では賛否両論、結局、ワシントンの米政府までもちこんだ結果、十二月にこの案が許可された。

以上の経過をへて、播磨造船所が呉工廠の設備をつかって、呉周辺の沈没艦船の解体にあたることになった。これが旧海軍工廠が民間造船所に転換してからの最初の仕事であり、戦後の世界に冠たる日本造船界をつくる礎となった。まさに造船士官の造船技術にたいする執念と沈没艦艇が、日本造船界を生かしたといえよう。

伊勢の解体は、金内忠雄技術大尉の指揮のもとに、昭和二十一年十月一日から十一月二十八日にかけて行なわれた。浮揚、完全解体は当時不可能で、連合軍の承認をえて上部構造物のみが解体撤去された。まず危険な弾丸、信管の処理ののち撤去が行なわれ、解体部材はスクラップとして製鋼用に、あるいは直接伸鉄など加工材として使用され、戦後の経済復興に寄与した。

解体の経過を克明にしめす日付入りの写真が多数残されている。すなわち十月一日開始、十月二十八日には、後檣、前檣の一部、砲塔だけが残り、十一月二十八日には艦体のみとなっている。

その後、沈没した艦体は放置されていたが、昭和二十五年から昭和二十六年にかけて、飯野サルベージ、深田サルベージによって、引き揚げと解体が行なわれた。すなわち警固屋ドックに曳航され、最後の解体が行なわれた。日向も伊勢と同じ場所で並べて解体された。大正六年（日向は七年）に誕生いらい二十数年、つねに行動を共にした姉妹艦が、キールとリブだけを残して仲よく寄りそって最期をむかえる写真が残されているが、艦隊時代の雄姿を知るわれわれにとっては、涙なくして見られない感動的な姿である。

戦艦「日向」「伊勢」「榛名」瀬戸内に死す

米側資料が報じる戦艦三隻の最後の日々

米海軍少佐　J・A・フィールド
米軍事記者　H・ボールドウィン
米国戦略爆撃調査団

瀬戸内海の基地から出撃した小沢治三郎中将のひきいる空母群は、捷一号作戦成敗のカギを握っていたにもかかわらず、兵力は去勢されたも同然の充分でない代物ばかりだった。正規空母一隻、改装空母三隻で艦上機は一〇〇機たらず、かつて威力を誇った航空艦隊の生き残りを寄せ集めたものだった。

小沢艦隊はルソン島めざして南下、オトリとなってレイテ上陸作戦を掩護中の強力なハルゼー第三艦隊を誘い出すのが目的だった。この北方部隊（オトリ艦隊）には合の子戦艦（艦尾砲塔を取り除いて飛行甲板にした一種の改造空母で航空戦艦といわれた）ともいうべき伊勢と日向が艦上機は持たずに、巡洋艦三隻、駆逐艦八隻とともに空母部隊に付き添うことになっていた。あまり頼りにもならない老人の介添役というところである。

ジェームス・フィールド

こうして、小沢艦隊はレイテからハルゼー艦隊を北に釣りあげて、栗田健男中将の本隊と西村部隊のレイテ湾突入の道をひらくのがその栄光ある役目だった。

この朝、北方ではルソン島の東部沖合で、小沢艦隊の本隊と前衛部隊との午前六時（昭和十九年十月二十五日）の合同が予定どおり行なわれた。そして艦隊は、昼間の対空警戒航行序列をとったのである。本隊には伊勢、前衛には日向がふくまれていた。

午前七時すぎに日向の見張員が、東南方に空母機三機を発見した。まず、推定六十機が日向隊を攻撃し、さらに約八十機が本隊の上空に来襲した。攻撃は八時十五分から三十分で終わりを告げた。

日向は前衛で生き残った最後の空母である千代田を救助しようと努力したが、無駄だったので駆逐艦一隻をともなって本隊に合同した。撃破された艦隊は北方へ北方へと航行をつづけた。

さて、北方では午後一時ごろ第三次の航空攻撃が開始され、残った二隻の空母に集中して止めを刺した。瑞鶴と瑞鳳である。残った大淀と伊勢は連続攻撃をかいくぐって、依然として北上をつづけた。空中は小沢艦隊の残存艦をねらって去来する敵機群で一杯になっていたが、航行はべつに邪魔されなかった。

かくて、空母四隻はすべて撃破されて戦闘力を失うか撃沈されてしまったので、残っている獲物のなかで一番めぼしい合の子戦艦の日向と伊勢が、今度は航空攻撃の主目標となった。伊勢は最も遠方にいたが、午後三時と四時十分とに攻撃され、五時ごろにもまた空襲された。

７月24日、米艦上機に襲われる日向。至近弾が波紋をえがき日向は白煙を上げている。左は情島(上)。この日、直撃弾10発、艦首を抉り取られ着底した。左に情島、上は倉橋島(中)。７月28日にも空襲をうけ戦い敗れた日向。煙突右に三番砲塔、後檣上には偽装がほどこされている

また、この日の最後の攻撃が五時十分ごろ日向に加えられた。

二隻の戦艦は無数の至近弾で損傷し、甲板は洪水となって浸水した。爆弾の破片は艦底を貫通して無数の孔をあけたが、致命的な損害はない。わずかに一発の爆弾が伊勢の左舷射出機(カタパルト)の上で爆発して約五十名の死傷を生じただけだった。

両艦とも魔法にでもかかったように生命をつないでいる。

小沢提督の将旗をかかげた軽巡大淀の艦上で、この空襲をじっと眺めていた日本軍の参謀はつぎのように語っている。「私はその爆撃を目撃していました。それは大して効果はなかったように思う。一〇〇機以上の空母機がこれらの艦を爆撃したが、さっぱり当たりませんでした。米国の搭乗員はあまりうまくないというのが私の感じです」

日向と霜月が息を切らして小沢本隊に追いついたのは、午後六時二十分だった。航空攻撃は終わり、小沢中将は使命を果たしたのである。いまや戦艦二隻、軽巡一隻、駆逐艦一隻に減ってしまった小沢部隊は、沖縄の中城湾めざして北方に落ちていった。

至近弾多数をうけて沈座した日向

戦艦日向は比島沖海戦後、内地に帰投して呉軍港および呉港外の情島(なさけじま)に繋留されていた。

昭和二十年三月十九日——日向は多数の空母機に攻撃され、左舷に直撃弾一と多数の至近弾をうけた。

七月二十四日——数百機におよぶ空母機が午前九時十五分から午後四時半の間に呉地区を

攻撃し、うち五十機ないし六十機が約二百発の爆弾を日向に投下し、命中弾十発および至近弾二十～三十発により日向は浸水しはじめ、まもなく坐礁した。

七月二十八日――日向は多数の命中弾および至近弾をうけたが、同艦はすでに致命的損害を受けていたのである。よって八月一日、完全に放棄された。

日向への命中爆弾は、三月十九日に一発、七月二十四日が十発、七月二十八日は多数で、このほかに至近弾多数をうけた。

三日間の排水の甲斐もなく果てた伊勢

日向とおなじく捷一号作戦エンガノ岬沖海戦を戦って生還した伊勢は、呉軍港および四月からは呉港外の倉橋島北端に繋留されていた。

昭和二十年七月二十四日――午前六時十五分ころから空母機の攻撃をうけ、伊勢は四発の直撃弾と多数の至近弾をこうむった。命中個所は(1)第三砲塔の屋根、(2)右舷艦首中甲板、(3)右舷艦尾飛行甲板、(4)中部士官便所（不発）であった。

午後二時ごろ、空母機三十機がふたたび来襲し、艦橋に一発命中、艦長および付近の者は全員戦死を遂げた。かつ、至近弾三発の破片により全体的に大損害をうけた。当日の死傷は戦死約五十名、負傷一〇〇名に達した。

七月二十八日――この日、多数の空母機が呉地区における艦船を攻撃した。午前六時十五分に三機が伊勢を攻撃し、午前九時にふたたび約六十機が空襲をおこない、命中弾六発および至近弾九発を見舞った。午前十時にまたもや攻撃をうけ、命中弾八発と多数の至近弾をうけた。午後二時、B24十八機が伊勢めがけて爆弾の一斉投下をおこなったが、一発も命中せず、なんらの損害も与えることができなかった。

伊勢に対する命中爆弾は、七月二十四日は五発、七月二十八日が十四発で、計十九発。このほかに至近弾多数である。

七月二十四日の攻撃の後、伊勢は艦首より徐々に沈みはじめ、浸水も多量にのぼった。そこで、あらゆる最上部の重量物を取り除き、三日間にわたる連続排水作業の結果、船体の水平を回復し、その後、同艦を乾ドックに曳航する計画がたてられた。

しかし、七月二十八日の攻撃で伊勢はふたたび艦底に沈座し、午後八時まで引揚作業をつづけたが不成功に終わった。第一砲塔付近において甲板下に大火災が起こり、大損害を生じた。そして、ついに右舷に二十度の傾斜を生じて海底に沈座し、その結果、高潮時には中甲板を波に洗われるにいたった。伊勢は、もはや完全な損失と判定され放棄されるにいたった。

空母機の波状攻撃に榛名は沈む

榛名も比島沖海戦後、修理のため呉に回航されていた。

三月十九日――空母機十五機により攻撃され、艦橋後方右舷に命中弾一発をうけ小破した。

六月二十二日――大型水平爆撃機（B29）八機の攻撃により左舷後方に命中弾一発をうけて軽微な損害を生じた。これにより呉対岸の小用沖に転錨した。

七月二十四日――空母機グラマン十機以上の攻撃により、左舷後部に命中弾一発をうけたが、損害は軽度にとどまった。

七月二十八日――午前八時から午後五時にいたる間、連続空母機の波状攻撃をうけた。B24もまた午後一時、攻撃に加わったが命中弾を与えなかった。

榛名は多数の命中弾および至近弾をうけ、その後まもなく放棄された。榛名の被弾は三月十九日＝命中弾一、至近弾一。七月二十二日＝命中弾一発。七月二十四日＝命中弾一、至近弾一。七月二十八日には命中弾、至近弾とも多数をうけた。

老朽戦艦「扶桑」スリガオ海峡に消ゆ

砲撃戦の渦中に被雷沈没、奇しくも生還しえた二番主砲塔員の体験

当時「扶桑」主砲二分隊・海軍一等兵曹　小川英雄

昭和十九年九月二十三日の午前七時、朝霧にけむる柱島泊地を、戦艦扶桑は姉妹艦の山城とただの二隻で護衛の駆逐艦もともなわず、静かにさびしく抜錨した。「前進微速、ヨーソロー」航海長のものしずかな声が、伝声管を通して艦内にながれる。

小川英雄兵曹

数日前に宇品港から内火艇で運ばれてきた陸軍部隊「家村部隊」の将兵約千二百名が、露天甲板いっぱいに所狭しと腰をおろしている。そして、物珍らしそうに巨大な戦艦の主砲や副砲、高角砲などに目を見張り、狭い艦内や艦橋のラッタルを猿のように敏速に行動する水兵たちのきびきびした動作に感心して見とれていた。この家村部隊は、満州北部から急きょ南方の北ボルネオに転進命令をうけたが、輸送船がないためにシンガポールに向かう扶桑と山城に便乗することになったとのことである。文字どおり

〝大船〟に乗せてもらって、部隊長をはじめ兵たちみんな安心しきっている様子である。

ともあれ、この約千二百名の将兵をぶじに目的地ボルネオに揚陸し、十月四日、シンガポールのセレター軍港に投錨、そして対岸にあるジョホールバルの町に、事実上、最後の半舷上陸が許された。そしてセレター軍港で一夜をすごし、明くる五日の早朝に出港、スマトラ本島から約一〇〇浬北東に位置するリンガ泊地に到着したのは、夕方近くであった。

夕暮れせまるこの泊地には、なつかしい大和と武蔵の巨大な艦影が悠然と横たわり、これを中心に三十数隻の艦艇が所狭しとばかり錨をおろしている情景を目のあたりにして、「わが連合艦隊いまだ健在なり」の感を深くした。こうして後続の扶桑と山城も、第一遊撃部隊に合流したのであった。

燃料補給にめぐまれたこのリンガ泊地で、翌十月六日から十日あまり、文字どおり「月月火水木金金」の夜を日についだ猛訓練が続行された。赤道直下のことであり、午後一時、二時ごろには、鉄板が灼けて居住区では休むこともできず、若い兵隊はほとんどが強度の皮膚病にかかり、苦しみぬいたものだ。

扶桑と山城の場合は、連日、夜戦の訓練で夜中にたたき起こされ、朝方まで砲戦訓練をくりかえしては日の出とともに入港するといった、夜と昼とが逆になった毎日であったように思う。

十月十八日の「捷一号作戦発動」により、全艦隊は深夜（十八日午前一時）になってリンガ泊地を抜錨し、ボルネオ北岸のブルネイにむかって進撃を開始した。そして十月二十日の正午、二十日ぶりにブルネイ湾に入港した。そしてここで燃料補給をおえ、弾薬兵器の整備点検などもとどこおりなく済ませた。各艦ともそれぞれに決戦の準備がととのえられたのだ。

スル海の対空戦闘

十月二十二日の早朝（午前八時）前甲板に集合して第一遊撃部隊（栗田艦隊）本隊の出撃発進を見送ったが、さすがにこれだけの大艦隊が、一列の単縦陣形で堂々と発進していくさまは頼もしいかぎりで、この時ばかりは負けるような気はまったくしなかった。だが、栗田本隊が発進したあと、残されたわれわれ第三部隊（西村艦隊）の陣容を見ると、老朽戦艦の山城と扶桑、重巡の最上、それに駆逐艦四隻という、本隊とは比較にならない劣弱部隊であった。

先に堂々とブルネイ湾を圧して発進した本隊を見送った西村艦隊の兵たちは、おそらく一様に心細く、そして侘（わび）しく、ひとり取り残されたような感じをいだいたことであろう。それでも栗田本隊におくれること七時間後の、同日午後三時半、山城を旗艦とするわが第三部隊は『二十五日未明レイテ湾に突入し、上陸しつつある敵船団と上陸部隊を撃滅すべし』という乾坤一擲の艦隊特攻突撃の命をうけ、勇躍征途についたのである。

二十二日の夜と二十三日中は、予想していた敵潜水艦や航空機に遭遇することもなく、波静かなスル海を平穏に北上進撃することができた。しかし、明くる二十四日の午前九時ごろ、パラワン島の東方海面に達した西村艦隊は敵艦上機の来襲を発見し、ただちに「対空戦闘」

スル海で主砲を発射しつつ空襲を回避する扶桑(手前)。一次改装で発射管を廃し12.7cm高角砲８門、機銃、水偵とカタパルト装備。あ号作戦後、機銃は25ミリ90梃、13ミリ10梃に増備した

三十機の空襲である。艦爆約を発令、総員配置についた。

それでも発見が早かったので、距離約二万メートルでまず主砲による対空射撃が開始された。各砲塔とも三式対空弾を三発か四発撃ったころから、敵機の爆音が私のいる主砲二番砲塔内にも聞こえるようになり、ひきつづいて急降下するときに発するキーンと絞るような金属音がひびいてくる。こうなったら主砲は役にたたない。

「撃ち方止めーェ」「予備機銃員はただちに機銃につけーェ」砲塔長の号令によって急いで塔外に飛びだし、二番砲塔の天蓋の上に急設された二五ミリ機銃座についたときには、太陽を背にして銀色に光る敵艦上機が

つぎつぎと本艦をめがけて急降下爆撃をくりかえしてくる。わが方は、太陽にむかって発射するかたちとなり、まばゆくて照準が困難をきわめたが、その頃になると副砲、高角砲、機銃群が一斉に火をふき、弾幕は空をおおって陽光をさえぎった。

そのようななかで敵機の急降下する爆音と機銃掃射の音、それに艦の周囲に落下する至近弾の水柱の音、わが百数十門の対空砲火の発射音が交錯して、その音響と激動はすさまじく、しばらくのあいだ砲煙弾雨の対空戦闘が続行された。命中弾はなかったが、やがて至近弾が後甲板に装着していた爆雷に引火したのか、ものすごい音響を発して爆発した。対空戦闘が終わってからいって見ると、舵取機室のみを残して、司令官室とその周辺の用具庫などを吹きとばし、さらにカタパルトの上にあった九四式水偵二機に引火し、その水偵に搭載されていた小型爆弾が誘爆炸裂して、後甲板が一面火の海となっていた。

この間にも敵機の攻撃はますます熾烈をきわめ、弾幕の間隙をぬうようにして本艦をめがけて急降下してくるさまは、敵ながらじつに勇敢であった。一弾また一弾と落とす爆弾により、前方の山城、後方の最上も至近弾の水柱をあび、真っ白につつまれて艦影を明確に見定めることができないほどである。それでも四隻の駆逐艦は、高速を利して縦横無尽に避弾運動をくりかえしながらも、猛然と対空砲火を浴びせつつあった。こうして天気晴朗なスル海が一瞬、戦火の巷(ちまた)と化したのであった。

配置なき非戦闘員たちの苦悩

機銃座について対空戦闘をはじめてからどのくらいの時間がたったころか、とつぜん右舷中央部に大音響と激震を感じ、つづいて黒煙が高くふきあがった。二十五番（二五〇キロ爆弾）が命中したのだ。

この一撃は、前艦橋右舷の第一カッターダビットまぢかの甲板に落下し、副砲の一番砲廊をつらぬき、中毒者収容室と被服庫のあたりを貫通し、さらに前部水圧機室上で炸裂した。爆風は付近の防水隔壁をおしまげ、中下甲板と上甲板の床をつきあげるなど、大被害をあたえた。このため副砲一番砲員、弾火薬庫員などのほとんどが全滅した。また前部水圧機室の大破により、一・二番砲塔の操作に支障をきたしたうえ、医務室士官、前部応急員の十数名が即死、さらに被服事務室、厨房事務室が大破という大きな損傷をうけた。

加えて艦体が老齢なため、被弾のさいのショックでどこからともなく海水が浸入し、ついに艦体は右に二度あまり傾斜したが、そのままこれを復原することもせず、応急処置をほどこして進撃を続行せざるをえなかった。

やがて敵機が去ってから、戦死者の遺体搬出と負傷者の処置にあたったが、密閉された艦内での爆発により爆風で死体が散乱し、まことに惨憺たる光景であった。島根師範の同期生（前田）が、一番副砲の射座についたまま口から鮮血をだし、押しつぶされた格好で最期をとげていた。そのいたましい姿に黙禱をささげ、毛布で硬直した身体をくるんで後部士官浴室（仮死体収容所）まで涙しながら運んだ悲しみは、いまでも脳裏にやきついて忘れることができない。

この空襲の後、ひきつづき二波、三波の波状攻撃を予想しながら、一路、目的地であるレイテ湾をめざして艦隊は進撃をつづけた。だが、どうしたことか、それ以後、敵機の来襲も潜水艦の襲撃もなく、黄昏(たそがれ)せまるころ、前方はるかに島影が黒く見えてきた。ミンダナオ島の北端にさしかかってきたのだろうか。

夜のとばりがしだいに濃く、陽はとっぷりと暮れ、夕闇せまるミンダナオ海を銀色にひかる夜光虫の尾を引きながら、艦は刻一刻、決戦場へと近づいてゆく。

明朝は、いよいよレイテ湾突入である。夜戦にそなえるため、露天甲板に出て大気を胸一杯に吸い、艦橋横のハッチから降りようとしたときである。艦橋の裏側に四、五人のうずまった人影をみとめたので、そっと近寄ってみた。すると、五人の人がおたがいに肩を寄せあって甲板に腰をおろし、両脚を前に投げだしたまま、防毒マスクの袋を首にぶらさげて、なにやらボソボソと話し合っている様子だ。

「オイ」と声をかけると、一斉に私の方をふりむいた彼らは、五人とも顔見知りの軍属だった。チョビ髭をはやしたコック長を真ん中にして、まだ二十歳そこそこの若い洗濯屋と散髪屋の面々である。

臨戦体制にはいって兵隊たちは、それぞれ戦闘配置につくが、非戦闘員の彼らには定められた戦闘配置もなく、指示をあたえる上官もなく、甲板の片隅でこうしておなじ立場の者同士があつまって、故国の肉親のことでも語り合っているのであろうか。うつろなまなざしで黄昏れゆく海面を見つめ、疲れきった寂しい表情で私になにか訴えかけるように見えるが、

一次改装で艦尾を延長後の扶桑。排水量３万4700トン、全長212.75m、速力24.7ノット、36cm連装砲６基、15cm副砲14門

だれも口は開かなかった。

明日は、いよいよ艦と運命を共にしなければならないことを感知し、心の整理をしているのであろうか、この非戦闘員たちを決戦場にまで連れてこなければならない理由は、いったい何なのか。私はなぐさめる言葉も見いだせず、ただ小さく手をふって別れるしかしようがなかった。肩を寄せあって、いたわりあっている彼らのあわれな姿が、脳裏にやきついていまでも忘れることができない。

二発の命中魚雷

午後十時、「総員配置につけ」の号令がかかり戦闘配置につく。「明朝五時を期してドラッグ突入の予定」と、おごそかな口調で艦長（阪匡身少将）の号令は、艦内の部署に伝達された。総員は息をのんで次の号令に耳をかたむけた。

艦隊はいよいよスリガオ海峡の入口に到達した模様である。しだいに増速されて舷側に当たる波の音が、騒がしくつたわってくる。暗闇を利して攻撃をくわえてくる魚雷艇にたいして、副砲でこれを排除しているのか、間をおいて「ドドーン」「ドドーン」と左舷副砲の発射音が聞こえる。やがて右舷の副砲も発射しだした。魚雷艇が左右から肉薄し、魚雷攻撃を開始しだしたのだ。ついに決戦の時がやってきた。

「合戦準備、夜戦にそなえーェ」砲塔長の号令がひときわ厳しく、塔内に響きわたった。厚い鋼板をとおして魚雷艇の爆音がつたわってくる。かなりの数の魚雷艇が、本艦の間近にむらがっているように思える。

「面舵一杯」航海長の声と同時に、艦が大きく左にかたむく。避雷のための一斉回頭がくりかえされているのだ。われわれ主砲分隊は、対空弾から一式徹甲弾に詰めかえ、「発射用意、撃ーェ」の号令をいまや遅しと待ちかまえている。緊張がしだいに高まり、全員の目が血走っているように見える。

まもなく「右砲戦、右四五度、向かってくる駆逐艦」そして砲塔長の「撃ち方はじめ」の号令がかかったとたん、「パチーン」という炸裂音が右の鼓膜をやぶった。たちまち艦内電灯の右半分がパッと消えると同時に、船体が右に大きく傾斜し、破口から流れこむ海水の音が滝のように聞こえてくる。二番砲塔の右舷に、魚雷が命中したのだ。

やがて注水によって、右に傾斜した船体がしだいに復原してきた。が、そのときまたもや二発目の魚雷が、ほとんど前とおなじような箇所に命中した。このためすべての電源が破壊されたのか、塔内は真っ暗闇となり、そのうえ弾火薬庫に海水が流れこみ、砲塔の使用が不能となってしまった。

岩井弾庫長と伊藤火薬庫長から続けざまに大声で「弾庫浸水」「火薬庫浸水」の報告がなされる。

やがて西村分隊長から「一、二分隊弾火薬庫員は全員、揚弾薬筒内の非常ラッタルをつたって砲室にあがれ」と号令がかかり、火薬庫員から順次、いそいで砲室にはいあがった。最後に伊藤兵曹と岩井兵曹が油まみれになって砲室にたどりつき、浸水の状況、部下兵員に異状のないことを砲塔長に報告した。

だが、海水は下や横からでなく、兵員が昇降する上甲板のハッチから落ちてくるということである。まさにわれわれの居住区は、濁流が渦まいて流れていることが予想される。はたせるかな、砲室から全員が露天甲板におり立ったときには、一番砲塔が楯となり、それで水をきって大きく右前のめりの格好で、艦はゆっくりと前進しているのだ。

艦首は完全に水中に没し、逆に後甲板が高く浮きあがり、歩行が困難な状態でありながら、罐室と機械室は異常がないとみえ、浮きあがった艦尾の方向でタービンの音が異様に聞こえ、艦は右方向に旋回しながらゆるやかに前進していたように思う。

どうしたことか、それまで無数に群がっていたはずの魚雷艇の姿も、また突進してくる駆逐艦の姿も見あたらず、海面はおだやかであった。月はなかったが、星空がとてもきれいで、南十字星が美しくきらめいていたのが印象に残っている。嵐のあとの静けさとでもいおうか、海も空もまた艦も静まりかえり、左右の舷側にあつまっている一、二分隊の乗員たちも、だれ一人、声を出すものなく、不気味なほどの静寂がしばらくのあいだ漂っていた。

黒ぐろと夜空に屹立した扶桑の最後

急に艦橋付近がざわめきはじめた。「総員退去」の命が発せられたのか、中部右舷のカッターダビットの端から、数名のものが飛び込む気配を感じた。

そのころ一、二分隊の総員約一〇〇名の兵員のほとんどが左舷にあつまって、退去の態勢をとっていたが、私は右舷二番砲塔横のハンドレールをまたぎ、しだいに近づいてくる海面をじっと見つめながら、二、三回大きく深呼吸をした。
いつ私のそばに寄ってきたのか、一期後輩の八幡晴夫と、隠岐の小学校で面倒をみてやった少年兵の笠置重義が、救いをもとめるように私の左右でハンドレールをしっかり握りしめて、身がまえている。私は二人の服装について十分に注意をあたえ、重い艦内靴を脱がせた。そして飛び込んだら、少しでも早く艦から離れるようにといい、とにかく俺につづいて全力で泳ぎ切るように繰りかえして言いきかせた。

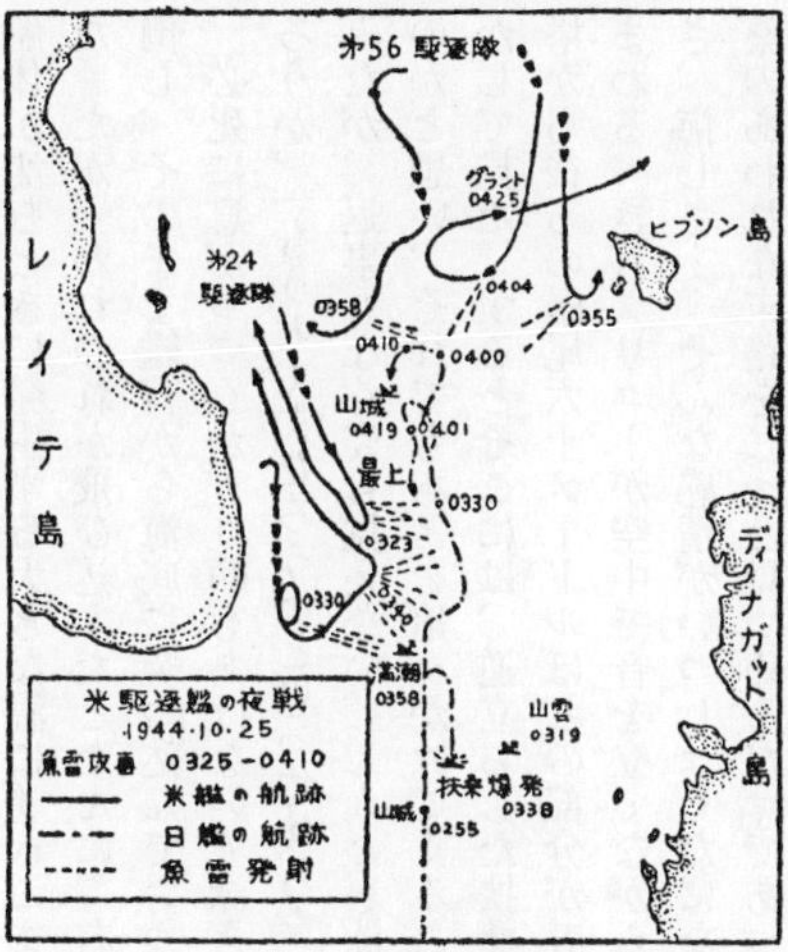

そのうち、両脚をそろえ飛び込む姿勢をとったとたん、「ギギー」というなにか金属が折れまがるような不気味な音を感じたので、目の前にせまっている黒い海面にむかって、頭からざんぶと飛び込んだ。遅れじと八幡と笠置が私につづく。

運命というものは、まったく不思議なものだ。不気味な音と同時に、そのまま艦が右に転覆すれば私はとうぜん艦の下敷きになるか、かりに下敷きにならないまでも、船体が沈むときに発生する大きな渦に巻きこまれて、とうてい助かる見込みはないと思われた。だが、われわれが飛び込んだとたんに、右に大きく傾いていた船体がとつぜん左に急転倒し、そのまま艦首から海底に突っ込んでいったのだ。

必死に息がつづくかぎり顔もあげないで泳ぎに泳いで、二百メートルくらいは離れたであろうか。「もう大丈夫だろう」と思って後ろをふりむき、八幡と笠置の名を大声で連呼してみたが、返事もなく姿も見えない。二人とも泳ぎはかなり達者であるはずなのに駄目だったのかと思い、それでもあとを追っかけてくることをわずかに期待しながら、闇の向こうをすかして見た。するとそこには、逆立ちした扶桑の巨大な姿が黒ぐろと夜空に屹立し、六番砲塔から後ろの艦尾六十メートルほどの部分が五十度くらいの角度をたもって静止し、水中でまわるべきスクリューが空中で音を立てながら、虚しくからまわりしていた。寂しさ、虚しさ、悔しさ……そんな感情がいっしょくたになって胸をふさぎ、しばらくは茫然として、扶桑のあわれな末路をじっと見つめるだけであった。

話はさかのぼるが、昭和十九年九月中旬のことだったと思う。扶桑が山城と合流して二戦隊編成（九月十日）となった前後に、なんの基礎訓練もうけていないとおもわれる三十歳すぎの応召老兵が数十名ほど配属乗艦してきた。彼らは身につかないセーラー服を不格好に着て、奉公袋を手にさげてドタバタと乗艦してきた姿を見て、古年兵たちはみな哀れを感じたことであった。

オドオドした態度、不安気な表情を見ると、気の毒でかわいそうの一語につきた。おそらく数ヵ月前には、女房や子供と涙の訣別をしいられ、後ろ髪を引かれるおもいで入団したことであろう。余りなその様子を見るにつけ、帝国海軍もここまで落ちぶれたものかと言いしれぬ憤懣というか、腹立たしさを感じずにはいられなかった。

すべてが精密な機械の操作であり、高度の技術と熟練を必要とする艦隊勤務。しかも、乾坤一擲、天下分け目の決戦場にのぞもうとする戦艦の乗組員として、この心技ともに未熟きわまる老兵たちに軍はなにを期待し、望んだのであろうか。

彼らは全員が乗艦して四十日目に、深い恨みを残しつつレイテ湾口の藻屑と消え去ったのだ。妻子や両親の嘆きはいかばかりか。扶桑沈没のときを想起するとき、まったく無意味に死に追いやられたこの老兵の心情が思い偲ばれ、なににもまして胸の締めつけられる感懐に駆られることである。

モリソン戦史に見る「山城」「扶桑」の最後

図に当たったオルデンドルフ少将の迎撃作戦

米海軍少将・ハーバード大学教授　S・E・モリソン

サミュエル・モリソン博士

一九四四年（昭和十九）十月二十四日十二時十五分、レイテ上陸作戦を直接支援する第七艦隊司令長官キンケード海軍中将は、指揮下の米艦船全部にたいし、夜戦の準備を命令した。彼ははっきり、西村祥治中将の南方部隊が同夜フィリピンのスリガオ水道を通過し、レイテ湾に突入するものと判断していたからである。

ついで午後二時四十三分、キンケード中将は砲撃部隊兼射撃支援部隊指揮官であるオルデンドルフ少将にたいし、水道の北口における夜間配備につき、西村艦隊を迎え撃つ準備をするよう下令した。当時オルデンドルフ指揮下の兵力は、戦艦六隻、重巡四隻、軽巡四隻、駆逐艦二十六隻という非常に有力な艦隊であり、右翼と左翼と中央隊に分かれていた。

中央隊はレイテ島南東部ヒンガツンガン岬とヒブソン島（スリガオ水道の北口）間の北方

の約八キロにわたる海面を、東西方向に行動する。左翼隊の巡洋艦は、中央隊の南方四キロを東西方向に移動する。右翼隊の巡洋艦は、左翼隊の西方を目標に東西に航行して哨戒にあたる。

オルデンドルフ少将は以上の命令を下すに先立ち、中央隊指揮官ウェイラー少将と右翼隊を指揮するバーケイ少将を、自らの旗艦である重巡ルイスビルに招き、計画を説明するとともに、指揮官の意図するところをよく了解させた。これら三人の指揮官がもっとも心配した点は、弾薬とくに敵戦艦を攻撃するための一四インチ砲と一六インチ砲の徹甲弾の不足であった。というのは、これら徹甲弾の多数を、ヤップ島の砲撃とレイテ海岸にたいする射撃に使い果たしていたからだ。

そこで中央隊は、射撃効果を最大に発揮するため、射距離が一万八千ないし一万五五〇〇メートルになるまで、射撃を待つこととした。それだけではなかった。駆逐艦の予備魚雷もなくなり、また五インチ砲弾も定数の二〇パーセントにまで減っていた。

打合せ会議は終わった。オルデンドルフは十月二十四日午後五時二十五分、以上の計画をキンケード、ウィルキンソン（駆逐艦や魚雷艇群の七九任務部隊指揮官）両提督にたいし、報告したのである。

そのころ日本の南方部隊は事実上、二つの隊に分かれていた。その一つは西村祥治中将の隊で、二隻の戦艦がふくまれていた。日出直前にレイテ湾のタクロバン沖に到着し、栗田部隊と合同することになっていた。それはレイテ湾の米軍上陸部隊をたたきつぶす「捷一号作戦」成功の基本的条件になっていた。

十月二十四日午後六時半ごろ、西村提督は栗田提督の午後四時の電報——栗田部隊はシブヤン海における航空戦のために遅れる——を受け取っていたが、針路と速力を修正せず、そのまま進撃をつづけた。西村はおそらく、飛行機によるなんらの支援もなかったので、レイテ湾に進入するには、夜暗を利用するのが最善と考えたのであろう。彼は豊田、栗田の両提督にたいし、翌朝午前四時「ドラッグ沖に突入」の予定、と電報しているのだ。

至近弾の水柱が立つスル海で米軍機の攻撃をうける山城

午後十時三十六分、第一魚雷艇隊のPT一三一号は、日本艦隊をレーダーで捉えた。レーダーをたよりに同艇隊の魚雷艇三隻は二十四ノットで近寄った。十時五十分こんどは肉眼で、敵を約三マイル（浬）の距離に発見した。だが、その二分後、駆逐艦時雨（しぐれ）が米魚雷艇を見つけた。この瞬間に西村提督ののどかな航海は終わり、スリガオ水道における戦闘の幕は切っておとされたのである。

扶桑まず落伍す

魚雷艇隊は突撃を強行した。しかし、成果はえられなかった。そのうえ戦闘に気をとられたばかりに、大切な敵情報告が遅れてしまった。オルデンドルフ少将のところに報告が届いたときは、すでに二十五日の午前零時二十六分となっていた。とはいえ、オルデンドルフは前日の午前十時いらい、初めてはっきりした敵情を知ることができた。それは西村艦隊を迎え撃つ備えは賢明であって、計画を変える必要は少しもないことを示したのだ。

当時、西村艦隊の航行隊形は駆逐艦満潮（みちしお）と朝雲を前衛とし、その後方四千メートルに戦艦山城が位置し、山城の左右には駆逐艦時雨（しぐれ）と山雲が側衛となり、山城の後方を千メートル間隔で、戦艦扶桑と巡洋艦最上が続行していた。

午前二時五分と七分にも、魚雷艇の攻撃をうけたが、西村艦隊はこれらを排除しつつ、ひたすら北上をつづけ、スリガオ水道の強行突破をくわだてた。水道のいちばん北方の哨区に待ち伏せしていた第十一魚雷艇隊のPT三二七号は、午前二時二十五分、西村艦隊を南方約十六キロに発見した。「敵発見」の報告に接するや、第五十四駆逐隊司令カワード大佐は、戦場の混乱をさけるため、魚雷艇隊に道をあけるよう指示した。

このようにして、スリガオ水道における魚雷艇隊の任務は、十月二十五日午前二時二十六分をもって終わった。三十九隻のうち三十隻の魚雷艇が襲撃を行なったが、その戦果は軽巡阿武隈（あぶくま）に、一本の魚雷を命中させたにすぎない。だが、日本艦隊に触接をつづけ、敵情を報

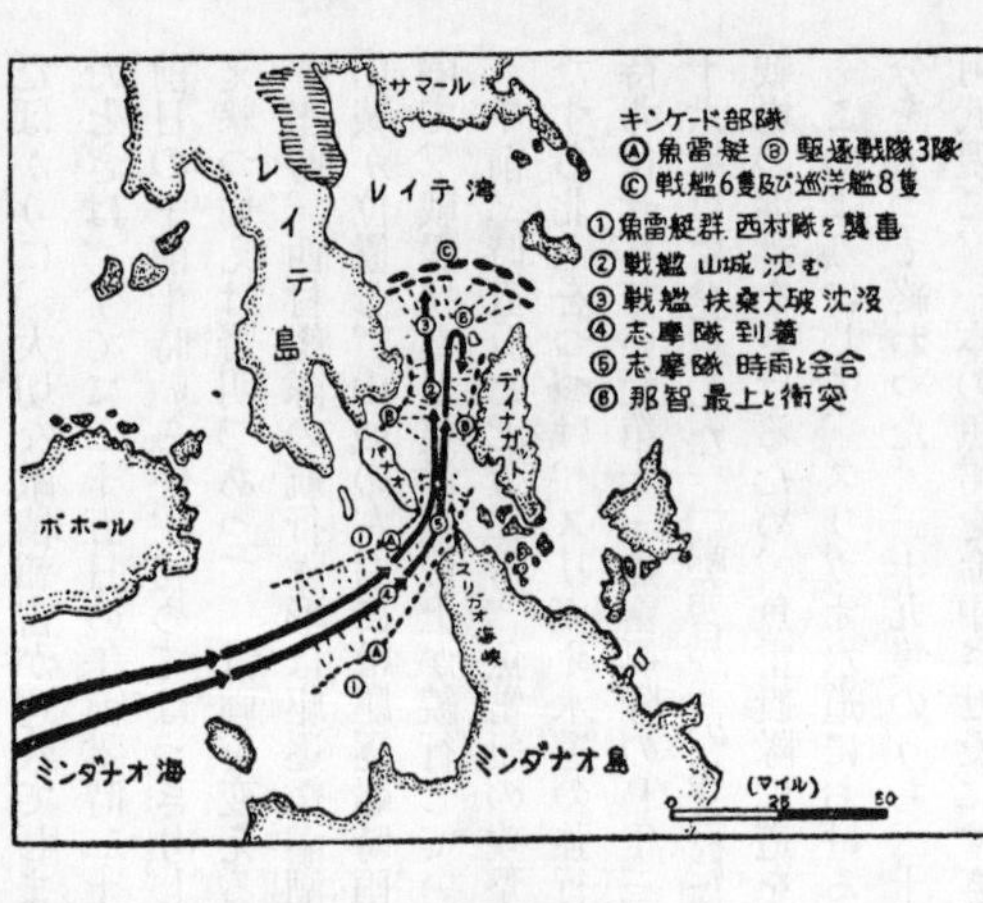

告することによって、オルデンドルフの作戦に絶大な貢献をなしたのである。

西村中将はその前方に、優勢な敵が手ぐすねひいて待っているとは感づいていなかったらしい。十月二十四日の月は、真夜中を少しすぎたころ没した。視界は三キロから五キロ以上を出なかった。水道の海面は鏡のように静かである。

艦橋にいる米艦長たちは、手持ちの燃料が半分ほどになったのに頭をなやましていた。午前零時二十六分、敵発見の第一報に接し、そして午前二時の敵情報告により、西村艦隊は駆逐艦哨戒線の南方約三十マイル（浬）にあることを知った。

カワード駆逐隊司令は敵を挾撃ちにする計画をたて、攻撃には魚雷だけを使用し、一切の砲撃を禁じた。というのは、駆逐艦の五インチ砲弾は戦艦には効果がなく、そのうえ自分の位置を敵に示すだけであるからだ。

「戦闘配置につけ」

午前二時六分、カワードは魚雷戦の準備をととのえ、二十ノットで南下、接敵行動をとっ

昭和11年秋、一次改装後の山城。トップの檣楼測距儀から下へ、それぞれ窓のある主砲指揮所、副砲指揮所、戦闘艦橋、高角砲指揮所、羅針艦橋、その下に測距儀2つ、一番二番36cm主砲塔

た。二時四十五分レーダーは北上する敵を、十五マイルの南方にとらえる。西村艦隊は駆逐艦四隻を前衛に配し、その後方千メートル間隔に山城、扶桑、最上の順で続行していた。

二時五十六分、時雨の見張員は三隻の敵艦を八千メートルに発見する。山城は探照灯でさがしたが、見つけることができなかった。一方、レイテ島の近くにいたフィリップス中佐（カワード隊七隻のうちの二隻で西側隊）指揮の駆逐艦二隻は、二時五十四分レーダーで西村艦隊をとらえ、ただちに接敵行動にうつった。

午前三時、カワードの駆逐艦三隻は二十七本の魚雷を発射し、煙幕を張って北方に避退した。西村艦隊の猛火を浴び、艦の周囲に多数の巨弾が落下する。

三時八分から一分ほどの間に、砲弾の炸裂とは思われない爆発音が、日本艦隊の方向に聞こえた。少したって、大きな軍艦が速力をおとし針路を右に変えて進むのが見られた。それは扶桑であったのだ。駆逐艦メルビンの発射した魚雷が命中したのである。

T字戦法の再現

一方、フィリップス指揮の駆逐艦二隻は、三時九分に魚雷発射、艦隊は右方に魚雷回避をなす。だが三時二十分、爆発の閃光が見える。山雲は沈み、満潮は大破し、朝雲は艦首を切断されたが避退し、山城に一本命中した。山城の損害は大したものではなかった。

午前三時三十分、西村中将は、栗田健男中将と志摩清英中将に最後の電報を打った。

「緊急戦闘報告第二号　敵魚雷艇と駆逐艦は、スリガオ水道北口両側にあり。わが駆逐艦二隻は魚雷をうけ操舵不能。山城は魚雷一本をうけたが、戦闘航海に支障なし」

フィリップス隊の襲撃十分後、西村艦隊はマクメーン大佐指揮の第二十四駆逐隊の攻撃をうけた。三時二十三分、英駆逐艦アルンタの時雨攻撃は失敗したが、米駆逐艦キレンの魚雷一本は山城に命中した。

しかし山城は三時四十四分、依然として十五ノットで航行していた。

オルデンドルフはスムート大佐指揮の第五十六駆逐隊に、襲撃を命じた。三隻ずつ三隊に分かれて近接し、コンリー大佐の二番隊は三時五十四分、ボールウェアー中佐の三番隊は三時五十七分に発射したが、いずれも目標をはずれた。スムートの一番隊は四時四分に発射し、山城に二つの大きな爆発が見られた。

避退のとき駆逐艦グラントは猛射をうけ、十八発の砲弾が命中し行動不能となった。十八発のうち十一発は〝味方〟軽巡の六インチ砲弾であった。

こうした駆逐艦の魚雷戦が間断なく行なわれているとき、米戦艦部隊と巡洋艦部隊は砲戦の準備をととのえ、日本艦隊が射程内に入るのを、いまや遅しと待ち構えていた。

「戦闘配置につけ」の号令が、けたたましく艦内にこだましたのは、午前二時半を少しまわった頃だった。そして三時二十分ごろになると、駆逐艦の発射した命中魚雷による火炎が、南の方にあかあかと輝いた。

戦艦、巡洋艦部隊は三時三十分、水道北口の西側から、水道に直角の東方の針路で行動をはじめた。レイテ島寄りがバーケイ少将指揮の右翼隊で、軽巡二隻と、オーストラリア重巡シュロプシャーである。その東方九キロに、オルデンドルフ直率の左翼隊があり、重巡三隻と軽巡二隻からなっている。右翼隊の北東方約八キロに、ウェストバージニアを先頭とする六隻の戦艦がひかえている。

砲戦の場合、味方艦隊の進行方向を相手側のそれに直角ならしめるのは、砲戦の極意ともいうべきものだ。味方は全部の大砲を同時に使用できるが、相手はわずかに先頭艦の前部砲台しか射撃できないからである。この双方の隊形を上空からみると、Tの字に似ているので、T字戦法と呼ばれる。それは砲戦術の基本原則なのである。

集中砲火を受く

午前三時二十三分、レーダーは日本艦隊をとらえた。その十分後――距離が三万メートルになったとき、ウェイラー少将は戦艦部隊にたいし、三万二七〇〇メートルになったら射撃を開始することを伝えた。

オルデンドルフは、旗艦ルイスビルからもっとも近い艦までの距離が一万四千メートルになった三時五十一分、巡洋艦全部に砲戦開始を命じた。その二分後、右翼隊の巡洋艦も、射距離二万七〇〇メートルで砲戦に加わった。

戦闘に参加した戦艦六隻のうち、ミシシッピー以外の五隻は、開戦劈頭の真珠湾に、あるいは沈みまた傷ついたものだった。

これにたいし山城は、午前三時五十二分、速力は十二ノットに落ちていたが、射撃用レーダーがなかったので、在来の方法で射撃を行ないつつ、七分間、針路二〇度で航行していた。

西村中将は勇敢にも集中砲火の真っ只中に突進してきたのである。同行するものはわずかに二隻、後方に続行する重巡最上と、右舷後方にいる駆逐艦時雨だけだ。西村の最後の通信は三時五十二分、扶桑にあてた「全速力にて来たれ」というのであった。だが沈みかけている扶桑から、応答のあるはずがない。

最新式射撃用レーダーをもつ戦艦ウェストバージニア、テネシー、カリフォルニアは、ずっと前から目標が射程内に入るのを待ち構えていた。

ウェストバージニアは三時五十三分に射撃開始、一六インチ徹甲弾九十三を発射した。テネシーとカリフォルニアは、三時五十五分に射撃をはじめ、それぞれ六十九発と六十三発をぶっ放した。ほかの三艦のレーダーは旧式であった。メリーランドはウェストバージニアの弾着で距離をはかり、三時五十九分に射撃開始、四十八発を発射した。ミシシッピーはわずかに一斉射だけ。ペンシルバニアは目標がつかめず、砲戦に参加しなかった。

戦艦部隊は前方に進出しすぎたので、三時五十五分、針路を九〇度から一二〇度にかえた。そのとき山城はミシシッピーからの方位一九二度、距離一万九一〇〇メートルで、最上はそれから二七〇〇メートルほど遠かった。

四時二分、オルデンドルフの要求で戦艦部隊は西方に針路をかえた。ミシシッピーは四時八分、大きな目標をとらえ斉射を行なった。だが、その時すでに、オルデンドルフは「射撃中止」を命じていたのだ。

山城ついに沈む

日本の将兵は勇戦敢闘した。一六インチ砲から六インチ砲にいたるまで、応急修理をしながら気のくるったように撃ちまくった。最上も時雨も、よく戦った。だが、最上の反撃は数分間にすぎなかった。

山城の射撃は長かった。その主砲をもって敵巡洋艦を、副砲をもって駆逐艦を射撃した。しかし、その戦果は小さかった。山城と最上の数弾が、スムート隊の駆逐艦グラントに命中、駆逐艦クラックストンに至近弾一発をくらわしたにすぎない。また日本の「花火戦法」も失敗し、発射した星弾は米艦にとどかず、それらを照明できなかった。

左翼隊の砲戦はどうか。三時五十一分、一万四三〇〇メートルで射撃開始、砲火を山城に集中した。その七分後、重巡ポートランドは目標を最上にかえ、軽巡デンバーは時雨を砲撃した。だが、それはストーム隊の駆逐艦グラントにたいする〝味方討ち〟だったらしい。重巡ルイスビルも、不運なグラントを狙ったが、幸い命中しなかった。こういった誤認は、日本側に射撃目標を提供した。そして結局、左翼隊の巡洋艦は、気まぐれの三一〇〇発の砲弾を、四時九分まで射撃したのである。

一方、バーケイ少将の右翼隊は、山城に砲火を集中した。軽巡フェニックスは十五秒間隔に射撃したが、軽巡ボイスは大急ぎでぶっ放した。バーケイは「もっとゆっくり、弾丸を無駄使いするな」と注意した。

大きな、そして真っ赤な爆発の火炎が、山城の甲板をなめている。オーストリア巡洋艦シュロプシャーは、射撃レーダー故障のため、三時五十六分まで発射できなかった。ちょうど午前四時に、いくつかの事態が起こった。その最後の十分間、北方の針路で蛇行運動をしていた山城は、頑強に射撃をつづけながら、そして多くの命中弾をうけながら、西寄りの針路をとった。燃えさかる火炎は、山城の巨体をくっきりと暗い海上にえがき出した。

重巡最上は、すでに南方の針路で避退しつつあった。時雨は東方に退避している。八インチ砲弾をくらったが、不発のために命拾いした。だが、至近弾のために、コンパスと無線機が駄目になり、レーダーがなかったので敵の所在がつかめず、せっかくの魚雷を使用する機会を、ついに逸してしまった。

駆逐艦グラントなどが、〝味方討ち〟されているという報告をえたオルデンドルフ少将は、午前四時九分「射撃中止」を全軍に命じた。駆逐艦をして戦場から避退させるためだ。しかし、山城の将兵らは、それを「射撃終了」という天来の福音と受け取ったのであろう。山城はその間、速力を十五ノットに増し、左に九十度回頭し、南方への避退を開始した。

だが、それは十分とは続かなかった。午前四時十九分、巨体は転覆し、ついで水道の波間にその姿を消した。西村提督をはじめ多数の将兵は、艦と運命を共にした。

当時、すでに船体が二つに切断し、燃えあがる後部の火炎で、暗黒の水道を照らしていた扶桑は、十月二十五日の日出を待たずして、僚艦山城のあとを追った。

日本戦艦十二隻 最後の艦長ものがたり

「丸」編集部

慈父の如き真の船乗り 戦艦「大和」最後の艦長・有賀幸作大佐

「真の船乗りとは、ああいう人だろう」いまは亡き有賀幸作艦長（海兵四五期・明治三〇年生）を偲ぶ人たちの、口を揃えていう言葉である。信州上伊那の産、男らしく竹を割ったような性格だった。水雷出身といわれるだけあって、駆逐艦勤務が長い。その艦長時代、菜っ葉服を着て水兵と一緒に、汗と油でどろどろになりながら魚雷調整と取り組んだ話は、よく知られている。

有賀幸作大佐

訓示するより、兵のなかで力のかぎり働いてみる。そんなタイプの艦長だったのだ。怖かったが、いちばん頼り甲斐のある艦長と、いまだにその頃の部下はいっている。第二艦隊所属の重巡鳥海の艦長時代、リンガ泊地で敵を前にしながら、艦内に赤痢がはやったことがあった。全員シンガポールに上陸して艦内の大消毒がおこなわれたが、このときの心労がたたったか、原因不明の高熱を出して、艦長はたおれてしまった。そこで止むなく、艦隊参謀長の小柳冨次少将は、艦長交替を決意して有賀大佐の病床をおとずれ、説得にあたったが、「いやです。私は死んでも艦長として出ていきます」と突っぱねた。これには、ほとほと弱ったらしい。

水雷学校の教頭をへて戦艦大和（昭和十六年十二月十六日竣工）へ赴任したのは、昭和十九年十一月二十五日のことである。それから五ヵ月後、大和は伊藤整一中将の旗艦として巡洋艦矢矧（やはぎ）および駆逐艦八隻をひきいて、沖縄めざして進撃を開始したのである。艦長以下三三三二名、それが日本の命運をかけた大和の乗員だった。天一号作戦にすべてをかけて還らぬ旅路に立ったのだ。

九州坊ノ岬沖に出た四月七日の昼前、敵機群の熾烈な猛撃がはじまった。初弾をうけて二時間、魚雷十本と爆弾五発以上をうけた大和は、轟然と音を立てて沈んでいった。有賀艦長は、傾いた艦橋で「縛っておかぬと無意識に泳ぎ出すから」とつぶやいて、自ら麻縄で羅針儀に身体をくくりつけて艦と死を共にしたという。

主砲万能論に徹す　戦艦「武蔵」最後の艦長・猪口敏平少将

「ビンペイさん」彼を知る親しい海軍士官たちは、いまでも

猪口敏平少将

こう、この人を呼んで懐かしがる。死闘にのたうつ戦艦武蔵（昭和十七年八月五日竣工）の艦上で、去りゆく退艦者たちを見送る猪口(いのぐち)敏平艦長（海兵四六期・明治二九年生）の感慨は、いかばかりであったろうか。

「なんという運命のいたずらだろう」と、歯を喰いしばる人もいる。なぜならば、日本海軍きっての射砲理論の権威だった猪口艦長が、武蔵の巨砲をただの一発も射つ機会もなく昇天したのだから、悲劇というほかはない。

まこと猪口少将は戦艦の艦長として、まさにうってつけの人物だった。徹底した主砲万能論者で、じつに明確な数字を細かく頭にたたきこんでいた艦長は、ある飛行科士官の言をかりれば、「飛行機屋からいわせるとカタキ」とかで、空爆無価値論を声を荒げて説いたという。

砲術学校教頭だった昭和十六年、教場につかつかと入ってきた猪口大佐は、開口一番「この私が大砲の猪口です」と大見栄をきって、並みいる教員と学生の度胆をぬいた。戦艦と主砲をさしおいて何するものぞという自信が溢れていた人なのだ。

昭和十九年八月、第一戦隊司令部付を拝命した猪口大佐は、念願かなって、超弩級艦の武蔵に栄えある着任の日を迎えた。そして大和、長門をしたがえた猪口猛艦長は武蔵の艦上にまなじりを決してシブヤン海を進撃、運命の十月二十四日の洋上にあった。

だが、最後の戦いの記録は凄絶きわまりない血涙でつづられた。度重なる敵空母機の集中攻撃を一身にうけ、命中魚雷二十本、爆弾十七発以上をあびた武蔵は、九時間の死闘ののち、五十度大傾斜して大爆発を起こしたのだった。

午後七時三十分、沈みゆく艦上で絶叫した「航空兵力を軽視した自分の判断はあやまりだった」という悲痛な声も、比島沖にむなしく呑まれたのである。

論理明快、卓見の人　戦艦「金剛」最後の艦長・島崎利雄少将

水雷出身のこの島崎利雄艦長（海兵四四期・明治二九年生）を評する人は、水雷の用兵技術上における優れた見識をもっていた、と口をそろえて激賞する。鋭い頭脳の持ち主で、所信をはっきりと開陳するところから、とかく上司の誤解をまねかぬでもなかったらしい。けれども島崎艦長の確信にあふれた進言は、きわめて論理明快、人々の胸を衝いたという。

島崎利雄少将

戦艦金剛（大正二年八月十六日竣工）の艦長のとき、リンガ泊地で待機中のころのことだ。もともと金剛は非常に古い戦艦で防禦力が不充分だったので、島崎艦長はこれを何とかして大補強して欲しい、と献策したことがある。これに対して金剛級を修理する設備や資材がとぼしく、とうてい不可能だと上司は反対したが、艦長の強引な説得で大修理をシンガポールで完成させてしまったとか。

昭和十八年七月、邀撃部隊としてトラックに進出していた金剛に着任してから翌年の二月中旬まで、トラック海域周辺に待機。三月以降リンガ方面に出動したが、比島沖海戦を戦っ

たのち内地へ向かって帰航途上にあった昭和十九年十一月下旬のことである。入渠して、さらに修理増強の必要も出てきていたのだ。途中、敵の来襲もなく、平穏な航海がつづくかに見えたが、台湾基隆の北方およそ五十浬(かいり)付近にさしかかったとき、突然、寝耳に水の魚雷攻撃をうけた。

アッという間もなかった。避ける間とてなく至近距離から、つづけざまに二本、そして三本目の魚雷が射ちこまれ、二時間後になって轟然たる炸裂音とともに天をおおう水煙のなかに、金剛はしだいに傾斜しはじめたのである。そして南太平洋、インド洋、中部太平洋、アリューシャンと、ほとんど全戦域にわたって雄名をはせた金剛も、台湾沖に艦長以下、多数の乗組員もろともに沈んでいった。

潜水艦に撃沈された唯一隻の戦艦だった。

悲痛な声　戦艦「比叡」最後の艦長・西田正雄大佐

金色に輝やく菊の紋章のついた短剣を授けられた兵学校「恩賜組」の人である。抜群の成績で卒業した西田正雄生徒(海兵四四期・明治二八年生)の前途には、将来、海軍首脳としての、いわゆる赤レンガ組の道が保証されていた、といっていいだろう。

英国駐在武官補佐官を振り出しに、ロンドン軍縮会議(昭和五年)の全権に随行し、軍令

西田正雄大佐

部出仕、海軍大学校教官をへて、昭和十年の第二次ロンドン軍縮会議にも随行した。さらに軍令部課長と大本営海軍参謀を兼任して、海軍昇進の花道を濶歩した輝やかしい明け暮れであった。

が、昭和十六年九月十日、佐官より少将に累進するコースとして、お召艦の栄誉をほこっていた戦艦比叡（大正三年八月四日竣工）の艦長に赴任したとき、出世コースに重大な曲り角がきた。

緒戦のハワイ攻撃に大勝し、さらにラバウル、カビエン攻略を終えてジャワ南方の機動作戦、インド洋、セイロン攻撃と、まさに天を衝く勢いの比叡だった。しかし、第三次ソロモン海戦のはじまった昭和十七年十一月十二日、比叡は最後のときを迎えようとしていた。

ガダルカナルの三〇〇浬圏内に入って、高速二十六ノットで進撃していた比叡は、めざす飛行場砲撃の戦端を開かんとした刹那、敵大型巡洋艦五、駆逐艦八と遭遇し、筆舌につくせぬ大乱戦におちいった。距離わずか四千余、交錯する砲火につつまれてサボ島沖は、まるで地獄絵そのものだった。

舵をやられ、八十五発の命中弾をうけて立往生した比叡に、その翌日、熾烈な空爆が浴びせられたのだ。やむなく十一戦隊司令部の決断により、艦自沈の命が下された。

そのとき、四番砲塔で最後まで動こうとしなかった西田艦長に、退艦をうながした部下たちは「どうか艦といっしょに残してくれ」と悲痛な声をあげる艦長の手を握って、号泣したという。戦艦最初の自沈に直面した艦長は、西田大佐が最初であった。

海相を叱咤した男　戦艦「霧島」最後の艦長・岩淵三次大佐

岩淵三次少将（海兵四三期・明治二八年生）は、昭和十八年に舞鶴鎮守府人事部長のとき、嶋田繁太郎海相と東北へ巡視にいったことがある。

しかし、巡視とは名ばかりで、至るところ町の有力者の歓待攻めで、どんちゃん騒ぎだった。

岩淵少将は「なんて馬鹿野郎だ。ソロモンやニューギニアの将兵が死に物ぐるいで悪戦苦闘しているというのに、何をとぼけて田舎廻りなどしている暇があるか」と怒って、さっさと帰ってしまったとか。

岩淵三次大佐

この逸話のとおり、岩淵艦長はズバリ、ズバリと物をいう性格で、地味でねばりのある新潟人特有の強固な意志の持ち主でもあった。第六期航空術学生出身というから、航空のコースを歩むと見えたが、砲術学校高等科学生をおえると軽巡や重巡の砲術長や艦長を歴任して、戦艦霧島（大正四年四月十九日竣工）の艦長へ。昭和十七年四月のことだ。海軍大佐である。
第三次ソロモン海戦の最後の夜戦に臨んだのは、それから七ヵ月後の十一月十四日である。サボ島沖にさしかかった午後十一時ごろ、敵戦艦群との砲撃戦が開始された。砲戦時間わずか三十分足らずの間に、霧島は大小五十余発の砲弾をくらい、火災と浸水のために遂に航行不能におちいった。

そこで艦長は、機械室罐室注水を命令して、総員退艦のときが来たと決意したのである。そのときに午前一時三十分。るいるいと横たわる屍の間から、負傷者の救出が急がれた。そのかたわらで、悲壮な君が代の斉唱が沈みゆく艦にはなむけとされたのだった。

艦を失ってマニラに渡った岩淵少将（昭和十八年五月昇進）は、ルソン島の三十一特別根拠地隊司令官に着任し、マニラ防衛の任についた。そしてこの地が最後の場所となったのである。

嶋田海相を叱責した岩淵少将の真面目は、マニラの市街戦において遺憾なく発揮された。陸軍部隊が敵の包囲をくぐりぬけて北走するための防波堤をみずから引き受けた岩淵司令官は、敵の砲火を牽制して一身に浴びたのだった。「鬼神の如く」と、そのころの報道が伝えている。海軍守備隊は司令官以下ことごとく玉砕し、マニラを血で染めて昇天したのである。

瓢々無欲の人　戦艦「榛名」最後の艦長・吉村真武大佐

比叡や霧島、榛名、金剛のような高速戦艦には、いわゆる水雷屋あがりの艦長が、もっとも適任といわれていた。吉村真武大佐（海兵四五期・明治二九年生）が戦艦榛名の艦長となったのは、その意味で当を得たものといえる。事実、吉村艦長こそは典型的な駆逐艦乗りで、叩上げ組といわれた部類の猛者にほかならなかった。第四、第七両掃海艇の艇長をへてから七隻の駆逐艦を乗りこなした。

体はいたって頑健で、斗酒なお辞せずといった豪の者だったとか。駆逐艦長として艦に乗り込んでくるとき、カバンの中をのぞいた従兵が思わずニヤリとしたという。それは、ぎっしりと雑誌キングや講談倶楽部が押し込まれていて、みじんも艦長らしい威厳が見あたらなかったからだ。「瓢々乎として、あっさりした」ものだったと懐かしがる人は多い。「俺は、いいとこ中佐でおわりさ」もともと、艦をまるでボートのように乗りこなして、駆逐艦以外には目もくれようとしない吉村艦長だったから、それ以上の栄達など願いもしなかったのだろう。

軽巡矢矧の艦長をへて榛名に着任したのは、昭和十九年十二月のこと。そのころ榛名は、捷一号作戦にひきつづいて、オルモック輸送作戦を支援していたが、呉に回航されて応急修理の真っ最中だった。

しかし、海上決戦の機会を失った以上、ただ空しく呉の岸壁で砲台と化するよりほかなかった。

敵が最後の止めを刺しにきたのは、昭和二十年七月二十八日だった。榛名（大正四年四月二十九日竣工）は残存の全砲火をひらいて応戦、撃墜機数八機以上の戦果をあげたものの、十三発の直撃弾を喰らい、上甲板を吹きとばされて高角砲や機銃の三分の一以上を潰滅された。さしもの〝暴れ者〟の吉村艦長も、手も足も出ない最後の戦いとなってしまった。

戦後の吉村艦長は東京の郊外で小牧バレエ団に母屋を開放して、余生を静かに送っている。

浮かべる要塞と共に　戦艦「長門」三十代目艦長・大塚幹少将

大塚幹少将（海兵三九期・明治二四年生）は海大卒業の俊鋭で通信科出身のコースを踏んだ人。最後の死場所となった長門には昭和二年に通信長兼分隊長で乗り組んだことがある。爾後、多摩、山城、鳥海、古鷹の副長、艦長を歴任してから待命で第一線を退いていたが、開戦と同時に充員召集おおせつけられ、南西方面艦隊司令部付となった。

レイテ沖海戦を戦った兄部勇次少将、渋谷清見大佐のあとをついで大塚少将が第三十代艦長として戦艦長門（大正九年十一月十五日竣工）に着任したのは、終戦の年の四月二十八日のことである。

大塚幹少将

そのころ長門は横須賀の小海岸壁につながれてあったが、すでに苛烈な戦局の前に、手足となるべき巡洋艦、駆逐艦もないまま放置されていた。燃料も全く皆無にひとしかった。大塚艦長は、この無用の長物と化した長門を、いかにして戦力たらしめるか、日夜、研究に余念がなかった。その結果、高角砲を、すぐかたわらの岩山に陸揚げして砲座をつくり、相模湾に来襲が予測される敵機動部隊に備えることとなったのである。

着任して三ヵ月目の七月十八日、昼ごろ、三〇〇機におよぶ敵の大編隊が、長門の側面の岩山に、ぶつけるようにして波状攻撃をかけてきた。しかし、長門の場所は一種の死角だった。くり返し、くり返しの反復攻撃にもかかわらず、ふしぎなほど命中弾がなかった。が、岩石の落下してくる戦闘艦橋を避けて、航海司令塔に下って指揮していた艦長を目がけて、まるで狙いをつけたように一弾が音もなく吸いこまれた。

一瞬、眼を射る閃光が轟音とともに吹きあげ、司令塔はあとかたもなく消えてしまったのである。大塚艦長以下、指揮にあたっていた数名の遺体は、ほとんど見当たらなかった。瞬時の間に散華した悲痛きわまりない最後だった。温厚で、部下の信望厚かった大塚艦長の留守宅では、長門が空襲をうけたのと前後して、戦災をうけて全焼した、と伝えられている。

なお、大塚艦長戦死のあと長門艦長には池内正方少将が補せられたが、七月二十四日付の正式辞令は杉野修一大佐に出ており、杉野艦長が旅順から長門に着任したのは終戦後の八月二十日であった。

大爆発に殉ず　戦艦「陸奥」最後の艦長・三好輝彦大佐

戦艦陸奥（大正十年十月二十四日竣工）が原因不明の爆発を起こして柱島沖に沈んだとき、艦長三好輝彦大佐（海兵四三期・明治二十六年生）は艦長室のテーブルに向かったまま、スプーンを持って斃れていたという。事件直後、調査に従事した海軍潜水夫の目撃したところだ。

突然の爆発に驚愕した当局では、塩沢幸一大将を査問委員長に任命して、峻烈な調査が直ちに開始されたが、真相は容易につかめなかった。折りからの昼食事、鉄片のめくれた兵員室には、るいるいと重なった屍のあいだに食器がただよって、フロッグメンの眼をおおわし

三好輝彦大佐

めた。午後の猛訓練の構想を、食事しながら練っていたのかも知れない。冷厳な顔は、一瞬の惨事も知らぬげにきびしく引きしまっていたのである。

「真面目で努力家」コツコツと仕事と取り組んだこの三好艦長に、浮いたほれたの道楽話は、皆目見当たらない。

九州の大分県竹田町といえば広瀬武夫中佐を生んだ海軍の町だが、ここに育ってから東京の名門府立四中へ。そのころ知りそめた東京高等師範の女学生が、いまの未亡人なのである。

あの爆発事件の直後、連絡がとだえて妙に胸さわぎをおぼえた近江夫人は、矢もタテもたまらなくなって海軍省人事部長をたずねていった。当時、部長は三好艦長と同期の中沢佑大佐（のち中将）だったが、不安顔の夫人に事の真相を話すわけにもいかず、中沢大佐は心を鬼にして帰ってもらったとか。その寂しそうな後ろ姿が、いつまでも眼に残ったという。

海軍コースは潜水艦乗りからはじまり、支那事変からあとは、いつも第一線に立った。由良や妙高の艦長を歴任して南の海から帰った昭和十八年三月十日、名誉の第一級艦長としてステップをふんだのだった。

いまは戸板学園に教鞭をとる老夫人は、長男の崇一氏らが〝海軍とお父さん〟の話を「父を知らぬ」末っ子の輝義君に聞かせてやっているのを、かたわらで聞くのが何よりの幸福と眼をうるますのである。

友の母に香水を　戦艦「伊勢」二十九代目艦長・中瀬泝少将

中瀬泝少将（海兵四五期・明治二九年生）は艦長には珍らしいロシア語専攻の、海軍きっての東欧通の一人でもある。ひえつき節で名高い宮崎県の椎葉村の産というから、世を避けた平家の落人の末裔というわけだろうが、それにしては快活明朗で、なかなかの肌ざわりだ。

かつて戦艦長門の第二砲台分隊長時代、同僚だった某飛行科士官の宅を訪れるのに、その母堂にフランスはコテイの香水を捧げたというから、さばけた話ではある。

中瀬泝少将

海軍兵学校を出て六年目、ポーランド駐在を皮切りにソ連駐在武官補佐官、軍令部出仕、そしてふたたびソ連駐在武官と、いわゆる〝赤煉瓦組〟のコースを歩いていたのであるが、日米開戦となって人事局の第一課長当時、戦艦伊勢の艦長を拝命した。昭和十八年十二月二十五日である。

伊勢（大正六年十二月十五日竣工）はじつによく戦った。捷一号作戦に僚艦日向と空母四隻その他の各艦艇を結集して、小沢艦隊松田隊の戦闘艦になった。

昭和十九年十月二十五日の捷号作戦の当日、敵雷撃機と急降下爆撃機の猛爆をくわえられて味方駆逐艦、巡洋艦に多大の犠牲が出たにもかかわらず、伊勢は奇跡的に損傷を受けなかった。呉に帰港後、入渠して艦を調べたところ、艦側の外板が弓なりに内側へ曲がっていたが、弾痕は一つもなかったのである。天佑神助という他はなかったが、その最後はあわれをとどめた。当時、瀬戸内海に呉をのぞんで仮泊していた伊勢は、ほとんど連日にわたる敵の空襲に悩まされつづけていた。

すでに昭和二十年三月、艦長は中瀬少将から牟田口格郎大佐にかわっていたが、昭和二十年七月二十四日と二十八日、ハルゼー麾下の第三艦隊である高速空母機動部隊の航空兵力は瀬戸内海周辺の連続攻撃を開始して、呉軍港に甚大な損傷をあたえた。伊勢は十九発の命中弾をこうむり、湾内に沈座して最後のときを迎えたのである。そして矢風、吹雪、白雪や大淀艦長をへて伊勢艦長に着任した牟田口大佐は、二十四日の対空戦闘で戦死。二十八日の戦闘は高射長の師岡勇少佐が艦長代理として指揮をとり、夕方になって総員退艦して終戦を迎えた。

なお、中瀬少将はその後、軍令部に出仕して第三部長をもって終戦を迎えた。

防空砲台に死す　戦艦「日向」最後の艦長・草川淳少将

レイテ沖海戦を戦った野村留吉艦長にかわって、草川淳(きよし)少将（海兵三八期・明治二三年生）が名にし負う戦艦日向の最後の艦長として着任（昭和二十年三月一日付）したとき、この艦は悲運にも軍港地区の防空砲台として、呉に釘付けとなっていた。

草川淳少将

その年の二月十日、シンガポールから燃料や物資を満載して帰投してきた日向は、伊勢とともに残っていた第四航空戦隊から切りはなされたのである。

そういう、戦艦とは名ばかりの日向のお守役とならなければならなかった草川少将も、その歩んできた道は必ずしも平坦なものではなかったようだ。兵学校を出て砲術学校在学中に、病気のため待命となったり、しばらくして訓練中に鎖骨を骨折したりで、苦難の壮年時代を送った。

太平洋戦争勃発前後は、主として特務艦の艦長を歴任していたが、昭和十九年八月、第三南遣艦隊司令部勤務中に出雲の艦長となって、最後に日向艦長に補せられたわけである。

呉に、延べ数百機におよぶ敵空母機が来襲してきたのは昭和二十年七月二十四日だった。かつて、比島沖海戦で伊勢とともに小沢艦隊の戦闘艦として獅子奮迅し、その猛烈な対空砲火でエンガノ岬沖にむらがる敵機を圧した日向（大正七年四月三十日竣工）の威容も、すでに落陽の日を迎えていた。そのうえ艦が動けないため、敵機の襲撃の前に手も足も出なかった。

日向には、およそ二〇〇発の爆弾の雨が降らされたと言われているが、そのうち直撃弾だけでも十発以上、二十～三十発の至近弾を叩き込まれたのだ。

この日、すでに水平に呉沖に沈座してしまったのだが、艦長の草川少将は不運にもこの空襲で散華した。艦長なきこの艦は、さらに四日後の二十八日、ふたたび大空襲をうけて浸水をつづけ、八月一日になって、完全に座りこんでしまったのである。この空襲で、日本海軍の残存兵力はほとんど潰滅したのである。

猛虎の如く単艦突入　戦艦「扶桑」最後の艦長・阪匡身少将

阪匡身少将（海兵四二期・明治二六年生）は名古屋尾張藩の出身で、宮中御歌所の寄人であった正臣氏の長男にあたるというから、毛並は至って好い艦長というわけだろう。しかし、この人からそういう肌ざわりを感じ取ることは、とうてい出来なかったと同期の人は述懐している。

　柔道の猛者で水練にたけており、並ぶ者がなかったという阪生徒は、砲術将校として第一歩を踏み出したのだが、どういうわけか、駆逐艦にすっかり傾倒してしまったとか。砲術出身であれば、本来なら巡洋艦、潜水艦のコースを進むのが常道なのだが、大正の末、楠の駆逐艦長を手始めとして、白雲、響など、じつに九杯の艦長をつとめあげた。杓子定規の大艦よりも、自由奔放に暴れまわれる駆逐艦を選んだのもこの人らしかった。

　頭脳肌ではなく、力で押しまくる頑張屋だったのだ。軽巡夕張艦長として開戦を迎えた阪大佐は、第一次ソロモン海戦をへて南西方面艦隊司令部付に転出したのち、重巡足柄艦長（昭和十七年九月）をへて戦艦扶桑（大正四年十一月八日竣工）に着任となる。昭和十九年二月のことだ。

阪匡身少将

　越えて九月、第二戦隊を編成して西村祥治中将の指揮下に入った。レイテ沖海戦では扶桑と山城は栗田艦隊の第三部隊として、レイテ泊地突入を決意した。

午後になってスリガオ海峡にさしかかるころから、敵魚雷艇の攻撃が活発になり、さらに敵戦艦、巡洋艦に挟撃されて山雲は沈没、阪艦長は猛虎の如く単艦突入して、全砲火をひらいたが、オルデンドルフ少将の敵戦艦部隊は、完全に十字砲火の交錯する真っ只中に扶桑をとらえて、わが方からは島かげにかくれて攻撃しにくい地点より猛撃をくわえてきた。

衆寡敵せず、とはこのことである。午前二時四十五分、大爆発を起こした扶桑は、阪艦長以下の全将兵を道連れにスリガオ海峡の波に呑まれた。その最後を確認する手段とてないが、名にし負う阪艦長の生前を思うにつけ、その凄烈かぎりない最後の姿が、ほうふつと偲ばれる。

水雷屋魂の発露 戦艦「山城」最後の艦長・篠田勝清少将

篠田勝清少将（海兵四四期・明治二八年生）は九州福岡県の出身。海軍では水雷のコースを歩んできた人である。もっとも、篠田少将の壮年期をさかのぼって偲ぶ同期の人たちの述懐によると、およそ「水雷屋らしくない」風貌の人であったそうだ。

若い頃より、円熟した型の軍人で温厚中正をつらぬいてきた。かといって、引っ込み思案の黙考にふけるでもなく、忠実な職務の実行家だったと伝えられている。したがって単純に駆逐艦勤務にばかりに終始したわけではなかった。

昭和五年の横須賀鎮守府参謀を振出しに第五水雷戦隊参謀、軍令部出仕、第三艦隊司令部付等々、各艦の艦長就任と交互に発令されている。つまり「頭も腕もある」といったタイプの海軍将校だったのである。

昭和十九年五月六日に大淀艦長から戦艦山城（大正六年三月三十一日竣工）の艦長を拝命した。それから五ヵ月たって比島沖海戦に西村祥治中将の旗艦としてスリガオ海峡に出撃。このときの山城の殴り込みのすさまじさは、海軍随一と、いまに讃えられている。西村司令官と篠田艦長は、敵軍オルデンドルフ戦艦戦隊の集中砲火を、一身に浴びる決意で敵の真っ只中めがけて突入していった。魚雷が命中し、敵巡八隻の挟撃のなかで山城は、ものすごい弾幕を衝いて、しゃにむに押しに押しまくった。そのとき——艦後部に魚雷が命中、舵が大破して、艦はいきなり左にぐるりッと廻ってしまったのだ。

しかし山城はひるまなかった。艦橋で叱咤する篠田艦長の号令を待つまでもなく、迂回しながらなおも弾幕に突進した。けれどもすでに最後の時が迫っていた。艦長は敵を求めて目を皿のようにしていたのではなかろうか。

日本の戦艦十二隻かく戦えり

戦史研究家　大浜啓一

太平洋戦争において、日本の戦艦の活躍が大きく浮彫りにされたのは、まずガダルカナル飛行場砲撃（昭和十七年十月）の金剛、榛名の場合だった。つぎは第三次ソロモン海戦（昭和十七年十一月）の比叡と霧島であり、いずれも高速戦艦であった。第三番目はずっと後になって、レイテ沖海戦（昭和十九年十月）における比叡、霧島、陸奥いがいの全戦艦九隻の登場だった。なかでも、武蔵、山城および扶桑に多くの頁がさかれている。第四には日本海軍の終焉となった大和隊の水上特攻（昭和二十年四月）ということになろう。

しかし、日本の戦艦は開戦後一年もたってから、初めて戦場に出現したのではない。フィリピンから蘭印に引きつづきマレー作戦における進攻作戦の大きな特色は、日本海軍が有力な援護部隊として高速戦艦、空母、重巡を組み合わせて使用したことである。

これらの支援部隊が前進部隊と協力して非常に広大な区域にわたる諸作戦に参加して成功をおさめたのは、日本海軍が用意周到な計画準備と進歩した考え方をもっていた証拠である。

それは、開戦へき頭の真珠湾奇襲にも適用された強力な空母機動部隊の用法にたいする先見の明をしめしている。

こうして有力な砲撃部隊をしたがえた日本の空母機動部隊は、初期には世界戦史に比類のない戦果をおさめた。ところが、その後もいぜんとして戦艦中心主義をぬけきらず、従来の艦隊決戦思想にとらわれて、軍備でも編制でも米国に遅れをとってしまったのは、かえすがえすも残念なことである。無条約時代にそなえて、当時、頼みの綱と考えられていた超大戦艦大和と武蔵も、結局のところその主砲の威力もむなしく、空母機の攻撃力の前に屈するのやむなきにいたったというのも、大部はこの立ち遅れの結果であったというべきであろう。

落日の天一号作戦

戦艦大和が三回も完成期日をくりあげて、連合艦隊にくわわったのは開戦直後の昭和十六年十二月十六日のことだった。そして、運命のミッドウェー海戦には連合艦隊長官の旗艦として参加した。また昭和十九年六月のマリアナ沖海戦には、第二艦隊の戦艦戦隊に属して参加した。

レイテ沖海戦では、最初は第一戦隊旗艦であったが、途中で艦隊旗艦の愛宕が米潜水艦に沈められたので、サマール沖海戦では栗田健男中将の旗艦となった。出合った敵護衛空母隊に四六センチ主砲の巨弾をあびせ、また副砲で駆逐艦ホエールを撃沈させたが、不運にも敵戦艦と相まみえる機会にめぐまれず、その後、内地に帰投して第二艦隊旗艦として待機中だった。

ついに最後のチャンスはやってきた。しかし、その時にはもはや日本艦隊は不具の存在にすぎなかった。世界一の超大戦艦もいまは孤立無援の一個の海上砲台にすぎなくなっていた。昭和二十年四月八日を期して菊水作戦一号――最初の大規模な神風特攻作戦が行なわれることになっており、連合艦隊司令部では、空海あい呼応して沖縄の米軍にひとあわ吹かせようという悲壮な計画に、大和隊を投入することを考慮（天一号作戦）しつつあった。

当時は片道の所要燃料二五〇〇トンを調達するにも精一杯という切迫した燃料事情にあり、半分の成算も立たなかったが、豊田副武長官は出撃させることにふみきった。四月五日、第二艦隊長官伊藤整一中将は次の命令をうけとった。

「水上特攻隊（大和、矢矧および駆逐艦八隻）は、四月六日、内海を出撃し、沖縄の米国部隊に対し水上突撃を決行せよ。攻撃は四月八日早朝に予定せらる」

四月六日の午後三時半、大和隊は徳山沖を出動し、豊後水道をへて南下した。午後七時には哨戒中の米潜二隻がはやくも日本部隊の出撃をつかんで友軍に通報した。

潜水艦の敵情報告を受信した空母機動部隊のミッチャー提督は、この千載一遇の好機にぜひ航空威力を存分にしめしたいと念じて、機動群を沖縄の北東海面に進出させることにした。総指揮官のスプルーアンス提督は、二度とない主力艦同士の決戦として、その主力艦部隊に攻撃の機会をあたえたかった。

大和隊は九州の東岸を縫うようにして進み、佐多岬沖を通過してから針路を西北西にさだめた。できるだけ空母機の眼をのがれて、一挙に沖縄西岸に南下しようとしたのである。しかし八時すぎには空母エセックスの索敵機に、早くも発見され報告がとんだ。

「大和級戦艦一、巡洋艦および数隻の駆逐艦よりなる敵見ゆ」

ミッチャー提督は午前十時に攻撃開始を命じた。まず悪天候をついて二つの機動群からの二六〇機の協同攻撃隊が発進し、さらに四十五分後に残りの機動群から約一〇〇機が発進した。正午ごろから大和に対する雷、爆撃が、猛烈な対空砲火の弾幕を突破して果敢に行なわれた。

午後零時四十分に最初の爆弾二発と魚雷一本（左舷）が大和に命中した。急降下爆撃と雷撃の巧妙な組み合わせと、左舷だけに魚雷を集中する戦法に、回避もほとんど不可能だった。矢矧も大破停止した。午後一時半、第三波により左舷にさらに五本の魚雷が命中し、速力も落ちた。第四波ではさらに魚雷三本をうけ命中爆弾も合計五発を数えた。

午後二時ごろ最後の攻撃がはじまり、ほとんど絶望の大和に対し、一本の魚雷が止めの一撃をくわえた。傾斜は三十五度をこえ、やがて甲板は垂直となり、不沈艦大和もついに三八六機の猛攻に屈して、その巨体を水中に没した。午後二時二十三分だった。矢矧はすでに沈み、駆逐艦四隻も艦影を消していた。伊藤中将は長官室に退き、有賀幸作艦長はコンパスにわが身をしばって艦と運命を共にした。この水上特攻では四隻の駆逐艦だけが生き残って、悄然と佐世保に引き返した。こうして、この大和隊の悲惨な末路によって、最後の日本艦隊はほとんど全滅の憂き目をみたのである。

シブヤン海の悲劇

大和の姉妹艦である武蔵は、昭和十七年八月五日に完成するや、ただちに連合艦隊第一戦隊にくわわった。昭和十八年二月には、山本五十六司令長官の旗艦となった。しかし、まもなく五月には、武蔵はブーゲンビル最前線で戦死をとげた山本長官の遺骨を内地に運ばねばならなかった。これより先、武蔵はひきつづき古賀峯一連合艦隊司令長官の旗艦となっていた。

昭和十九年三月末、敵機動部隊の来襲をさけてパラオを出動したとき武蔵に、港外で米潜から発射された一本の魚雷が命中したが、小破にとどまった。古賀長官はその前にパラオ基地に司令部をうつしていたが、まもなくダバオに移動の途中、機上で殉職した。

武蔵はその後、第一機動艦隊に編入され、第二艦隊第一戦隊に属して大和とともにマリアナ沖海戦に参加した。

昭和十九年十月二十四日の朝、栗田健男中将の本隊――戦艦五、重巡七、軽巡二および駆逐艦は二群にわかれ、サンベルナルジノ海峡にむかってシブヤン海をぬうように進んでいた。それは捷一号作戦のためにレイテ湾にむかう途中だった。

武蔵は大和とならんで走っていた。この本隊に対する空中攻撃は午前十時半にはじまった。米軍のパイロットたちは、はじめて眼下に対面した二隻の超大戦艦に対し、ここを先途とばかり攻撃を集中した。とくに武蔵に対しては、五時間半にわたり全攻撃隊二五九機のほとんど全部が五波の集中攻撃をくわえた。武蔵は第一波ではやくも魚雷四本の命中をうけ、黒い重油の流れが尾をひいたが、いぜん高速を出したまま異常がなかった。目にみえて落伍しはじめたのは、魚雷九本と爆弾八発命中後の午後二時前のことだった。さすがに世界一の巨艦である。しかし、結局のところ魚雷二十本（左舷十三本、右舷七）、爆弾十七発を射ちこまれては、いかに不沈を誇る超大戦艦といえども、どうにもならなかった。

武蔵はついに速力わずかに六ノットとなり、艦首は水線下に沈み、いちじるしく左舷に傾いた。その姿はまさに死に瀕した剛勇無双の剣士のように悽愴だった。やがて午後七時半、武蔵は最寄りの海岸に擱座せよという命令をうけて、最後の力をふりしぼった。だが、あらゆる動力線は破壊されて注排水装置は作動せず、艦はまったく操縦の自由をうしない傾斜は三十度に増した。それからまもなく艦は転覆し、その勇姿は永遠に消え去った。

猪口敏平艦長の遺書には〝海軍はもとより全国民に絶大の期待をかけられたる本艦を失うこと、まことに申訳なし〟と書かれてあった。

鉄底海峡の死闘

昭和十七年十一月十二日の夜、飛行場砲撃のためと輸送船団護衛隊の支援の任務をもった比叡と霧島を主力とする十七隻の阿部部隊（阿部弘毅少将指揮の挺身攻撃隊）は、ガダルカナルに進出した。米国側はこれを阻止撃破しようと重巡二、軽巡三と駆逐艦八のカラガン部隊をサボ島沖に向かわせた。暗い晩だった。両軍は見るみる接近した。

日本側が探照灯を点じて射撃をはじめたとき——十二日の真夜中——夜戦ははじまった。比叡の砲撃は、おどろくほど正確だった。主砲弾が軽巡アトランタの艦橋に命中したとみるや次席指揮官スコット少将をたおし、生き残ったのは参謀ただ一人。戦闘は暗夜の乱戦、混戦となり、まるで物すごい中世紀風の海戦となった。一四インチから二〇ミリ機銃までのあらゆる砲弾銃弾があらゆる方向に飛び交い、発砲の閃光、星弾の白熱光、魚雷命中の火炎が闇夜をつらぬいた。

最初に沈んだのは後衛の駆逐艦二番艦のバートンだった。低いすさまじい音をたてる比叡の主砲弾を、旗艦のサンフランシスコは十二発もくったが、その一発はカラガン提督と参謀をのこらず戦死させた。他の一発は艦長ヤング大佐や付近の数名をなぎ倒した。

十三日の午前二時ごろ、阿部弘毅少将は比叡と霧島に引揚げを命じたので飛行場の砲撃は取り止めとなり、霧島はサボ島の北岸をまわって闇夜に消えた。比叡の方はなおも敵艦と渡り合い、たえまなく射撃の目標となった。すでに操舵装置は損傷し、上部だけで五十発以上の命中弾をうけた比叡は、大破して半円を描きながらのろのろとサボ島の東岸沿いに進んでいた。

第三次ソロモン海戦の第一夜が明けると、サボ水道はあたかも蝿取紙にくっついた蝿のように、死にかかった艦が海面に横たわっていた。午前十時すぎから、比叡は今度は空中攻撃にさらされた。爆弾が五発、魚雷が三本命中し、そのなかの一本は舵機に命中して、比叡は

印度洋を行く高速戦艦・金剛、榛名、霧島、比叡(右より)を瑞鶴艦上より撮影

ぐるぐる旋回しはじめた。

機械は停止したが比叡は沈まなかった。午後おそく駆逐艦に乗員を収容したのち、艦長はこの不屈の戦艦を自沈させた。午後六時のことであったが、場所はサボ島の北西約八浬(かいり)の地点である。最初の日本戦艦の沈没だった。

阿部部隊の飛行場砲撃を阻止された日本側は、こんどは近藤信竹中将指揮下の戦艦一(霧島)をはじめ重巡二、軽巡二、駆逐艦九をガダルカナル攻撃隊として、砲撃および増援支援のために繰り出した。これに対し米国側も二隻の新鋭戦艦――ワシントンとサウスダコタを進出させて、日本戦艦に対抗させることにした。こうして、太平洋戦争で初めての凄絶な戦艦同士の夜戦が展開されることになった。

駆逐艦四隻を前衛とした米戦艦二隻は、十一月十四日の夜おそく、サボ島を右に見てガダルカナルの北方を西寄りに進んでいた。突如としてサボ島の西側から日本艦隊が出現し、たちまち魚雷攻撃により米側の前衛駆逐艦の二隻を沈め、二隻を行動不能にした。いまや戦艦二隻だけになった米艦隊はサウスダコタが左に回頭し、ワシントンが右に変針したので分離してしまった。そこに十一月十五日の午前一時、島の背後から霧島、重巡二隻、駆逐艦二隻の主力部隊が出現して、近距離でサウスダコタを照射して、急斉射をあびせかけた。しかし、もう一隻の戦艦には気がつかなかったことが霧島にとって致命傷となった。

霧島は四十二発の主砲弾をサウスダコタに命中させて、これを撃破したが、一方、射撃をうけなかったワシントンの四〇センチ主砲弾九発と副砲弾九発とを近距離から射ちこまれて大破した。黒煙と白い蒸気の雲が霧島から立ちのぼって赤々と燃え上がった火炎に照らされた。装甲の薄い高速戦艦霧島はついに行動の自由を失ってしまった。

両軍は後退してここに戦艦同士の夜戦は終わりをつげた。自沈を命ぜられた霧島は、サボ島の北西方の比叡の沈没地点とほとんど同じ場所で、二一二名の戦死者を乗せたまま静かに沈んでいった。十五日の午前三時二十分だった。

サマール沖の凱歌

昭和十七年十月十三日の午後十一時三十六分に、十六門の三六センチ砲が、ガダルカナルの夜の静寂を破ってとどろき渡った。やがて飛行場はいちめん火の海になった。地面は弾着ごとに震動し、飛行機や倉庫を叩きつぶし、燃料集積所を炎上させ、木立をなぎ倒し、守備兵をふきとばした。日本の二隻の戦艦――金剛、榛名は、ゆうゆうと遠方から一時間二十分で三〇〇発の特殊弾（三式弾）を射ち終わると、さっさと引き揚げてしまった。朝になって調べてみると、飛行場は月の表面のように穴だらけで飛行機は一機だけ無傷という惨状、九十機のうち半分以上が使えなくなっていた。ガダルカナルの危機のはじまりだった。そしてこの恐るべき仕事をやってのけたのは二隻の戦艦だった。

金剛と榛名はその後、また揃ってサマール沖海戦に栗田艦隊として参加して奮戦したが、とくに金剛の活躍はめざましかった。突如としてサマール沖に出現した栗田艦隊の発見報告をみた米護衛空母群の一隊の指揮官は、たぶん友軍を見誤ったものと思ったほどだ。「戦艦、巡洋艦および駆逐艦の大群が二十浬の距離を接近中」「敵か味方かしっかり確かめろ」「敵です。パゴダマストを持っています」

早くも戦艦群の大口径砲の大水柱が、何本もすぐ眼前で海水を天にふきあげる。煙幕のない風上側にいた護衛空母ガンビアベイは身をかくすことができない。飛行甲板に穴があき、機関がやられて速力が落ち、やがて停止した。金剛の巨弾により昭和十九年十月二十五日の午前九時、同艦はガソリンが爆発し、燃えながら沈んでいった。

護衛駆逐艦ロバーツも同じく金剛の主砲射撃の目標になり、左舷が缶切りでこじ開けられたように口を開けた。艦内には猛烈な火災が起こり、煙突の後部も叩きのめされ、ひしゃげた鉄のかたまりのようになって海上に立ちすくんだ。大砲も砕け散って同艦は水中に消えていった。これも金剛の天晴れな腕前による。

しかし、金剛は運の悪い艦だった。レイテ海戦をくぐりぬけて帰投の途についているときのことである。十一月二十一日の真夜中すぎ、場所は台湾の基隆北方の東シナ海だった。米潜シーライオンが気づかれずに六本の魚雷を発射し、三本が命中した。目標は走りつづけたが、二時間後になって停止し、すさまじい爆発を起こして火炎を中天に吹きあげ、レーダー画面上の目標は消え去った。これが金剛の最後であり、潜水艦に撃沈された唯一の戦艦だった。

榛名は武勲めでたい艦だった。金剛とともに開戦初頭の南方作戦には支援部隊の主隊の一艦として参加し、引きつづきミッドウェー海戦、南太平洋海戦およびマリアナ海戦にも馳せ参じた。昭和十七年十月中旬には、前途のとおり金剛とともにガダルカナル飛行場を砲撃し、さらにレイテ沖海戦においてはサマール沖で敵の護衛空母隊に猛撃をくわえた。

榛名はさらにオルモック輸送作戦に従事していたが、昭和十九年十二月に内地に帰投し、呉鎮守府警備艦つまり防空砲台となった。しかし、副砲はぜんぶ取り外され、機銃も三分の一たらずとなり、砲員も減らされ、乗員も病人が多かった。

昭和二十年三月十九日以後、呉軍港および付近はたびたび空母機やB29B24の攻撃をうけた。榛名も猛攻をうけたが、とくに七月二十八日の空母二十隻から発進した艦上機の呉大空襲には、直撃弾十三発をうけ、上甲板をふきとばされて浸水し、遂にそのまま大破沈座してしまった。

改装後の日向。前檣に10m測距儀、煙突の周囲には探照灯台。山城より撮影

エンガノ岬沖の奮戦

戦艦伊勢および日向はミッドウェー海戦に参加したのち航空戦艦に改装され、昭和十八年秋に完成した。搭載機二十二機をつむ計画であった。昭和十九年十月、捷一号作戦が発動されたとき、伊勢と日向は小沢治三郎中将の北方部隊の一艦として参加することになった。しかし、作戦の成否をにぎるはずだった空母部隊は、空母四隻というのに艦上機はわずかに一〇〇機あまりで、航空戦艦には一機の艦上機も積み込まれていなかった。

レイテ沖からハルゼー艦隊の空母部隊を北方に誘い出す小沢艦隊の任務は、十月二十五日の午後一時までに、出撃した空母四隻をぜんぶ撃沈されたときに果たされた。その後は伊勢と日向が主目標になり、延べ三〇〇機の攻撃をうけて約三十発の至近弾で損傷し、甲板は洪水のようになったが、わずかに爆弾一発が伊勢に命中しただけだった。

午後六時半、いまや戦艦二、軽巡一、駆逐艦一に減った小沢艦隊は、中城湾めざして北方に後退していった。

伊勢と日向の両艦は、レイテ沖海戦が終わってから一ヵ月後にリンガ泊地に出動して、輸送任務に従事した後、昭和二十年二月にシンガポールを出港して内地に帰投した。三月一日に伊勢と日向の二隻の第四航空戦隊は解隊され、呉地区の防空砲台として使用されることになった。

強力な米空母機動部隊が第一回の呉地区大空襲をおこなったのは三月十九日だった。伊勢は七月二十四日に五発の命中弾や多数の至近弾をうけたのち、艦首より沈みはじめ浸水も多量にのぼった。しかし、七月二十八日の攻撃でさらに十四発の命中弾をうけて海底に沈座し、浮揚作業は成功せず、高潮時には中甲板を波に洗われるにいたり、ついに放棄された。

日向の方も七月二十四日に五十機の空襲をうけて十発の直撃弾と二十発以上の至近弾をうけて浸水がひどく、そのまま沈座してしまった。二十八日には前回に致命傷をうけていたところに、さらに多数の命中弾と至近弾をうけて手のつけようがなくなり、八月一日に放棄された。

山城と扶桑は昭和十年の大改装によって速力は二十五ノットとなり、防禦力も強化されたが、伊勢型二隻とともに旧式戦艦の域を脱することはできなかった。山城はミッドウェー海戦、扶桑はミッドウェー海戦とマリアナ沖海戦に参加した。

捷一号作戦のとき、西村祥治中将の指揮する南方部隊（山城、扶桑、最上、駆逐艦四）は、昭和十九年十月二十五日の夜明け前、レイテ島タクロバン沖で栗田艦隊と呼応して、米上陸部隊を叩きつぶすというのがその任務だった。そして、この協同攻撃が作戦成功の鍵とされていた。

一方、レイテ上陸作戦の支援部隊では、日本の南方部隊がスリガオ海峡を通過してレイテ湾に突入するものとして、米国側は強力な戦艦部隊を配備して待ちかまえていた。

西村提督は栗田艦隊がシブヤン海の戦いで数時間レイテ着が遅れることを知っていたが、速力も時間も調節せず、自隊だけさっさと先を急いで進撃した。西村艦隊は夜戦を得意としていたし、夜明け前にレイテ湾に突入して敵の航空攻撃を避けようと考えたのかも知れない。

一時間半もはやくミンダナオ海に突っこんだ。午後十一時に一番南方にいた米魚雷艇隊が西村艦隊を発見して襲撃にうつったが、損害をあたえないで撃沈された。

二十五日の午前零時半になると、西村艦隊は接敵序列をつくり、午前一時に速力を二十ノットにあげた。午前二時、西村中将は栗田中将につぎの電報を打った。「午前一時半、スリガオ水道の南口をへてレイテ湾に突入せり。若干の魚雷艇を視認したほかに敵兵力を視認し得ず」

西村提督は、前方には魚雷艇どころかじつに戦艦六、重巡四、軽巡四、駆逐艦二十六という大兵力がいまやおそしと南方部隊を待ちうけているとは、そのころまで知る由もなかった。

西村艦隊は駆逐艦四隻を前衛として、その後方に山城、扶桑、最上の順序で続航しながら、月の落ちた暗い海面を進撃していった。米側駆逐隊は二十五日の午前二時すぎには、日本艦隊をレーダーで探知し、襲撃運動にうつった。

一方、時雨が敵艦影を認めたのは三時五分前のことだった。さっそく日本側は戦闘序列をつくる信号をだしたが、この運動の途中で五隻の米駆逐艦が両側から魚雷攻撃をはじめた。まず、午前三時、三隻の東方隊の発射魚雷によって、扶桑がはやくも二本の命中をうけ、同艦は戦列を落伍した。

ついで西方隊の雷撃によって山雲は沈み、満潮と朝雲は大破した。旗艦山城にも一本命中したが、最上と時雨をしたがえて北進をやめなかった。午前三時半、西村提督は栗田提督につぎの報告を送った。「敵駆逐艦および魚雷艇はスリガオ海峡の北口両側に配備されあり。わが駆逐艦二隻は魚雷の命中により操艦不能となれり。山城は魚雷一本命中せるも戦闘航海に支障なし」

しかし、まもなく山城は左右からさらに駆逐隊の襲撃をうけ、三本の魚雷をうけたらしかった。西村中将は残存部隊に対し最後の命令をだした。「われ魚雷攻撃をうく。貴艦は進撃して敵艦を残らず攻撃せよ」

午前四時すこし前、砲戦準備をととのえていた米戦艦部隊は、約二万メートルで砲火をひらいた。参加した戦艦のうち五隻までは、真珠湾攻撃の沈没艦か損傷艦だった。十四隻の砲撃部隊からは主砲、中口径砲弾四三〇〇発が雨のように日本部隊に降りそそいだ。
西村提督はこの集中砲火の真っ只中に突進していった。午前四時、多数の命中弾をうけて山城は火炎につつまれた。十分後、山城は速力をまし、左に転舵して南方に避退をはじめた。しかし、四時十九分、巨体は二つに裂けて転覆し、水道の波間に消えた。西村中将はじめ一三五一名の将兵はほとんど艦と運命を共にした。また、すでに船体が二つに切断し、燃え上がる後部の火炎で暗黒の水道を照らし出していた扶桑も、日の出をまたず多数の命中弾でその檣楼が砂の城が波にさらわれるように、ガラガラと崩れ落ちるとともに、全乗員と共に海中に姿を消した。

悲運の二戦艦

長門と陸奥は大和、武蔵が完成するまでの約二十年間にわたって、日本海軍の精強と栄光の象徴、戦艦の代表艦としての王座を確保してきた艦であり、その間、引きつづき連合艦隊旗艦として、つねに檣頭に大将旗をひるがえしてきた。ワシントン軍縮会議当時、米国原案では廃棄の運命にあった陸奥を確保するために、米国側に二隻の戦艦の建造保有をゆるすことになった事情は、決して忘れ得ないところである。

長門と陸奥は共にミッドウェー海戦に参加した。陸奥はその一年後の昭和十八年六月八日、広島湾柱島沖で起こった砲塔の爆発事故のため爆沈し、死者一一二一名を出し、生存者は三五〇名にすぎなかった。火薬庫の爆発によるものと見られているが、その原因は突きとめられていない。

長門はその後、マリアナ沖海戦に参加し、さらにレイテ沖海戦においては栗田艦隊の一艦として参加し、シブヤン海の戦いで三発の爆弾をうけて小破したがこれを切り抜け、サマール沖海戦では敵護衛空母隊の砲撃にくわわった後、内地に帰投し、横須賀軍港の小海岸壁で防空砲台として日夜、敵機の来襲にそなえていた。昭和二十年七月十八日、横須賀が約三〇〇機の空母機の空襲をうけたさい、長門は主攻撃目標となったが、みごとにこれを撃退、そのとき命中弾二発をうけたが中破のまま残った。しかし、大塚幹艦長と樋口貞治副長が壮烈な戦死をとげてしまった。

こうして、太平洋戦争で最後まで残った戦艦は長門一隻だけとなった。終戦後、長門は戦利艦として米海軍に接収された。そして昭和二十一年七月二十五日、長門の姿はビキニ環礁の原爆水中実験艦の中に見られた。

中心にちかい位置にいた戦艦ネバダその他の米戦艦三隻は、すべて数時間以内に沈んでしまった。空母サラトガは爆発と同時に持ち上げられ、甲板上の飛行機は四散し、煙突は押しつぶされていた。だが長門は実験後四日間も浮いており、傾斜は五度くらいから少しずつ増したが生き残りそうに見えた。ところが、五日目の朝を迎えたとき、あの特長のある長門の姿は消え失せていた。たぶん外鈑に損傷をうけて傾斜が増したときに、その破孔から浸水して急に浮力を失ったものと推定された。

長門はこうして淋しくビキニ海底の藻屑と消え失せた。世界最初の四〇センチ砲戦艦として、かつては世界の耳目を聳動させた長門のこの痛ましい終焉は、そのまま戦艦そのものの運命を象徴していたかのようだ。

米軍側記録より見た日本の戦艦

戦史研究家　柏木　浩

一口に言えば、日本戦艦の活躍が米軍側の記録に大きく取りあげられたのは、第三次ソロモン海戦（一九四二年＝昭和十七年十一月）の比叡および霧島がまず最初だった。つぎは二年後のレイテ沖海戦における陸奥以外の全戦艦の登場だった。中でも武蔵と山城および扶桑に多くのページが割かれている。第三には、日本海軍の終焉となった大和の最後（一九四五年＝昭和二十年四月）ということになっている。

しかし、日本の戦艦は開戦後一年もたってから、初めて戦場に出現したのではない。「――フィリピンから蘭印につづきマレー作戦における大きな特色は、日本海軍が掩護部隊として戦艦、重巡および大型空母を使用したということである。これらの大艦は上陸作戦には直接参加せず、必要ならばいつ、どこへでも支援してやろうと待機していたのである。これらの部隊が先進部隊の活動と完全に協調して、非常に広大な区域にわたる諸作戦に参加し得たというのは、日本海軍の用意周到な計画準備と、進んだ考え方を持っていた証拠である。

強力な空母機動部隊の用法にたいする先見の明を示している。

南方作戦中、戦艦二隻（金剛、榛名）しか持っていなかった第二艦隊の主力は、もし基地航空部隊が失敗したらプリンス・オブ・ウェールズとレパルスを阻止するため、シンガポールに向かって南方に移動した。その後、この兵力は仏印カムラン湾を基地として作戦から作戦へと大きな背後の圧力となって縦横に活躍した。

こうして有力な砲撃部隊を従えた日本の空母機動部隊は、世界戦史に比類のない戦果をおさめ、太平洋戦争はこれに限るという戦法を確立した。しかし、日本軍は猛烈な抵抗をうけた場合に、どうして空母部隊を防護したらいいかという問題を解決する必要を忘れてしまっていた」―（戦略爆撃調査団）

それはそれとして、日本の戦艦はミッドウェー作戦にも第二次ソロモン海戦にも、ガダルカナル飛行場砲撃にも南太平洋海戦にも、マリアナ沖海戦にも参加した。

ミッドウェー海戦＝武蔵をのぞき全部。第二次ソロモン海戦＝比叡、霧島。ガダル飛行場砲撃＝金剛、榛名。南太平洋海戦＝金剛、比叡、榛名、霧島。マリアナ沖海戦＝大和、武蔵、長門、金剛、榛名。

さて、海戦と戦艦は以上の通りとして、日本の戦艦に関するかぎり最大の関心は、なんと言っても大和、武蔵の存在に集中されたといってよかろう。

大和と武蔵

「——一九三四年（昭和九年）、日本海軍軍令部総長は造船関係者に対し、世界最強の大戦艦の建造を命じた。その後八年ならずして大和、武蔵の二艦は完成を見たのである。大和は真珠湾奇襲後八日目に呉海軍工廠で完成し、武蔵は一九四二年八月に三菱造船所で完成したが、その建造計画が超極秘裡に進められたことは驚くほどである。

その後二年間というものは、太平洋にいる米国軍艦の士官室では、これらの二隻の戦艦はすでに就役しているらしいという、さまざまの取り沙汰でにぎわっていた。米国海軍情報部では〝情報によれば、これらの戦艦は一七・八インチの主砲を持っているらしい〟という程度にとどまっていた。

米国人ではじめて大和級にお眼にかかったのは、潜水艦スケート号の艦長E・B・マッキニー中佐だった。時は一九四三年のクリスマスの晩で、場所はトラック島の北方一八〇マイル（浬）の地点だった。潜望鏡の十字線内に一つの巨大な目標が入ってきた。魚雷発射の後、二本は目標の舷側で爆発した。しかしスケート号の報告には、一隻の新式戦艦に命中せりとあったにすぎない。

事実は、大和に命中し同艦は修理のため止むなく引き返したのだったが、むろん、それは知る由もなかった。その後、日本艦隊のこの灰色をした大怪物とは再会の機がなかったが、いよいよその機会が到来した。

こんどは、大和と武蔵はいっしょにシンガポールに近いリンガから出撃した。一九四四年十月十八日の真夜中のことである。二十四日朝、ハルゼー大将指揮下の空母群は、武蔵にたいして連続攻撃をくわえ、最初の四回の空襲で武蔵は浸水大破し、速力は十六ノットに減じて平衡を失った。さらに二回の攻撃で、命中魚雷は二十本に達し、同艦は横倒しとなり、艦首から沈んでしまった。

一方、大和はこのときは爆弾三発をうけたが、平然として進んでいった。翌日午前七時、大和はスプレーグ少将麾下の護衛空母群の視界内にとつぜん出現したのだった。大和は三万八千ヤードの長距離より砲撃をはじめた。水上部隊に対してこんな巨砲が発砲されたのは、これが最初でしかも最後となったのである。

その後、大和は米軍が沖縄に橋頭堡をつくるまで後方に隠れていたが、ある自殺的使命とでもいうべき任務をおびて出動した。

一九四五年四月七日の正午、大和は米国空母部隊の集中攻撃にさらされ、爆弾五発、魚雷十本を受け、やがて速力は十ノットに激減、設計上の安全最大限度である二十二度以上に傾いた。午後二時、総員退去の命令が下り、二十分後に大和は転覆した。生存者はわずかに二八〇名、将兵二四九八名が艦と運命を共にした。

この時にいたってもなお、米海軍は、その撃沈した相手が何であるかを知らなかった。終戦後、日本海軍士官の尋問により、はじめて大和級こそ、世界最強の戦艦であった事実が詳細に判明したのだった」（ギルバート・キャント）

霧島級と日向型

金剛型巡洋戦艦については、比叡が航空魚雷三発、爆弾数発のうえに、一四インチから八インチの砲弾を合計八十六発も受けて、なおかつ浮いていたことは驚異である。

霧島は一六インチ砲弾九発、五インチ砲弾四十発で行動不能になったが、やはり沈まなかった。金剛は潜水艦魚雷三本をうけ、それから二時間半後に弾火薬庫の誘爆によって沈んだもので、同じ魚雷といっても航空魚雷よりその威力が非常に大きいことを考える必要がある。

榛名は直撃爆弾約十発、至近弾十六発の累計（四回）によって放棄せざるを得ないことになった。魚雷が加われば一そう有効であるが、爆弾または砲弾だけによっても、このタイプ（武蔵型以外）の戦艦は廃物になることは以上の数字から明らかである。

山城は駆逐艦魚雷四本をうけ、そのうちの一本は火薬庫に命中して沈んだことがほぼ確実と思われる。この艦は敵の砲撃部隊の射撃を待たずに沈んだと信ぜられる。モリソンによれば、山城が敵の集中砲火を浴びたことになっているが、これはどうも扶桑と山城を取り違えているような気がする。

ついでに、魚雷艇の本のなかに山城がいかにも魚雷艇の魚雷で止めを刺されたような記事を見たことがあるが、これもおそらく事実とちがっている。ある一つの記事だけを信用すると、とんでもないことになるいい例だ。史実はよほど慎重に構えないと突き止めにくい。先ほどの大和や武蔵の被害のことでもその通りだ。

扶桑の方は駆逐艦魚雷も二本うけたが、その沈没は猛烈な砲火のためだったことは確実のようだ。何発の砲弾を撃ちこまれて沈んだかは明らかでないが、檣楼が砂の城のように崩れ落ちた、とあるから数十発の命中弾は受けただろうと考えられる。

伊勢と日向は、エンガノ岬沖では下手くそな米空母群の爆撃はまぬがれたが、呉では動かない目標になったので、今度はどうにもならなかった。日向は十一発以上、二十発くらいの直撃弾と至近弾多数を、伊勢も十九発と多数の至近弾を受けて海底に着座してしまった。この数字からすると、普通の戦艦では爆撃二十発で沈む可能性はあるということになる。

陸奥と長門

陸奥は爆発事故による自沈だから、米国の記録にはどこにも見当たらない。わずかにカフカの「世界艦艇集」の日本艦艇の部に、つぎのような記事が載っているに過ぎない。「陸奥は一九四三年六月八日、事故による爆発のため広島湾で沈没した」と。

長門はレイテ沖海戦において栗田艦隊の一艦として参加し、空襲による損傷を受けたが、とにかく内地に帰還した。昭和二十年七月十八日、横須賀在泊中に空母機の攻撃によって大破し、乗員も置かれなくなったが、とにかく残った唯一つの日本戦艦だった。しかし、その末路は哀れだった。

時は昭和二十一年七月二十五日、ビキニ環礁の原爆水中実験艦のなかに長門の姿が侘(わび)しく見られた。中心地に近い戦艦アーカンソーはほとんど瞬時に沈んでしまった。空母サラトガは爆発と同時に持ちあげられ、甲板上の飛行機は四散し、煙突はクシャクシャに押しつぶされていた。長門は実験当日から四日間も浮いており、傾斜は五度くらいから少しずつ増した

熾烈な対空戦闘を戦い、終戦を迎えた長門。傷ついた煙突から白煙が上がる

が、何とか生き残りそうに見えた。

ところが五日目の朝、ふと見ると、あの特徴のある長門の姿は消え失せていた。多分、外鈑に損傷を受けていて、傾斜が増したとき、その破孔から海水が浸入し急に浮力を失ったものと想像されている。とにかく、世界の誰にも惜しまれずに、淋しくビキニ海底の藻屑と消え失せたのだった。

こうして、ワシントン軍縮会議当時、最初の一六インチ戦艦として世界の耳目を聳動（しょうどう）させていた長門、陸奥の最後は、あまりにも痛々しいものだったといえる。

米国の太平洋海戦記録

太平洋海戦に関する米国の記録は、さすがに厖大な量にのぼっている。まず、個人の名になっているが、公式戦史と見てもいいのは、有名なサミュエル・エリオット・モリソン博士の海軍作戦史であろう。日本でも、その翻訳が計画されて四巻（真珠湾から珊瑚海海戦まで、原書は二巻）だけ出たが、あとは出版されなかった。比叡と霧島の第三次ソロモンは第五巻、武蔵、山城および扶桑のレイテ沖海戦は第十二巻に出ている。すこし専門的すぎるきらいはあるが、何といっても一番権威あるものとされている。

簡潔に日本側の記録を主にして編まれたものには、米国戦略爆撃調査団の「太平洋作戦概史」がある。

米国海軍は、モリソン戦史のほかには、全般的なものとしては戦記の集大成にちかい「戦闘報告」六巻をウォルター・カリグ大佐監修のもとに出している。戦闘参加者の感想や戦闘記がたくさん集められ、なかなか面白い。

駆逐艦および潜水艦作戦史については、セオドア・ロスコーの手になるくわしい教科書風のものがあり、各艦の戦歴を克明に記述してある。比叡、霧島および山城が駆逐艦の方で、金剛が潜水艦の記事にある。

航空作戦記録としては、フレデリック・シャーマン大将の「戦闘指揮―太平洋空母作戦史」がある。著者は珊瑚海に沈んだレキシントンの艦長であり、武蔵および大和の攻撃に空母機動群指揮官として参加した。当時の空母機動部隊指揮官マーク・ミッチャー提督の記録は「すばらしきミッチャー」と題されたこの提督の伝記である。空母作戦史では別に「ハルゼー提督物語」がある。同様に潜水部隊指揮官チャールズ・アンドリュー・ロックウッド少将の「敵艦船をやっつけろ！」という本もある。

ハンソン・ボールドウィンのレイテ湾海戦は、前記の諸記録を巧みに要約したみごとな述作で、彼の「海戦と海難」の中に収めてある。この著者がニューヨークタイムズの軍事記者として世界的に有名な軍事通であることは、すでに知られていると思う。

フィールド少佐の「レイテ湾の日本艦隊」はこの海戦の日本側の行動を最もくわしく描いた記録として出色のものである（著者は戦略爆撃調査団員の一人として日本に来た）。

以上の諸記録は、いずれも米国の戦史として最も権威のあるものばかりで、日本の戦艦の最後を語るに代表的なものである。しかしその内容——とくに日本側に与えた損害が各巻ごとにちがっていることは、戦史の研究が決定的なものを容易につかめないことを示していると言えよう。

※本書は雑誌「丸」に掲載された記事を再録したものです。執筆者の方で一部ご連絡がとれない方があります。お気づきの方は御面倒で恐縮ですが御一報くだされば幸いです。

単行本　平成二十七年十一月「日本戦艦の最後」改題　潮書房光人社刊

NF文庫

日本戦艦全十二隻の最後

二〇二一年二月二十二日　第一刷発行

著　者　吉村真武他

発行者　皆川豪志

発行所　株式会社　潮書房光人新社

〒100-8077　東京都千代田区大手町一-七-二

電話／〇三-六二八一-九八九一(代)

印刷・製本　凸版印刷株式会社

定価はカバーに表示してあります

乱丁・落丁のものはお取りかえ致します。本文は中性紙を使用

ISBN978-4-7698-3202-7　C0195

http://www.kojinsha.co.jp

NF文庫

刊行のことば

第二次世界大戦の戦火が熄んで五〇年——その間、小社は夥しい数の戦争の記録を渉猟し、発掘し、常に公正なる立場を貫いて書誌とし、大方の絶讃を博して今日に及ぶが、その源は、散華された世代への熱き思い入れであり、同時に、その記録を誌して平和の礎とし、後世に伝えんとするにある。

小社の出版物は、戦記、伝記、文学、エッセイ、写真集、その他、すでに一、〇〇〇点を越え、加えて戦後五〇年になんなんとするを契機として、「光人社NF(ノンフィクション)文庫」を創刊して、読者諸賢の熱烈要望におこたえする次第である。人生のバイブルとして、心弱きときの活性の糧として、散華の世代からの感動の肉声に、あなたもぜひ、耳を傾けて下さい。

＊潮書房光人新社が贈る勇気と感動を伝える人生のバイブル＊

NF文庫

無名戦士の最後の戦い　戦死公報から足どりを追う
菅原完
奄美沖で撃沈された敷設艇、B-29に体当たりした夜戦……第二次大戦中、無名のまま死んでいった男たちの最期の闘いの真実。

修羅の翼　零戦特攻隊員の真情
角田和男
「搭乗員の墓場」ソロモンで、硫黄島上空で、決死の戦いを繰り広げ、ついには「必死」の特攻作戦に投入されたパイロットの記録。

ジェット戦闘機対ジェット戦闘機　蒼空を飛翔するメカニズムの極致
三野正洋
ジェット戦闘機の戦いは瞬時に決まる！　驚異的な速度と強大な戦闘力を備えた各国の機体を徹底比較し、その実力を分析する。

陸軍工兵大尉の戦場　最前線を切り開く技術部隊の戦い
遠藤千代造
渡河作戦、油田復旧、トンネル建造……戦場で作戦行動の成果を高めるため、独創性の発揮に努めた工兵大尉の戦争体験を描く。

地獄のX島で米軍と戦い、あくまで持久する方法
兵頭二十八
最強米軍を相手に最悪のジャングルを生き残れ！　日本人が闘争力を取り戻すための兵頭軍学塾。サバイバル訓練、ここに開始。

写真　太平洋戦争　全10巻　〈全巻完結〉
「丸」編集部編
日米の戦闘を綴る激動の写真昭和史——雑誌「丸」が四十数年にわたって収集した極秘フィルムで構築した太平洋戦争の全記録。

＊潮書房光人新社が贈る勇気と感動を伝える人生のバイブル＊

NF文庫

空母二十九隻
横井俊之ほか
海空戦の主役 その興亡と戦場の実相
武運強き翔鶴・瑞鶴、条約で変身した赤城・加賀、ミッドウェー海戦に殉じた蒼龍・飛龍など、全二十九隻の航跡と最後を描く。

日本陸軍航空武器
佐山二郎
機関銃・機関砲の発達と変遷
航空機関銃と航空機関砲の発展の歴史や使用法、訓練法などを一次資料等により詳しく解説する。約三〇〇点の図版・写真収載。

彗星艦爆一代記
「丸」編集部編
予科練空戦記
大空を駆けぬけた予科練パイロットたちの獅子奮迅の航跡。研鑽をかさねた若鷲たちの熱き日々をつづる。表題作の他四編収載。

日本陸海軍 将軍提督事典
槑本捨三
西郷隆盛から井上成美まで
明治維新〜太平洋戦争終結、将官一〇三人の列伝！ 歴史に名をきざんだ将官たちそれぞれの経歴・人物・功罪をまとめた一冊。

海軍駆逐隊
寺内正道ほか
駆逐艦群の戦闘部隊編成と戦場の実相
太平洋せましと疾駆した精鋭たちの奮闘！ 世界を驚嘆させた特型駆逐艦で編成された駆逐隊をはじめ、日本海軍駆逐隊の実力。

WWII 商船改造艦艇
大内建二
世界の客船はいかに徴用され運用されたのか
空母に、巡洋艦に、兵員輸送に……第二次大戦中、様々なかたちに変貌をとげて戦った豪華客船たちの航跡を写真と図版で描く。

＊潮書房光人新社が贈る勇気と感動を伝える人生のバイブル＊

ＮＦ文庫

重巡「最上」出撃せよ　巡洋艦戦記
「丸」編集部編
つねに艦隊の先頭に立って雄々しく戦い、激戦の果てにむかえた悲しき終焉を、一兵卒から艦長までが語る迫真、貴重なる証言。

三島由紀夫と森田必勝　楯の会事件 若き行動者の軌跡
岡村　青
「楯の会事件」は、同時代の者たちにどのような波紋を投げかけたのか——三島由紀夫とともに自決した森田必勝の生と死を綴る。

最後の紫電改パイロット　不屈の空の男の空戦記録
笠井智一
究極の大空の戦いに際し、愛機と一体となって縦横無尽に飛翔、敵機をつぎつぎと墜とした戦闘機搭乗員の激闘の日々をえがく。

戦艦十二隻　鋼鉄の浮城たちの生々流転と戦場の咆哮
小林昌信ほか
大和、武蔵はいうに及ばず、長門・陸奥はじめ、太平洋に君臨した日本戦艦十二隻の姿を活写したバトルシップ・コレクション。

重巡「鳥海」奮戦記　武運長久艦の生涯
諏訪繁治
日本海軍艦艇の中で最もコストパフォーマンスに優れた名艦——緒戦のマレー攻略戦からレイテ海戦まで戦った傑作重巡の航跡。

海軍人事　太平洋戦争完敗の原因
生出　寿
海軍のリーダーたちの人事はどのように行なわれたのか。またそれは適切なものであったのか——日本再生のための組織人間学。

＊潮書房光人新社が贈る勇気と感動を伝える人生のバイブル＊

ＮＦ文庫

奇蹟の軍馬 勝山号　日中戦争から生還を果たした波瀾の生涯
小玉克幸
部隊長の馬は戦線を駆け抜け、将兵と苦楽をともにし、生き抜いた！　勝山号を支えた人々の姿とともにその波瀾の足跡を綴る。

世界の戦争映画100年　1920〜2020
瀬戸川宗太
アクション巨編から反戦作品まで、一気に語る七百本。大作、名作、知られざる佳作に駄作、元映画少年の評論家が縦横に綴る。

横須賀海軍航空隊始末記　医務科員の見た海軍航空のメッカ
神田恭一
海軍精鋭航空隊を支えた地上勤務員たちの戦い。飛行機事故の救助に奔走したベテラン衛生兵曹が激動する航空隊の日常を描く。

わかりやすい朝鮮戦争　民族を分断させた悲劇の構図
三野正洋
緊張続く朝鮮半島情勢の原点！　北緯三八度線を挟んで相互不信を深めた民族同士の熾烈な戦い。〝一〇〇〇日戦争〟を検証する。

秋月型駆逐艦　戦時に竣工した最新鋭駆逐艦の実力
山本平弥ほか
対空戦闘を使命とした秋月型一二隻、夕雲型一九隻、島風、丁型三二隻の全貌。熾烈な海戦を戦ったデストロイヤーたちの航跡。

戦犯 ある軍医の悲劇　冤罪で刑場に散った桑島恕一の真実
工藤美知尋
伝染病の蔓延する捕虜収容所に赴任、献身的治療で数多くの米比兵を救った軍医大尉はなぜ絞首刑にされねばならなかったのか。

＊潮書房光人新社が贈る勇気と感動を伝える人生のバイブル＊

ＮＦ文庫

駆逐艦「五月雨」出撃す　ソロモン海の火柱
須藤幸助

距離二千メートルの砲雷撃戦！　壮絶無比、水雷戦隊の傑作海戦記。最前線の動きを見事に描き、兵士の汗と息づかいを伝える。

船舶工兵隊戦記　陸軍西部第八部隊の戦い
岡村千秋

敵前上陸部隊の死闘！　ガダルカナル、コロンバンガラ……つねに最前線で戦い続けた歴戦の勇士が万感の思いで綴る戦闘報告。

特攻の真意　大西瀧治郎はなぜ「特攻」を命じたのか
神立尚紀

昭和二十年八月十六日――大西瀧治郎中将、自刃。「特攻の生みの親」がのこしたメッセージとは？　衝撃のノンフィクション。

局地戦闘機「雷電」　本土の防空をになった必墜兵器
渡辺洋二

厳しい戦況にともなって、その登場がうながされた戦闘機。搭乗員、整備員……逆境のなかで「雷電」とともに戦った人々の足跡。

沖縄 シュガーローフの戦い　米海兵隊 地獄の7日間
ジェームス・H・ハラス　猿渡青児訳

米兵の目線で綴る日本兵との凄絶な死闘。太平洋戦争を通じて最も血みどろの戦いが行なわれた沖縄戦を描くノンフィクション。

聖書と刀　玉砕島に生まれた人道の奇蹟
船坂　弘

死に急ぐ捕虜と生きよと諭す監督兵。武士道の伝統に生きる日本兵と篤信の米兵、二つの理念の戦いを経て結ばれた親交を描く。

＊潮書房光人新社が贈る勇気と感動を伝える人生のバイブル＊

NF文庫

大空のサムライ 正・続
坂井三郎
出撃すること二百余回——みごと己れ自身に勝ち抜いた日本のエース・坂井が描き上げた零戦と空戦に青春を賭けた強者の記録。

紫電改の六機 若き撃墜王と列機の生涯
碇 義朗
本土防空の尖兵となって散った若者たちを描いたベストセラー。新鋭機を駆って戦い抜いた三四三空の六人の空の男たちの物語。

連合艦隊の栄光 太平洋海戦史
伊藤正徳
第一級ジャーナリストが晩年八年間の歳月を費やし、残り火の全てを燃焼させて執筆した白眉の〝伊藤戦史〟の掉尾を飾る感動作。

英霊の絶叫 玉砕島アンガウル戦記
舩坂 弘
全員決死隊となり、玉砕の覚悟をもって本島を死守せよ——周囲わずか四キロの島に展開された壮絶なる戦い。序・三島由紀夫。

『雪風ハ沈マズ』 強運駆逐艦 栄光の生涯
豊田 穣
直木賞作家が描く迫真の海戦記！ 艦長と乗員が織りなす絶対の信頼と苦難に耐え抜いて勝ち続けた不沈艦の奇蹟の戦いを綴る。

沖縄 日米最後の戦闘
米国陸軍省編
外間正四郎訳
悲劇の戦場、90日間の戦いのすべて——米国陸軍省が内外の資料を網羅して築きあげた沖縄戦史の決定版。図版・写真多数収載。